国家出版基金项目
NATIONAL PUBLICATION FOUNDATION

满族语言与文化研究丛书

主编◎郭孟秀　副主编◎长　山

# 朝鲜语与满－通古斯语族同源词研究

CHAOXIANYU YU MAN-TONGGUSIYUZU
TONGYUANCI YANJIU

尹铁超◎著

社会科学文献出版社
SOCIAL SCIENCES ACADEMIC PRESS (CHINA)

黑龙江大学出版社
HEILONGJIANG UNIVERSITY PRESS

**图书在版编目（CIP）数据**

朝鲜语与满－通古斯语族同源词研究 / 尹铁超著. --
哈尔滨 : 黑龙江大学出版社 ; 北京 : 社会科学文献出
版社，2022.1
　（满族语言与文化研究丛书 / 郭孟秀主编）
　ISBN 978-7-5686-0683-7

　Ⅰ. ①朝… Ⅱ. ①尹… Ⅲ. ①朝鲜语－对比研究－通
古斯满语族 Ⅳ. ① H55 ② H54

　中国版本图书馆 CIP 数据核字（2021）第 179284 号

朝鲜语与满－通古斯语族同源词研究
CHAOXIANYU YU MAN-TONGGUSIYUZU TONGYUANCI YANJIU
尹铁超　著

责任编辑　宋丽丽
出版发行　黑龙江大学出版社　社会科学文献出版社
地　　址　哈尔滨市南岗区学府三道街 36 号　北京市北三环中路甲 29 号院华龙大厦
印　　刷　哈尔滨市石桥印务有限公司
开　　本　720 毫米 ×1000 毫米　1/16
印　　张　22.75
字　　数　326 千
版　　次　2022 年 1 月第 1 版
印　　次　2022 年 1 月第 1 次印刷
书　　号　ISBN 978-7-5686-0683-7
定　　价　87.00 元

本书如有印装错误请与本社联系更换，联系电话：0451-86608666。

# 总　序

　　由黑龙江大学出版社联合社会科学文献出版社组织策划的满族语言与文化研究丛书即将出版。丛书荟萃《清代满语文对蒙古语言文字的影响研究》（长山著）、《朝鲜语与满－通古斯语族同源词研究》（尹铁超著）、《满语修辞研究》（魏巧燕著）、《满语借词研究》（哈斯巴特尔著）、《满语认知研究：形态、语义和概念结构》（贾越著）、《俄藏满文文献总目提要》（王敌非著）、《满族社会文化变迁研究》（阿拉腾等著）、《濒危满语环境中的满族祭祀文化》（阿拉腾著）、《满洲崛起对东北少数民族文化认同的影响》（郭孟秀著）、《清代黑龙江地区世居民族交往交流研究》（吕欧著）、《清代东北流人视野中的满族社会生活》（高松著），共十一部力作，是近年来黑龙江大学满学研究院研究成果的集中展现，也是诸位学者"博观而约取，厚积而薄发"的必然结果；同时也体现出黑龙江大学出版社慧眼识金，为满学研究把薪助火的专业精神。在本丛书的十一部著作中，可以归类为满语（通古斯语族）语言学的有五部，可以归类为文化人类学的有四部，另有古籍类一部，民族史类一部。其中涉及满族语言文字方面的内容，笔者并非相关领域专家，无从评价。以下是阅后的几点思考，是为序。

　　首先，是关于满族文化内涵的思考。

本套丛书把内容定位为"语言与文化"，以展示黑龙江大学满学研究院在满族语言文化研究方面取得的优秀成果。阅读这套丛书后，笔者欲从历时和地理空间的角度思考满族文化的内涵，以便更深刻地理解丛书的内容。

尹铁超教授在《朝鲜语与满－通古斯语族同源词研究》一书中，将同源词研究上溯到了中国古代地方民族政权高句丽国的高句丽语和三韩语，把朝鲜语、高句丽语、满－通古斯语族诸语作为比较研究的对象。郭孟秀研究员提出，满族文化研究的内容框架可参考文化哲学三个层面的研究主题，即对文化现象的一般考察，关于文化的社会历史透视，以及关于文化的价值思考。他认为，除了第一个层面外，满族文化研究在其他两个层面都比较匮乏。① 这一观点无疑是正确的，非常有价值的。阿拉腾等在《满族社会文化变迁研究》一书中对满族文化进行了历时的分期。特别重要的是郭孟秀研究员在《满洲崛起对东北少数民族文化认同的影响》一书中对满族文化进行了纵向、历时的思考，将肃慎族系文化作为整体进行分类研究，包括肃慎－挹娄、勿吉－靺鞨、宋金时期女真人、元明时期女真人，研究其文化特征和满洲文化的形成。从历史发展过程的角度思考满族及其先民的文化的形成、演变过程，无疑为我们提供了非常有意义的研究视角。郭孟秀研究员还在满族文化的内涵研究上进行了创新，提出底层文化（渔猎文化）、表层文化（农耕文化）的概念，并首创满洲文化"轴心期"的新观点，即满洲人学汉语、习汉俗是一种文化选择的结果，更是文化有机体生命力的一种展示。对满族人来说，作为核心的渔猎文化与作为次核心的农耕文化在这一时期既存在一种亲和的相互融合的状态，同时又各自保留具有独立特征的文化张力，是文化二元结构的最佳状态，为满洲文化的发展提供了广阔的空间和愿景。此时的满洲文化表现出未特定化和未确定性，处于充满无限可能的"方成"而非"已成"状态，是满洲文化轴心期的重要标志。而在此之前，满学界就已经开始从人类发展史的角度审视

---

① 郭孟秀：《满族文化研究回顾与反思》，载《满语研究》2016 年第 1 期。

满族文化的形成发展过程。在全国"首届满族文化学术研讨会"上，有学者提出满族文化发展的三个阶段，即远古时期、满洲鼎盛时期（努尔哈赤进入今辽沈以后）、中华人民共和国成立以后的满族新文化时期。有学者提出清朝时期满族文化的四个类型：留守型文化、屯垦型文化、留守与驻防交叉型文化、驻防型文化。驻防型文化层次最高，留守、屯垦型文化保留传统内容较多。[①] 但此次研讨会以后，从人类发展史的角度和自然地理空间的角度研究满族文化的成果还是较少。而满族语言与文化研究丛书的出版，将会成为帮助我们更加全面地了解满族文化内涵的重要资料。

中国远古的文化，由于处于相对封闭的自然地理空间而呈现出独立发展的地域土著特征，很少受到族系外民族的冲击和干扰，形成了自身的半闭环的交流循环体系，黑龙江流域便是中国相对封闭的自然地理空间中的重要一环。黑龙江流域以北是不太适合远古人类生存的，外兴安岭南缘只发现了零星的新石器遗址，而在黑龙江流域内，新石器文化的遗存才开始密集、丰富起来。在满族先民生存的黑龙江下游流域以及乌苏里江、松花江下游流域，其北部是没有外敌存在的，而其东部是大海，只有西部和南部面临着濊貊－夫余族系的威胁，即夫余和高句丽。在公元 7 世纪前，肃慎族系与濊貊－夫余族系间形成了弱平衡关系，在长期的历史发展过程中塑造了具有独特地域特征的文化，即北东北亚类型的渔猎文化。而一旦离开这一具有独特自然地理特征的区域，就会发生文化类型的明显演变。笔者认为，在远古时期，自然地理状况对人类社会的发展进程起到决定性的影响，几乎所有的文明古国都不曾脱离这一规律。古埃及、古巴比伦、古印度文明的发生区域有一个共同的因素，即大河、平原和适合于旱地农业发展的环境。这些文明古国自然地理空间的开放性导致了其文明的中断，而相对封闭的地理空间环境则成为中国古代文明绵延不断的有利条件之一。中国古代文明的发生因素同样是大河（黄河）、平原，黄河从上游至下游流经宁夏平原、河套平原、汾渭平原、华北平原，特别是汾渭平原和

---

① 周凤敏：《"首届满族文化学术研讨会"综述》，载《满族研究》1990 年第 1 期。

华北平原，作为古中国文明的发生地域，远古农业十分发达。据考证，这些地方距今五千年左右出现青铜器，距今三千多年出现象形文字——甲骨文。这些条件与其他三个文明古国有相似之处，即适合远古农业发展的大河、平原，以及象形文字和青铜器。

历史事实证明，黑龙江干流流域不适合旱地农业的发展，若不脱离这一区域便不可能进入古代的文明社会，而是长期滞留于原始的氏族－部落社会。比如，东胡族系的鲜卑人和契丹人在脱离这一区域南下直至中原后，才有机会进入到奴隶制社会，最终进入到封建社会；蒙古族脱离这一区域到漠北草原后才进入到奴隶社会。而那些没有机会脱离黑龙江干流流域的诸氏族部落，比如埃文基人（鄂伦春、鄂温克人）、那乃－赫哲人、乌尔奇人、乌德盖人、尼夫赫人、奥罗奇人、奥罗克人等25个土著"民族"，则根本没有机会脱离氏族－部落社会。因此，我们可以把满族的传统文化划分为四种类型：第一种类型是没有脱离黑龙江干流下游流域、乌苏里江流域、松花江干流下游流域的满族先民的文化，他们仍然处于氏族－部落社会，狩猎、捕鱼是其文化的核心特征，比如肃慎、挹娄、勿吉、靺鞨的大部分及生女真、野人女真等；第二种类型是源自黑水靺鞨的女真人建立金朝后形成的该时期的女真文化；第三种类型是以粟末靺鞨为主建立的渤海国的文化，粟末部是夫余人和勿吉人融合形成的，《旧唐书》记载为"涑沫靺鞨"或"浮渝靺鞨"①，受夫余人影响，粟末靺鞨文化具有鲜明的中原文化特征；第四种类型就是女真－满洲－满族文化，简称满族文化，建立清朝的核心是建州女真，其主要部落胡里改部的源头是黑龙江下游以北的乌德盖部落，逐步迁移至松花江中游（今依兰县）。元末明初，胡里改部和斡朵里部先后南迁，开启了满洲族的历史，也创造了满洲族文化。分析这四种类型的文化我们发现，渤海文化、女真文化、女真－满洲－满族文化之间并没有继承关系，而是表现出明显的差异性，它们的共同点是其源头都与黑龙江下游的原始部落相关，在恶劣的自然环境下形

---

① 刘昫等：《旧唐书》第 05 部，陈焕良、文华点校，岳麓书社 1997 年版，第 991、992 页。

成的剽悍、刚烈和无所畏惧的精神，或许就是它们文化共同性的体现。所以，如果我们用"肃慎－满洲族系"文化来命名满族及其先民的文化的话，其特点则是多样性中蕴含着共同性，且多样性超过其共同性。满族文化包括满族先民的文化（黑龙江下游流域的氏族－部落文化、渤海文化、建立金朝的女真文化）、满族传统文化和革命文化、社会主义先进文化。满族的传统文化处于濒危状态，但满族的现代文化（社会主义先进文化）则正处于形成、发展的过程中，而且必然是综合性的、复合型的新文化。不能将满族现代文化的形成发展视为"汉化过程"，因为这完全违背了中国历史的发展过程。新石器时代的六大文化区系①和六大文化区②，以及先秦时期华夏"中国"的"天下"中夷夏分布、交错杂居的事实，包括秦、楚、吴、越等融入华夏的历史，这些都说明是各民族共同创造了华夏文化。满族现代文化的建设处于中华现代文化建设的范围中，表现为核心文化（中华文化核心价值观、精神力量）的统一和表层、深层文化（满族文化）多样性的统一。中国其他各民族的文化同样处于现代文化的重塑过程中。

其次，是关于满族文化濒危问题的思考。

所谓"濒危文化"包括物质的、非物质的正在消失的文化，而且是不可逆转地即将消失的文化。既然是濒危的文化，其所依存的人文条件和自然地理条件就都已经处于消失的过程中，所以，濒危文化不具有传承性，因为文化的本体内涵和形式都已经经历了长期的变异过程，失去了传播的功能性基础。濒危文化的原始内涵是不可复原的，因为其最核心的文化内涵已经不复存在。比如现在东北地区还存在一些"活态"的萨满祭祀仪式，但无论是规模还是功能都区别于以往。在本套丛书中，《清代满语文对蒙古语言文字的影响研究》《朝鲜语与满－通古斯语族同源词研究》《满语修辞研究》《满语借词研究》《满语认知研究：形态、语义和概念结构》

---

① 苏秉琦、殷玮璋：《关于考古学文化的区系类型问题》，载《文物》1981 年第 5 期。
② 严文明：《中国史前文化的统一性与多样性》，载《文物》1987 年第 3 期。

《濒危满语环境中的满族祭祀文化》，均属于濒危文化研究的范畴。"黑龙江省富裕县三家子村、孙吴县四季屯等一些满族村屯中还有十几位满族老人能够较为熟练使用满语，满语口语即将彻底退出历史舞台。对基础满语语法、满语修辞、满语与锡伯语比较等方面的研究，是在书面语的层面对满语所做的继承与保护，这项工作可以让满族语言作为满族文化的一部分存续下去。"这是本套丛书立项报告中的表述，笔者深以为然。满族濒危文化严格表述应为"满族濒危传统文化"，即将退出社会功能的是过去的文化，而满族新的文化即社会主义先进文化正处于建设过程中，因此从整体视角看，满族文化不存在濒危的问题，而是在发展中出现了变迁。《满族社会文化变迁研究》就是从这个视角进行的研究，非常具有现实意义。

基于上述认识，笔者个人的观点是要重视满族濒危传统文化的资料库建设（文字记载、影像资料制作、博物馆展示建设等）和专业化研究，做好这些工作的基础是有效的精英人才培养机制，如黑龙江大学开展的满族语言文化方向的本科生和研究生培养工作，就是很有远见的举措。满族优秀的传统文化是中华文化的组成部分，我们有责任，更有能力，对其进行深入、系统的研究。

再次，是关于满族语言与文化研究重要价值的思考。

郭孟秀研究员认为，目前针对满族文化价值方面的研究是比较匮乏的，该观点抓住了满族文化研究存在的突出问题。满族及其先民创造了恢宏而又多样的优秀民族文化，诸如渤海文化、女真文化和女真－满洲－满族文化，是中国古代北方地区最具影响力的少数民族文化，对中华文化的发展做出了杰出贡献。从我国旧石器晚期到新石器早期的人类发展状况来看，中原地区并不总是走在前面，先进的文明也并不都是从中原向四周扩散。比如距今约八千年的阜新查海文化的玉器，距今五六千年的红山文化的庙、祭坛、塑像群、大型积石冢、玉猪龙等成套玉器，都说明苏秉琦先生认为中华文明"满天星斗"的观点是正确的。至少在某一个时期内，中原地区还未发现"具有类似规模和水平的遗迹"而走在前面的文明，当然，这并不影响中原地区作为古中国文明核心区域所起到的引领作用。东北地区史前文化的顶峰显然是前红山－红山文化，它作为华夏文化的边缘和"北狄"文化的腹地，成为中华文化向东北地区传播的枢纽和通道，最先受到影响的是濊貊－夫余族系，而后是东胡族系，最后受影响的肃慎－满洲族系却创造了三种类型的文化，从公元7世纪末开始间断影响中国北部一千多年，是少数民族文化与中华文化融合的典型范例。满族先民所创造的这些优秀文化对中华文化的贡献没有得到学界应有的重视，研究成果较少，这是非常遗憾的。应该特别重视女真人两次入主中原、粟末靺鞨人建立"海东盛国"渤海的文化因素研究，以及这些满族先民的文化向中原文化靠拢的原因，这些都是满族文化价值研究的重要课题，但不限于此。"满族缔造的清朝，持续近三百年，对中华民族的近现代历史与文化都产生了重要的影响。因此，从中华民族文化大局的角度研究满族文化具有重要的历史意义与现实意义。"这是本套丛书的重要意义和价值所在。

丛书中《满洲崛起对东北少数民族文化认同的影响》《清代满语文对蒙古语言文字的影响研究》《清代东北流人视野中的满族社会生活》《清代黑龙江地区世居民族交往交流研究》四部著作对满族文化的价值进行了探讨。后金－清政权在入关前，分别发动了对蒙古、赫哲、索伦等族的一系列统一战争，建立了牢固的同盟关系，稳固了后方，同时进一步将中华文化传播到这些地区。通过清朝的统治，东北少数民族逐步接受中华文化并且开始认同中华文化，有一个重要的途径就是通过接受、认同满洲文化来渐次接受、认同中华文化，满洲文化"中华化"的过程使得中华文化在东北少数民族中的传播和影响更为深入、稳固，这是满族文化对中华文化历史建设的重要贡献。当然，这一贡献并不局限于东北地区，还包括中国其他的少数民族地区。

在先秦时期，"天下观"中存在"教化天下"的内涵，自秦朝始，"教化天下"演化出中央与边疆之间"因俗而治"、羁縻制度、土司制度以及朝贡－封赏等多种形式的政治关系，实则是"教化观"外溢扩展的结果。先秦时期"教化天下"不等于华夏"中国"实际控制的"天下"，带有礼治的想象成分，两种"天下"合二为一实现于清朝。也可以这样认为：满洲文化的"中华化"使得先秦时期想象的"天下"和"教化天下"在清朝统一于实践的"天下"。"大一统"的理想之所以能够在清朝实现，文化一统是重要的条件，而在这一过程中，满洲文化"中华化"的贡献是关键因素，其当然成为满族文化价值研究的重要内容。

在满族文化中，语言文字具有重要而独特的学术研究价值。《俄藏满文文献总目提要》等著作就是这方面的研究成果。满文古籍文献包括档案、图书、碑刻、谱牒、舆图等，数量居 55 个少数民族文字古籍文献之首。"清代，特别康熙、雍正、乾隆三朝，大量公文用满文书写，形成了大量的满文档案。用满文书写印制的书籍档案资料，及汉文或别种文字文献的满译本，构成了满文文献的全部。"此外，中国第一历史档案馆所藏满文文献，就有一百五十万件左右。辽宁、吉林、黑龙江、内蒙古、西藏、北京等省、市、自治区的档案部门或图书馆，中央民族大学、北京大学等大学的图书馆，以及中国社会科学院民族学与人类学研究所等研究机构的图书馆，均藏有满文文献。北京、沈阳、台北是我国三大满文文献收藏宝库。由于历史变迁等一些举世周知并令人难忘的原因，我国珍贵的满文文献还流散在世界各地，如日本、韩国、俄罗斯、英国、美国等地。[①]比如，日本有镶红旗文书（从雍正至清末）资料 2402 函。1975 年，美国国会图书馆藏有满文文献 8916 册。因此，我国必须培养一批相当数量的满语言文字方面的专业人才，翻译和研究浩如烟海的满文文献，与其他文字的文献对照、补充，还原更加真实、完整的清朝历史与文化，寻觅无文字民族的历史与文化的面貌，其价值自不待言。本套丛书中满语言文字研究方面的著作，就属于这类成果。

最后，是关于满族文化与中华文化关系的思考。

在《满洲崛起对东北少数民族文化认同的影响》一书中，郭孟秀研究员认为东北少数民族对中华文化认同的形成过程，是通过对国家政权的认同发展到对满洲文化的认同，再由此升华到对中华文化的认同。这是非常

---

① 富丽：《满文文献整理纵横谈》，载《中央民族学院学报》1984 年第 3 期。

新颖而有创意的观点。笔者认为，在这个过程中，满洲文化的逐步"中华化"是影响清朝各民族对中华文化产生认同的关键因素。李大龙教授认为，"建立清朝的满洲人则不仅没有回避其'东夷'的出身，反而在天子'有德者居之'旗号下对魏晋以来边疆政权对'大一统'观念继承与发展的基础上有了更进一步发扬，目的是在确立满洲及其所建清朝的'中国正统'地位的基础上实现中华大地更大范围内的'大一统'"①。"大一统"观念自秦朝开始拓展其内涵，从单纯的华夏"中国"统治的合法性、正统性，逐渐形成中央王朝文化一统、政治一统、疆域一统、族系一统等内涵的综合概念，其中，文化一统是实现其他"大一统"的基础。所以，清朝统治者在顶层文化上推行以儒家思想为基础的中华文化，在基础层文化上采取"修其教不易其俗，齐其政不易其宜"②的政策，既包容差异，又实现了中华文化核心价值的统一。在这一过程中，满族文化必然向"中华化"的方向发展，因为文化政策必须服从于统治的合法性和稳定性。

研究满族文化与中华文化的关系，首先要知道什么是中华文化。习近平总书记对此指出："我们灿烂的文化是各民族共同创造的。中华文化是各民族文化的集大成。"③ 在2021年的中央民族工作会议上，习近平总书记又指出："要正确把握中华文化和各民族文化的关系，各民族优秀传统文化都是中华文化的组成部分，中华文化是主干，各民族文化是枝叶，根深干壮才能枝繁叶茂。"④ 满族的优秀传统文化亦是中华文化的组成部分，中华文化认同是由包括满族文化在内的各民族文化认同的基础文化层级和中华文化认同的国家文化层级组成的，基础文化层级不应具有政治属性，而国家文化层级则必然具有政治属性。中华文化认同是在认同中华各民族

---

① 李大龙：《农耕王朝对"大一统"思想的继承与发展》，载《云南师范大学学报（哲学社会科学版）》2020年第6期。

② 《礼记·王制》，见杜文忠：《王者无外：中国王朝治边法律史》，上海古籍出版社2017年版，第72页。

③ 《习近平：在全国民族团结进步表彰大会上的讲话》，新华网，2019年9月27日。

④ 《习近平在中央民族工作会议上强调 以铸牢中华民族共同体意识为主线 推动新时代党的民族工作高质量发展》，新华网，2021年8月28日。

文化形成和发展历史的基础上，对中华顶层文化的价值观、精神的认同，或者说顶层文化已经属于国家文化的范畴，每个民族的文化认同都不能与之等同，每个民族的文化都不等同于中华文化。这就厘清了满族文化与中华文化的关系，即枝叶与主干的关系，基础层级与顶层（国家文化）的关系。这一认识应该成为开展满族文化研究的原则，也就是说既不能把满族文化的研究政治化，也不能认为开展满族传统文化研究和发展满族现代文化就有害于中华文化认同，就与极端的、狭隘的民族主义有联系。开展满族文化研究与发展满族现代文化是中华文化建设的一部分，不影响中华文化共同性的增进，包容和尊重差异的共同性才会更有生命力和凝聚力。正常的差异并不会成为中华文化建设的障碍，处理得当，反而会成为动力。

　　满族语言与文化研究丛书的出版，体现了上述四个思考中提到的理念，笔者期盼更多此类研究成果涌现。

中国民族理论学会副会长，

延边大学、黑龙江大学兼职教授、博导，都永浩

# 总 导 言

　　满族（满洲）既是一个历史民族，也是一个现代民族，独特的发展历程铸就了其别具一格的文化特质，使之成为中华文明大花园的一朵奇葩。形成于明朝末年的满洲民族共同体，素有"马背上的民族""引弓民族"之称。满族族源可追溯至商周时期的肃慎，汉至两晋时期的挹娄（肃慎），北魏时期的勿吉，隋唐时期的靺鞨，宋、元、明时期的女真等均为肃慎后裔，也是满族的先世。这些部族长期繁衍生息于我国东北的"白山黑水"之间，在军事、政治、社会、文化上都创造了辉煌的成就，对中华民族文化的形成发展影响重大，意义深远。正如著名社会学家、人类学家费孝通先生所言，中华民族是由 56 个民族构成的多元一体，各民族文化的多样性构成了中华文明的丰富性。因此，研究满族语言及其历史文化具有重要的学术价值与现实意义。

　　全国唯一专门的满语研究机构——黑龙江省满语研究所自 1983 年成立以来，本着"把科研搞上去，把满语传下来"的办所宗旨，组建了国内第一个满语研究团队。自 20 世纪 80 年代以来，黑龙江省满语研究所充分利用地缘优势，连续对日趋濒危的满语进行抢救性调查，采用录音、录像等现代化手段，对黑河地区、齐齐哈尔地区和牡丹江地区仍然能够使用满语的满族老人进行连续性跟踪调查记录，完整保存活态满语口语原始资料。

近年来，抢救性调查范围拓展至赫哲语、鄂伦春语、鄂温克语、那乃语与锡伯语，搜集了较为全面丰富的满－通古斯语族诸语言调查资料。此外，黑龙江省满语研究所对满语语音、语法、词汇等基本理论问题展开了系统的分析研究。

1999 年 11 月，黑龙江省满语研究所整建制迁入黑龙江大学，组建黑龙江大学满族语言文化研究中心，研究领域由单一满语拓展至满族历史与文化，并利用黑龙江大学的人才培养机制，陆续创建与完善中国少数民族语言文学（满语）学士、硕士与博士三级学位培养体系，目前共培养满语本科、硕士、博士毕业生近 170 人。中国少数民族语言文学（满语）专业培养了大量的满语专业人才，毕业生多于满文档案保管机构从事满文档案整理与研究工作。2019 年 6 月，为适应学科建设发展需要，满族语言文化研究中心正式更名为满学研究院，标志着黑龙江大学满学学科建设迈上一个新台阶，成为集满语满学研究、满语人才培养、满族文化传承于一体的教学科研机构。经过几代人的努力，黑龙江大学满学研究团队以学科特色鲜明、学术积淀厚重、学科体系完善、学术研究扎实而享有一定学术声誉和社会影响力。

满族语言与文化研究丛书拟出版的 11 部专著即为满学研究院科研人员的近期学术成果。其中以满语研究为主题的成果 4 部，哈斯巴特尔《满语借词研究》，长山《清代满语文对蒙古语言文字的影响研究》，贾越《满语认知研究：形态、语义和概念结构》，魏巧燕《满语修辞研究》；以亲属语言比较研究为主题的 1 部，尹铁超《朝鲜语与满－通古斯语族同源词研究》；以满文文献研究为主题的 1 部，王敌非《俄藏满文文献总目提要》；以满族历史文化研究为主题的 5 部，阿拉腾《濒危满语环境中的满族祭祀文化》，郭孟秀《满洲崛起对东北少数民族文化认同的影响》，阿拉腾等《满族社会文化变迁研究》，吕欧《清代黑龙江地区世居民族交往交流研究》，高松《清代东北流人视野中的满族社会生活》。丛书研究既涉及基础理论问题，又涵盖以问题为中心的专题探讨；研究主题多偏重于历史范畴，亦有基于田野调查的现实问题研究。

这批成果是黑龙江大学满学研究院的教学科研人员经过一定时期的积累，秉持严谨的态度所推出的原创性成果。但是，学无止境，受自身专业与研究能力限制，相关研究或许还存在一些局限与不足，希望得到学界师友批评指正。

满语文已经退出或者说正在淡出历史舞台，不再具有现实应用性的交际交流功能。因而，满语文研究，乃至以满语文研究为基础的满学研究已经成为"具有重要文化价值和传承意义的绝学冷门学科"。在现代语境下，抢救保护与开发研究少数民族语言文化是一项意义重大而充满艰辛的事业，需要学术工作者坚持严谨的学术操守，抵制急功近利的诱惑，甘于"板凳要坐十年冷"的寂寞，同时更需要社会各界的大力支持与积极参与。

满族语言与文化研究丛书的出版要特别感谢香港意得集团主席高佩璇女士。自2009年开始，高佩璇女士从中华民族传统文化传承与保护的高远视角，先后出资700余万元资助黑龙江大学与香港大学饶宗颐学术馆合作开展"满族文化抢救开发与研究"项目。该项目旨在对现存活态满族文化进行抢救性调查与挖掘，对现存满文档案开展整理翻译与研究开发，以加强后备人才培养，拓展深化满族语言与历史文化研究。德高望重的国学大师饶宗颐先生大力倡导这一功在当代、利在千秋的民族文化事业，并为项目亲自题写牌匾"满族文化抢救开发与研究"。高佩璇女士以黑龙江省政协常务委员身份，多次撰写建议提案，向各级领导及社会呼吁关注支持满学研究与满族文化事业，并得到省委、省政府、省政协领导的重视与批示，彰显了深切的民族情怀与企业家的担当奉献精神。香港大学饶宗颐学术馆馆长李焯芬教授、副馆长郑炜明教授等在项目论证和实施中开展了大量细致工作。经过项目组成员十余年的努力，目前项目第二期即将结项，此次出版的11部专著即为该项目第二期的部分成果。在此谨向令人敬仰与怀念的饶宗颐先生（已故）致以敬意，向高佩璇女士等支持关注满学事业的社会各界仁人志士表示由衷感谢。

满族语言与文化研究丛书出版之际，还要感谢黑龙江大学领导及黑龙江大学重点建设与发展工作处的大力支持。感谢黑龙江大学出版社的帮助，正是在他们的努力下，本丛书得到了国家出版基金的资助；他们对所有选题进行认真审核，严把意识形态关，并邀请相关领域专家对每部专著内容予以审读，提出修改建议，大大提升了学术成果的严谨性。部分论著涉及满语文及音标，给录入排版造成了一定困难，幸有诸位编辑不辞辛苦，认真校对，保证内容的规范与质量，在此一并致谢！

黑龙江大学满学研究院院长，

博导、研究员，郭孟秀

# 体例及标点符号说明

1. 音标与转写

不同的研究者对国际音标的理解不同，对于特殊音，他们均在国际音标的框架下给出不同的记音方式。由于无法对不同的记音方式进行评价，本书在比较中以原文的形式转述不同研究者使用的记音方式，不进行规范处理。

2. 同源词项排列顺序

（1）按照不同研究者拟构的顺序或其他形态的词项的顺序排列。

（2）每个词项的比较内容按照下列方式排序：

①汉语意义；

②中世朝鲜语词项 / 高句丽语词项 / 三韩语（马韩语、辰韩语、卞韩语）词项 / 百济语词项 / 新罗语词项；

③满 - 通古斯语词项；

④ Starostin，Altaic etymology 列出的词项；

⑤现代朝鲜语词项；

⑥原始音拟构；

⑦解释。

3.使用符号说明

[ ] 表示原文注音、汉字音转或词类标识。

（）表示文献出处和意义标注。

＊表示该原始音拟构。

/ 表示词项的并列。

＜表示"来源于"。

＞表示"演变为"。

# 引 言

多年来，研究者在朝鲜语的归属问题上有多种观点，朝鲜语系属未定。本书通过对朝鲜语与满 - 通古斯语族<sup>①</sup> 诸语言进行语言层面的比较和讨论，判定了它们的同源性。朝鲜语与通古斯语诸语言之间的谱系关系在音素、音节结构、音位、超音段音位、词汇类别、时态、语态、句子结构等层面得到确认，同源词研究便成为探讨语言同源性问题的重要内容。

在判定某些语言是否具有亲缘关系方面，同源词研究占有重要地位，因为"假设中的语言究竟有没有亲属关系，就看我们能不能从中找出同源词。凡是有一定数量同源词的语言就可以看成为亲属语言"（徐通锵，1996：30—31）。虽然徐通锵没有说明在判定语言同源关系时同源词应该占有多大比例，但是他的观点反映了同源词在历史比较语言学研究中占有重要地位。

历史语言学研究者发现，词汇在语言演变的过程中存在易变现象，而语法则相对稳定。历史比较语言学研究者也发现，如果能够在易变的词汇中找到那些具有稳定的意义和语音形态的词项，那么就能够将其作为判定语言同源关系的对比项。因此，我们如果采用适当的理论方法，选取适当

---

① 满 - 通古斯语族包括我国境内的（历史上）女真语、满语、锡伯语、赫哲语、鄂伦春语、鄂温克语，以及我国境外的埃文基语、埃文语（也称拉穆特语）、涅基达尔语、那乃语（也称戈尔德语）、乌利奇语、奥罗克语、乌德盖语、奥罗奇语等。为简捷表述，在后文中除特殊说明，"满 - 通古斯语族"均简写为"通古斯语"。

历史时段的词项进行比较，那么就有可能根据同源词研究的结论来判断某些语言是否具有亲缘关系。

由于同源词研究的理论和方法得到绝大多数研究者的认可，本书将沿用这些理论和方法，专门讨论朝鲜语与通古斯语的同源词问题。在选取词项方面，本书将词项的"古老性"和"现代性"作为比较的基础，将朝鲜语与通古斯语"固有词"作为选择的标准，将"固有词"与意义相近或相同、语音形态相近或相同的现代词项进行对比。只有这样，我们才能在比较的过程中尽可能地避免外来词（如借词）的干扰，从历时和共时两个方面进行客观描写和充分解释。

# 目 录

## 第一章 同源词研究的内容、方法及现状

## 第二章 朝鲜语与通古斯语同源词比较、理据分析和原始音拟构

## 第三章　斯瓦迪基础词表研究

第一章

# 同源词研究的内容、方法及现状

同源词是历史比较语言学的重要研究内容。如果我们能够找到一定数量的同源词，那么所比较的语言的同源特征就能够清晰地呈现出来。

## 第一节　同源词的界定

关于同源词的定义，虽然研究者的观点存在差异，但是他们所下的定义的差异不大。

哈特曼等人认为，同源词是指"在词形和意义上与另一种语言中有关的词相似的词"（R.R.K. 哈特曼、F.C. 斯托克，1981：61）。

维基百科给出的定义为：在语言学中，同源词是指那些有着共同词汇来源的词。关于同源词的特征，该网站指出，同源词并非必须是那些具有相同意义的词，因为意义可能在语言独立发展的过程中发生变化，同源词也并非必须具有相同的形态。

戴维·克里斯特尔认为，同源词为"历史上与另一语言或语言形式有同一来源的语言或语言形式，例如西班牙语、意大利语、法语、葡萄牙语是'同源语'，pere 和 padre 等'父亲'是'同源词'或同源形式"（戴维·克里斯特尔，2000：63）。

Lehmann 认为，可以追溯到同一个语言的词汇或其他语言单位被称为同源词。

Trask 认为，同源词是来源于同一母语的某个词或某些词。

我国研究者的观点也是如此。同源词是指"语言中由同一语源派生出来的词，这些词在语音和语义上都有关联……在亲属语言中也有不少同源词，如英语中的 foot、德语中的 Fuβ、拉丁语中的 pēs（都表示'脚'的意义）同源……历史比较语言学常据以重构母语的始源形式"（戚雨村、董达武、许以理等，1993：183）。

徐通锵认为，同源词是语义相通、语音相近的一些词。"由于语言的发展，这种'相通'和'相近'可能变得模糊不清，因而需要用可靠的材料、科学的原则予以证明。所用的材料最好能够符合以下的几条原则。""第一，稳固的，就是说，在语言的发展中是不易发生变化的。""第二，能够代表某一个语言的特征的一些特殊的语言事实，尽管语音、词汇或一般的语法规则会发生变化，但这种特殊的语言事实所代表的语言特征的性质却可以保持不变。""第三，这种特殊的语言事实在语言中虽然可能是零散的，但却具有系统的性质。""第四，从这些事实中归纳出来的原则不能只适用于某些语言，而不适用于其他语言，即用来分析的原则的适用范围具有普遍性，尽可能适用于各种类型的语言。"（徐通锵，1996：31）

王今铮等人认为："同源词有两个不同的含义：一是就一种语言内部词与词的关系而言的；一是就亲属语言之间词与词的关系而言的。""在亲属语言之间，有很多词是来源于同一较古的语言，这些词便被称为同源词。"这些词"意义相同，语音相近"。"亲属语言之间的同源词，有时由于语音变化的关系，读音上可能相差很大，但它们必定符合语音发展变化的对应规律，可以证明是从同一语言的词分化而来的。"（王今铮等，1984：328—329）

从同源词的定义和特征来看，判定同源词的标准应该集中在两个方面，即语音形态和意义。语音形态和意义应该同时出现，这样才能作为判定标准。然而，由于语音发生变化，读音可能存在较大的差异，研究者在追溯过程中会遇到一些困难。因此，研究者必须进行深入探究，从而寻找语音变化和意义变化的原因。

## 第二节　朝鲜语与通古斯语同源词研究情况

国内外研究者大多从历时和共时的角度讨论语言内部的同源词问题，以及跨语言的同源词问题。相比之下，无论是对于语言内部的同源词研究还是对于跨语言的同源词研究，国外均多于国内。

语言内部的同源词研究有助于比较跨语言的同源词，因此，前者被视为后者的研究基础。

### 一、国外研究

国外研究者对朝鲜语内部同源词和跨语言同源词的研究成果较多，总结的规律具有普遍性。

1. 国外朝鲜语内部同源词研究

朝鲜语研究者对古朝鲜语[①]、中世朝鲜语[②]的历史追溯成果较多。他们认为，尽管古朝鲜文献不足，我们难以窥见词汇的全貌，但是古朝鲜语中多数词汇可以在中世朝鲜语中看到踪迹（Lee & Ramsey，2011：73）。[③]

新罗语的三类数词可以在"乡歌"中看到："一""二""千"三个音均用汉字书写，但表示这三个数词的第二个汉字则表示新罗语读音。例如，新罗语数词"一"在"一等隐枝良出古"（*hoton kacay nakwo）（生于同枝，并……）一句中被用汉字转写为"一等"，"祷千手观音歌"中的"一等沙"（*hoton sa）也是如此。在这两个例子中，"一"都写为"一等"，

---

① 朝鲜语研究者一般将古朝鲜语的时间节点认定为公元 10 世纪之前（Sohn，1999）（Lee & Ramsey，2011）。

② 朝鲜语研究者一般将中世朝鲜语的时间节点认定为公元 11 至 16 世纪（Sohn，1999）（Lee & Ramsey，2011）。值得注意的是，目前在朝鲜语研究界一般不使用"中世纪朝鲜语"这一术语，而普遍使用"中世朝鲜语"这一术语，故本书也使用该术语。

③ 这方面的研究成果众多，难以全部列出，故本书仅以几个具有代表性的研究成果为例。

第一个音节为汉字，用来表示"一"，但第二个音节"等"的读音为 *tung，所以人们使用汉字"等"来进行音转。这个词显然与早期出现的 *hoton（一）对应，该词的词干应为 *hot。早期中世朝鲜语的合成词 *holo（一日、一天）来源于 *holo。我们可以再追溯到 *hotol, *hotol 是由 *hol（一）与 *ol（日）合成的。在独立使用时，中世朝鲜语中的"日、天"为 il。但在其他词中，il 却因其位置不同而变为 l，如 ithul（两天）、saol（三天）、naol（四天）、yelhul（十天）（Lee & Ramsey，2011：74）。

数词"二"可以在乡歌"处容歌""二肹"和"祷千手观音歌"中看到证据。"二尸"这个音转没有明确标示出词的形态。由于在新罗时代汉字"肹"代表音节 *hul，"尸"代表 *l 或 *r，古朝鲜语的"二"与早期中世朝鲜语中出现的 *twupul/*twuWul（二）相对应。"千"被转写成"千隐"，与中世朝鲜语 cumun（千）相对应（Lee & Ramsey，2011：74）。

尽管如此，很多古朝鲜词汇没有在文献中留下痕迹，例如"井""泉"。《三国史记》和《三国遗事》中均提到新罗国王的诞生地"罗井"和"奈乙"。这两个转写表明"井""泉"的读音应该为 *ul，但这无法在新罗文献中找到证据。另一个例子是"青年"，在《三国遗事》第四章，它有两种转写方式，一为"蛇福"，二为"蛇童"。第二种转写在其他文献中也可以写为"蛇卜"。然而，在同一文献中，"巴"和"伏"也可以用来表示"青年"。如此，古朝鲜语中表示"青年"的词可以被转写为"福""卜""巴"或"伏"，这表明其读音可能为 *pwok（Lee & Ramsey，2011：74）。

"居住地"常常被转写为"伐"（*pel），但有时被用训假名方式（kungana-type）转写为汉字"火"。在新罗语中相对应的词为"夫里"（百济地名）（*-wol[1]），但该词在中世朝鲜语中显露出的唯一痕迹却体现在固化的合成词（frozon compounds）中，例如 koWol（城、镇、乡）、kowol，以及后来出现的现代朝鲜语 (san-)kwol（山区）。

再有一个例子是 syeWul，其意义为"首都"（seoul[2]）。该词引起我

---

[1] 该音转为本书作者添加。本书作者认为，根据 Lee & Ramsey 的逻辑，*-wol 与 *pel 意义相同，只是 w 与 p 存在变体差异。

[2] 即现在的韩国首都"首尔"。

们注意的原因是：《三国遗事》所记录的朝鲜语"首都"一词早在新罗之前就已经存在。因为在《三国遗事》中，新罗是一个小国，其名称为Sŏrabŏl 或 Sŏbŏl（徐伐）（syepel），并且该国的名称也是"首都"的意思。在《三国遗事》和《三国史记》中也可以看到新罗的其他名称，但它们基本上都是朝鲜语"首都"的变体（Lee & Ramsey，2011：75）。

《三国遗事》和《三国史记》中均有一些对新罗词汇的解释。李基文等人引用了 Kim Taemun 的解释。具体解释如下。

第一，"次次雄"也称"慈充"，是本土词[①]，其意义为"萨满"。因为萨满为鬼、神服务，同时也执行奉献活动，所以人们对他敬畏和惧怕，称他为长辈（慈充）（*cochywung）。该词可以与中世朝鲜语 susun（主人，萨满）对应。

第二，Kim Taemun 认为"尼师今"是本土词，其意义为"牙齿"。在《三国遗事》中该词也被转写为"尼叱今"（*nikum）和"齿叱今"（*-skum）。这表明该词可以与中世朝鲜语 ni（齿）对应。

第三，Kim Taemun 认为，"麻立"是朝鲜本土词 *malip，其意义为"柱"。这表明该词可以与中世朝鲜语 malh（柱）对应。

李基文等人通过对朝鲜语的历史进行研究，解读了上述词的来源，并说明了这些词的承袭关系。

2. 国外朝鲜语与通古斯语同源词研究

国外研究者李基文等将不同时段的朝鲜语与通古斯语进行了对比（见表 1-1）。

表 1-1

| 通古斯语例词及意义 | 中世朝鲜语例词及意义 |
| --- | --- |
| 埃文基语 alas（腿，基础） | alay（下部） |
| 满语 morin（马） | mol（马） |
| 满语 muke（水） | mul（水） |

（Lee & Ramsey，2011：18—19）

---

① 我国学者往往称之为"固有词"。

Alexander Vovin 也比较了一些中世朝鲜语与通古斯语同源词。例如，他认为 kʌl- 与通古斯语 *kala- 具有渊源关系（Alexander Vovin，2014：155）。

Sohn 认为，朝鲜语与阿尔泰语（满－通古斯语、蒙古语、突厥语）同源假设的可信度要高于朝鲜语与其他语言同源假设的可信度（Sohn，1999：11）。其证据可以从一些同源词研究中看到。例如，Shiratiori 编撰了一部含有 595 个词条、与朝鲜语和其他阿尔泰语相关的词典；Poppe 于 1960 年出版了一部含有 570 个词根、研究朝鲜语和阿尔泰语同源词的著作。再如，朝鲜语 pil-（祈祷）与满语 firu-、Evenki 语 hiruge-、蒙古语 iryge- 具有对应性，可以视为同源词（Sohn, 1999：18—19）。

## 二、国内通古斯语内部同源词研究

### 1. 语言内部同源词研究 [①]

国内研究者从不同方面探究了通古斯语内部语言之间的关系和同源词情况。例如，金启孮在《女真文辞典》中分析了女真文字的音转，例如 inəŋgi（日）、bia（月）、emu（一）、tʒuwə（二）、ilan（三）、abuxa（天）、guru（国）、nienieri（春）、tʒuari（夏）、bolori（秋）、tuwəri（冬）等（周有光，1976）。这为研究者探究女真语与满语及其他通古斯语的关系奠定了基础。

在此基础上，黄锡惠解释了女真语数词与满语数词的对应关系，如女真语"脱普欢"（十五）与满语 tofohon（十五）具有语音和意义上的对应关系，黄锡惠还解释了女真语中的 p 与满语中的 f 的转换关系（黄锡惠，1998）。

朝克根据女真语的研究成果和自己的观察，探讨了女真语音素的数量（朝克，2001）和同源词情况，并指出女真语在通古斯语同源词研究中的重要地位（朝克，2014a）。同时，朝克也对我国东北地区一些古代民族

---

① 本部分仅列出有代表性的观点。

的语言源流进行了总结：“我国的满语、锡伯语、鄂温克语、鄂伦春语、赫哲语以及历史上的女真语称满通古斯语族语言。国内也称满－通古斯语支语言，国际上除了称满通古斯语族语言外，还称其为满洲通古斯语，以及通古斯满语或通古斯诸语等。其中，使用女真语的女真人跟历史上的'肃慎''挹娄''勿吉''靺鞨''生女真''女直'等有直接的历史渊源关系；满语是女真语的延续，清代就叫满洲语，后改为满语；锡伯语同样是从女真语分离出来的语言，使用锡伯语的人们在汉文历史资料上多次以'须卜''犀毗''师比''失比''席北''西博''西伯''史伯''席伯''锡伯'等称谓出现，后人甚至把他们解释为满族的一个早期分支；鄂温克语、鄂伦春语、赫哲语也都是在历史的不同时期由女真语分化出来的语言。”（朝克，2014b，前言：1）

胡增益根据李兹构建的语言年代学的分离模型对通古斯语内部诸语言进行了分离时间测算，得出了鄂伦春语、鄂温克语和赫哲语从通古斯语中分化的时间（胡增益，2001：18—20）。因此，胡增益的研究也属于语言内部同源词研究。

本书采用历史语言学和比较语言学的方法对一些通古斯语进行了考证。本书认为一些已经消失的民族，如高句丽、扶余、马韩、辰韩、卞韩等所使用的语言与通古斯语同源。

在此要特别指出的是，即使是同一语源、同一种族的人，经过历史发展，也可能形成多个不同的民族国家；与此同时，同语言、同种族这些条件也并不是定义古代民族与今天特定民族专属继承关系的标准。高句丽族是中国东北地区的古代民族，建立了中国古代地方民族政权——高句丽国，并接受中国中央王朝的册封。高句丽在古代属中华文明，中国对高句丽的历史继承是有理有据的。

2. 朝鲜语与通古斯语同源词研究

国内有关朝鲜语与通古斯语同源词的系统性研究成果不多，但是很多研究者都提及了一些同源词。例如，朝克认为：“满通古斯语族语言跟蒙古语语族语言和突厥语语族语言属于亲属语言。同时，与日本语和日本的

阿依努语、朝鲜语以及北美的爱斯基摩语与印第安语、北欧的萨米语等均有不同程度的共有关系。"（朝克，2014b，前言：6）。

哈斯巴特尔在《阿尔泰语系语言文化比较研究》中间接地提出，朝鲜语数词 hana（一）的原始形态 *hopun 与蒙古语早期形态 *qabu（一，孤单的）具有可比性，而蒙古语数词"一"与满语数词"一"具有同源关系。他因此暗示通古斯语中至少有一种语言与朝鲜语具有同源关系（哈斯巴特尔，2006：59—76）。

力提甫·托乎提讨论了阿尔泰语系内部语言之间的关系，认为朝鲜语属于该语系的通古斯语支，并对部分朝鲜语与通古斯语同源词进行了研究。例如，朝鲜语 aguri（嘴、口）与满语 aŋga（口、孔）、鄂温克语 amŋa（口、孔）在形态和意义上能够吻合（力提甫·托乎提，2004：480）。通古斯语词根 *ka ~ *ko-（包围、集中、管理）与朝鲜语 *ka-（包围、照看、管理）具有语音形态相近和意义相近等特征，并都具有能产性。

# 第三节　同源词研究原则和方法

语言在发展过程中必然会发生变化，而变化是多方面的，我们有时难以找到确切的理据。通过探究朝鲜语与通古斯语的相关文献资料，我们可以发现朝鲜语与通古斯语保留下来了一些具有同源特征的词汇。如果能够依据同源词研究理论和方法，坚持"语音形态相同或相近、意义相同或相近"的原则，我们就可以克服困难，找到一些变化的理据。例如，如果参考与语言相关的文化、文学（如传说、神话故事、诗歌）等因素，我们就有可能发现不同语言所具有的同源特征。因此，在研究朝鲜语与通古斯语同源词的过程中，我们以语音形态相同或相近、意义相同或相近为原则，同时以与语言相关的文化信息为参考。

## 一、研究原则

1. 判断同源词相关文献的可靠性

本书不是简单地寻找语音形态相同或相近、意义相同或相近的词项。本书所讨论的同源词均选自相关的研究成果，因此，所有列入研究范围的词均标记文献出处。例如，虽然古代朝鲜语中的 ma（母亲）在音节构成、语音形态和意义上可以与通古斯语中表达"地"这一意义的词相对应，如满语 na、锡伯语 na/naj/ba、鄂温克语 bog/na、鄂伦春语 tur/na/buga、赫哲语 na/buga、Negidal 语 nā、满语口语 nā、满语书面语 na、女真语 na、Ulcha 语 nā、Orok 语 nā、Nanai 语 nā、Oroch 语 nā、Udighe 语 nā[①]，但是由于无法确定 ma 的确切来源，我们没有将它们列为同源词。

2. 坚持"相同或相近"原则

对于语音形态不够相近的词汇，我们根据历史语言学的研究规律，确定它们在语音形态上可能出现的脱落、增音、变异、位置调换等变化，以求最大限度地坚持相近原则。对于符合语音形态相同或相近原则但意义不够相近的词汇，我们采用语义场理论方法，将意义关联作为判定标准。

中世朝鲜语 *alji[ 阒智 ] 与通古斯语中表达"好"这一意义的词的语音形态和意义均相近，我们可以将它们判定为同源词。例如：鄂温克语 aja（好）、鄂伦春语 aja（好）、赫哲语 aji、女真语 sain（朝克，2014a：360—361）；满语 aisila-、锡伯语 aiṣilə-、鄂温克语 ajaʃila-、鄂伦春语 ajʃila-、赫哲语 aiʃila-（朝克，2014a：446—447）；Evenki 语 aja（好）/aj(ū)-（拯救，帮助）、Even 语 aj（好）/aj(i)-（拯救，帮助）、Negidal 语 aja（好）、满语书面语 aj-luŋGa（帅，美）/aj-sila-（拯救，帮助）、女真语 aju-bulu（拯救，帮助）、Ulcha 语 aja（好）、Orok 语 aja（好）/aju-（拯救，帮助）、Nanai 语 ai/ajā（好）、Oroch 语 aja（好）/ai-či-（拯救，帮助）、Udighe 语 aja（好）/ai-sigi-（拯救，帮助）、Solon 语 ai/aja（好）（Starostin, Altaic etymology）。

---

① 由于不同的研究者对这些名称的翻译不同，所以本书在同源词研究中采用英文名称。

3. 将所对比语言的相关词汇的古老形态作为同源词比较的基础

从绝大多数研究者对同源词的研究结论中可以看出如下规律：某种语言的原始词汇往往不会是借词，因此，词汇越古老，则越有可比性。本书也坚持这个原则，将古老词汇作为朝鲜语与通古斯语比较的核心。例如，本书所对比的词项均选自不同研究者对早期朝鲜语的拟构。然而，由于在现有文献中仅能发现很少的通古斯语古老形态，我们只能将那些长期远离定居人群的像我国境内的鄂伦春族、鄂温克族等所使用的语言词汇作为比较的基础。

4. 总结语音对应规律

本书对语音形态和意义对应工整的词汇进行讨论，说明其对应的特征。对于稍微违背上述原则的同源词，本书通过寻找规律来确定某些音或意义的变化原则。例如，朝鲜语词汇中音节 ni 中 n 的脱落可以与通古斯语词汇中相同音节的脱落对应；朝鲜语中的 p 可以与通古斯语中的 p 和后来出现在满语、赫哲语、鄂伦春语中的 f 对应。

## 二、研究方法

同源词研究没有固定的方法，但所有的研究都沿用一些基本方法。Trask 对这些方法做出了较好的总结，因此，本书基本上采用他的研究方法。他的研究方法概括如下。

第一，寻找某些语言中可能来源于某个共同祖先语言（common ancestor）的词。

第二，将意义相近的词并列，看它们是否具有可比性。

第三，找到这些词的系统性对应成分。

第四，将系统性对应的词进行排列。

第五，确定可能的原始词，并检查该词是否可以与子代语言中相关的词对应，注意音变情况。

第六，在子代语言中找到可能的同源词。

第七，确定所找到的词在语音系统中遵循的规律。

# 第四节　同源词拟构原则

在历史语言学和比较语言学研究中，很多研究者都拟构了不同语言的原始形态，但很少有人清晰地列出基本的拟构原则。因此，很多拟构似乎具有较强的主观性。相比之下，Crowley 从他自己的实践中总结出一套比较客观的同源词拟构原则。

Crowley 认为，如果筛选出来的词满足"形态与意义相似"的条件，就可以对它们的音素进行对应性研究。在此基础上，我们才能对这些同源词的原始形态进行拟构。在意义相同的情况下，我们在拟构时必须遵循下列原则。

第一，应该考虑到可能的音变情况。

第二，应该尽可能地使原始母语词和子代语词保持最大的相似性。例如，如果列出的四个同源词在相同的音节中都含有 a，那么就应该拟构出原始母语音 *a。

第三，应该填补音系中的空白，而不是创造非平衡的音系。例如，如果某个语言的音系中有两个后元音（u 和 o），那么该音系也应该有两个相对应的前元音（i 和 e），否则该音系便被视为非平衡音系。[1]

第四，如果子代语言中没有确凿的证据，那么就不能拟构出一个没有理据的音素。例如，如果四个同源词中的三个词含有 v，仅有一个词含有 w，那么拟构者就应该考虑该语系中是否有清辅音与浊辅音的对立。如果没有，那么浊辅音 v 就被视为非平衡音素而被排除，因此，拟构出的原始音素应该是 *w。[2]

---

[1] 满语书面语中有一个前元音（a）和三个后元音（o、ū、u），这显然可以被视为元音的"非平衡"现象。但在田野调查中，笔者发现，在东北满语的音系中均有另一个前元音（e）。这种现象显示出这样的事实：满文的创立者缺乏音系学知识，他们将一个前元音漏掉，而将一个可以归并为后高或后半高的元音（ū）错误地保留下来，并赋予其音值。

[2] Crowley 提出，含有 v 的是 Tongan 语、Samoan 语和 Rarotongan 语，含有 w 的是 Hawaiian 语，但是该语系中没有清辅音与浊辅音的对立，因此排除了 v（Crowley，1997：93—101）。

　　本书将根据 Crowley 总结出来的拟构原则，主要对朝鲜语[①]与通古斯语的同源词进行研究。

---

[①]　朝鲜语是朝鲜民族使用的语言，系属未定，主要分布在朝鲜半岛全境和中国吉林、黑龙江、辽宁等省。

第二章

朝鲜语与通古斯语同源词比较、理据分析
和原始音拟构

上述比较原则表明，在进行同源词比较时，所选取词项的来源是进行比较的核心。如果没有准确的定向选择，那么比较的结果就难以达到预定的标准。据此，本书采用历时比较与共时比较的视角，将朝鲜语古代形态作为选词的历时标准，将从历史文献中发现的词项的拟构形态和意义作为基础，而不是任意地选取某个时段的朝鲜语词项进行对比和讨论。同时，本书将现代朝鲜语词项作为共时比较的平行词项，以期从纵向和横向两个方面来说明所比较词项是否具有同源性。

　　通古斯语词项的选择也采用类似的方式。由于通古斯语的古代文献极为匮乏，本书将通古斯语现有的拟构成果作为核心内容之一，同时也将现代通古斯语的描写成果作为共时比较的平行词项。这种选词方式有利于较好地展示所比较词项的历史意义和形态，以及现代意义和形态，也有利于展示这些词项的意义和形态的变化过程。

　　在选词过程中，本书也根据某些词项的意义和音转形态进行拟构，目的是在符合标准的前提下展现这些词项在其所处的历史时段的原有面貌。

# 第一节　选自《三国遗事》英译本的词项

## 汉语意义：蚯蚓

中世朝鲜语[①]：*Chirŏng-i[②]/*Chin Hwon [甄萱]（Ilyon，2007：145）。

通古斯语：满语 bətən、锡伯语 bətən/tşyşian、鄂温克语 mөorto/mәәttә、鄂伦春语 mәәrtә、赫哲语 bətən（朝克，2014a：66—67）；锡伯语 tɞyɕan（李树兰、仲谦，1986：146）；Evenki 语 sirikte（蠕虫）、Negidal 语 sekki（肉虫）、Ulcha 语 silma（虱子）（Starostin，Altaic etymology）。

现代朝鲜语[③]：chi-rŏng-i（Jones & Rhie，1991：104）；tʃirəɲi（宣德五、金祥元、赵习，1985：148）。

原始音拟构：*sirke。

解释：

在神话传说中，蚯蚓使百济甄萱王的母亲怀孕，生甄萱。[④] 甄萱在15岁时放弃李（Yi）姓，将姓改为甄萱（Chin Hwon），其意义为"蚯蚓"（Chirŏng-i）（Ilyon，2007：145）。

在朝克给出的通古斯语中，与一然（Ilyon）在《三国遗事》中给出的中世朝鲜语及现代朝鲜语最为接近的是锡伯语 tşyşian 和 tɞyɕan。因此，通古斯语中的锡伯语与中世朝鲜语、现代朝鲜语具有同源关系。

---

① 中世朝鲜语是指公元 11 世纪至公元 16 世纪末的朝鲜语。

② 由于不同的研究者采用不同的音标记录方式，且往往难以达成共识，本书对罗马字母的转写，以及国际音标中宽式音标或严式音标的转写不进行统一，仅提供研究者各自标注的原始形态。

③ 现代朝鲜语是指 17 世纪至 19 世纪末的朝鲜语。

④ 在朝鲜语中，蚯蚓含有"龙"的意义。汉语中也存在相似的表述，如在中医药学中，蚯蚓与"地龙"指同一种动物。

从语音的对应情况来看，中世朝鲜语、现代朝鲜语中的 chi/ʧi 与锡伯语中的 tʂy、tɓy 和 Starostin 给出的 si 对应工整。同时，中世朝鲜语第二个音节 r 与 Starostin 给出的词项中的 r 对应。第二个音节不尽相同，但 ong 与 n 经常互为变体。唯一难以解释的是第二个音节中元音变化的理据。例如，锡伯语第二个音节 ʂ 的读音大致类似于 s 的读音，但我们无法在朝鲜语 r 与 s 之间找到对应规律。

从语言的发展历史来看，有些语音的变化可以得到有效解释（如满语的 f 与朝鲜语的 p 对应），但绝大多数语音在演变过程中没有呈现出任何规律，而是表现出任意性的特征。这样，研究者就无法为同源词的所有音变提供充分的解释。"蚯蚓"一词的情况也是如此，通古斯语与朝鲜语在音节结构上对应工整，第一个音节对应工整，意义对应工整。因此，我们就可以判断出通古斯语与朝鲜语具有同源性。第二个音节的情况有待日后进行更加细致的研究。

在"昆虫"的语义场内，通古斯语中还有意义相近、音形相近的词，例如 Starostin 给出的 Evenki 语 sirikte（蠕虫）、Negidal 语 sekki（肉虫）、Ulcha 语 silma（虱子）。这与朝克给出的"虱子"的情况大致相同：满语 tʂihə、锡伯语 tʂihə、鄂温克语 hɯŋkə、鄂伦春语 kɯmkə、赫哲语 kuməkə（朝克，2014a：64—65）。在通古斯语中，很多词都以 si（si/tʂi）或 sir 为首音节，这说明这些词都与"蚯蚓"具有同源关系，但由于语言不断演变，各种语言形成了意义和音形都稍有差异的形态。

尽管如此，对意义的拟构仍然存在问题。例如，在朝鲜语和通古斯语中发现的以 ch、tʂ、ʧ、s 为首辅音的一些词具有同源特征，但同样以这些音为首辅音的其他词却具有不同的意义。虽然这些意义均属于同一语义场，但是由于文献不足，我们难以确定最原始的意义。本书选用"蚯蚓"作为核心意义。

### 汉语意义：箭

中世朝鲜语：*chumong/*ch'umong [ 朱蒙 ]（Ilyon，2007：45）；tśuwmeyrŋ（Beckwith，2004：30）。

通古斯语：满语 səlmin、锡伯语 səlmin、鄂温克语 sərmiŋ、鄂伦春语 sərmin、赫哲语 sərmi（朝克，2014a：248—249）；Evenki 语 selu/sele、Even 语 helike、Negidal 语 senmu、满语书面语 selmin/selm̄en、Nanai 语 sermi、Oroch 语 semmi、Udighe 语 seŋmi（Starostin，Altaic etymology）。

现代朝鲜语：hwa-sal（箭）（Jones & Rhie，1991：21）；hwasar（宣德五、金祥元、赵习，1985：159）。

原始音拟构：*səlmiŋ。

解释：

"朱蒙"或"邹蒙"（*chumong/*ch'umong）的读音近似于通古斯语 *səlmiŋ（弩箭）的读音。传说中的朱蒙为"好箭手"（Ilyon，2007：45—47）[1]，中世朝鲜语与通古斯语的意义相吻合。词首音 ch、s 具有对应性。首音节元音 u、ə 对应工整。词尾音节 mong、miŋ 对应工整（只是 o 与 i 之间有所差异）。现代朝鲜语 hwa-sal 的第二个音节与通古斯语中对应词的首音节相似。因此，本书认为它们具有同源性。

但 hwa- 来源不详，本书认为，该音节是朝鲜语独立发展出来的音节。在朝鲜语中，表示"射箭"意义的词为 kung-sul/kung-do（弓道）（Jones & Rhie，1991：20）。该词具有明显的汉语借词痕迹：kung 来源于汉字"弓"。

---

① Beckwith 认为，"东明（Tung-ming 或 *Tü me）"与高丽（Koryo）当地举行的"稻神节"中"稻穗神"（ear-of-rice-grain god）同音，所以，"东明"的意义为"稻穗神"（Beckwith，2004：44）。但 Beckwith 没有给出该词的朝鲜语读音。本书认为，"东明"或许与"朱蒙"在语音方面存在音转现象，但是其意义却不一定如 Beckwith 所言。其意义与汉语的音转有关：当时东北古代地方民族政权受到中原文化和汉语的极大影响，所以将 chumong/ch'umong 转写为具有意义的"东明"。这个现象可以从东明王的下一代——琉璃王的名称中看出来。Yuri（琉璃王）（Ilyon，2007：400）的意义不详，但其汉语音转的意义透明，且其读音比较贴近中世朝鲜语的读音。

### 汉语意义：萨满

中世朝鲜语：*haimosu[1]（Ilyon，2007：43—52）。

通古斯语：满语 saman/samadi、锡伯语 saman、鄂温克语 samaaŋ、鄂伦春语 saman、赫哲语 saman、女真语 saman（朝克，2014a：304—305）；Evenki 语 samān、Even 语 hamān、Negidal 语 samān、满语口语 samən、满语书面语 sama(n)、Ulcha 语 samā(n)、Orok 语 sama(n)、Nanai 语 samã、Oroch 语 sama(n)、Udighe 语 sama(n)、Solon 语 samã̄（Starostin，Altaic etymology）。

现代朝鲜语：sya-mŏn-gyo（萨满教）（Jones & Rhie，1991：306）。

原始音拟构：*sajmon、*samā-n。

*解释：*

在传说中，天帝自称"解慕漱"，有人和神的形态（Ilyon，2007：43—48）。因此，从语音相近或相同、意义相近或相同这两个标准来看，"解慕漱"的意义为萨满。这个观点在 Beckwith 等人的著作中也有论述。古代朝鲜人与周边人群均信奉萨满教，他们认为萨满神具有多种能力，拥有沟通人和神的魔力。

从汉语音转的角度来看，"解慕漱"（*haimosu）的首音应该为 s 或 x，这与通古斯语、现代朝鲜语中"萨满"的首音相近。从语音和意义的角度来看，通古斯语与朝鲜语中的"萨满"为同源词。"次次雄""慈充"是"解慕漱"的另一种叫法，其意义为"萨满"。例如，据《三国遗事》记载，"次次雄方言谓巫也"[2]。萨满为鬼、神服务，同时也进行奉献，人们敬畏和惧怕他，因此称他为长辈（慈充）（*cochywung）。该词可以与中世朝鲜语中的 susun（主人，萨满）对应（Lee & Ramsey，2011：75）。

现代朝鲜语与通古斯语中"萨满"的同义词形态一致。

---

[1] 解慕漱，次次雄。

[2] "南解居西干，亦云次次雄，是尊长之称，唯此王称之。父赫居世，母阏英夫人，妃云帝夫人（一作云梯，今迎日县西有云梯山圣母，祈旱有应）。前汉平帝元始四年甲子即位，御理二十一年。以地皇四年甲申崩，此王乃三皇之弟一云。按三国史云，新罗称王曰居西干，辰言王也。或云呼贵人之称，或曰次次雄，或作慈充。金大问云：'次次雄方言谓巫也，世人以巫事鬼神，尚祭祀，故畏敬之，遂称尊长者为慈充。'"（《三国遗事》）注：标点符号为本书作者添加。

Even 语 samān 与 *haimosu 的首音相同，其他音节结构相似。虽然首音相同不能作为判定同源关系的证据，但是 s 或许是由 h 转化而来的，换句话说，h 或许是在通古斯语中能够与 s 互换的遗迹。

## 汉语意义：明亮

中世朝鲜语：*kŏsŏgan/*kŏsolgam [ 居西干 ]（Ilyon，2007：50）。

通古斯语：满语 giltari、锡伯语 giltari、鄂温克语 giltar/giltagar、鄂伦春语 giltar/giltagar、赫哲语 giltari/gəŋgin、女真语 gəŋgian（朝克，2014a：382—383）；Evenki 语 ŋērī、Even 语 ŋēri、Negidal 语 ŋējin、满语口语 gūxun、满语书面语 gexun、女真语 ŋe-xun、Ulcha 语 ŋegže(n)、Orok 语 ŋegde-、Nanai 语 ŋegžẽ、Oroch 语 ŋegže、Udighe 语 ŋegže/ŋei（Starostin，Altaic etymology）。

现代朝鲜语：pakta（Jones & Rhie，1991：250）；parkta/pakta（宣德五、金祥元、赵习，1985：164）。

原始音拟构：*g/ŋēr(i)-。

解释：

《三国遗事》记载了居西干王出生的故事。他"身生光彩"，被取名为"居西干"，"居西干"意为"光明的统治者"。[1] 通古斯语与中世朝鲜语对比来看，二者稍有差异：中世朝鲜语中的 k 在通古斯语中变为 g 或 ŋ。这种变化产生的原因是 k 与 g 互为变体，而 g 与 ŋ 均为腭音，也可以互为变体。元音变化体现在 o 与 e 之间。根据不同的朝鲜学者的讨论，中世朝鲜语中的 o 或许存在前化迹象。因此，中世朝鲜语中的 o 可以与通古斯语中的 e 互为变体。

现代朝鲜语来源不详。

---

① "三月朔，六部祖各率子弟，俱会于阏川岸上。议曰：'我辈上无君主临理蒸民，民皆放逸，自从所欲，盍觅有德人，为之君主，立邦设都乎？'于是乘高南望，杨山下萝井傍，异气如电光垂地，有一白马跪拜之状。寻捡之，有一紫卵（一云青大卵），马见人长嘶上天。剖其卵得童男，形仪端美，惊异之。浴于东泉（东泉寺在词脑野北），身生光彩，鸟兽率舞，天地振动，日月清明。因名赫居世王。"（《三国遗事》）注：标点符号为本书作者添加。

## 汉语意义：葫芦，袋子

中世朝鲜语：*pak [ 朴 ]（葫芦）（Ilyon，2007：50）。

通古斯语：满语口语 fadə、满语书面语 fadu、Ulcha 语 padu(n)、Orok 语 padu、Nanai 语 pado（Starostin，Altaic etymology）。

现代朝鲜语：pak（Jones & Rhie，1991：249）；pak（宣德五、金祥元、赵习，1985：151）。

原始音拟构：*pad。

**解释：**

《三国遗事》记载了姓氏"朴"的起源[①]，新罗始祖赫居世王从瓢状卵中孵出，所以始姓"朴"。在我国境内通古斯语意义相同的词汇中，没有与 *pak 读音相似的词。[②] 但阿尔泰语同源词网站列出的意义相近的词汇中有与 *pak 音形相似的词。满语中的 f 为外来音或借用音，其原始形态为 p，因此阿尔泰语同源词网站列出的词汇可以作为同源词比较的基础。通过比较可以看出，中世朝鲜语中的 k 在通古斯语中演变为 d，但整体的音节结构对应工整。

现代朝鲜语显然与中世朝鲜语具有渊源关系。

## 汉语意义：古，老，昔日的

中世朝鲜语：*sǒk [ 昔 ]（Ilyon，2007：55）。

通古斯语：满语 sakda、锡伯语 sakdə/sahd、鄂温克语 sagde/saddi、鄂伦春语 sagdi、赫哲语 sagədi、女真语 sadai（朝克，2014a：386—387）；Negidal 语 saksī̠（冰排）、满语书面语 saqsaχun（柱子）/saqsan（积累）、Ulcha 语 saqsị̄（冰排）、Nanai 语 saqsị̄（冰排）/sōqsị̠、Oroch 语 saksi、

---

① "营宫室于南山西麓（今昌林寺），奉养二圣儿。男以卵生，卵如瓠，乡人以瓠为朴，故因姓朴。女以所出井名之。二圣年至十三岁，以五凤元年甲子，男立为王，仍以女为后。国号徐罗伐，又徐伐（今俗训京字云徐伐，以此故也），或云斯罗，又斯卢。"（《三国遗事》）注：标点符号为本书作者添加。

② 朝克记录的通古斯语"瓢"的形态如下：满语 fijoosə、锡伯语 fos、鄂温克语 mana、鄂伦春语 mana、赫哲语 mana/sokoŋko（朝克，2014a：222—223）。

Udighe 语 sakta(n)（积累）（Starostin，Altaic etymology）。

现代朝鲜语：ch'oe-ch'o-ǔi（原来的）（Jones & Rhie，1991：237）。

原始音拟构：*sokdai。

解释：

《三国遗事》给出的新罗国王的名字为 sǒk（姓氏）家族的脱解王。脱解王重获王位，将汉字"昔"作为姓氏。"昔"在新罗语中的形态为 sǒk，意义为"古、以前、原来"。这与通古斯语中表示"古"的意义的词具有同源性。它们在元音方面可能具有对应关系：中世朝鲜语中的 ǒ 与通古斯语中的 a 对应；中世朝鲜语（新罗语）中的 k 与通古斯语中的 k、g 对应，通古斯语中位于音节末尾的 g 可以与 h 互为变体。因此，新罗语与通古斯语具有同源关系。现代朝鲜语中的 ch 是中世朝鲜语中 s 的变体，因此现代朝鲜语 ch'oe-ch'o-ǔi 与中世朝鲜语、通古斯语具有渊源关系。

sǒk 不是汉字词，因为脱解王采用汉字来转写 sǒk，而不是借用汉字"昔"的读音。对于 ǒ 是否演变为现代朝鲜语中的 ʌ，我们不得而知。但是它们均为中、后元音，具有相邻特征，可能会相互转换。

该词项同时还具有"冰排""柱子""积累"等含义，其本义均为"根基"，意义相近。其中，q 可以与 k、g 互为自由变体。

## 汉语意义：喜鹊

中世朝鲜语：*sǒk [ 鹊 ]（Ilyon，2007：55）。

通古斯语：满语 saksaha、锡伯语 sask、鄂温克语 saadʒige、鄂伦春语 saadʒiga/ʃaadʒija、赫哲语 saksaki（朝克，2014a：48—49）；鄂伦春语 ʃaadʒɪga（胡增益，2001：244）；Evenki 语 saksa、Negidal 语 saksa、满语书面语 saqsaɣa/ čaqsaɣa、Ulcha 语 saqsi、Orok 语 saqsan、Nanai 语 saqsī、Oroch 语 saqsan（Starostin，Altaic etymology）。

现代朝鲜语：kka-ch'i（喜鹊）（Jones & Rhie，1991：202）；kkatʃ'i（宣德五、金祥元、赵习，1985：147）。

原始音拟构：*sadʒiha。

**解释：**

在《三国遗事》中，关于脱解王名字的来源，还有一种说法。其名字来源于"喜鹊"的第一个字"喜"。在汉语中，"昔"与"喜"具有相似的读音。"昔"与"喜"在新罗语中也具有相似的读音。根据前面对"昔"的分析，中世朝鲜语中的ð与通古斯语中的a对应，但k仅与满语、赫哲语中的k相同。现代朝鲜语中的kk与中世朝鲜语中的s具有音变关系，而现代朝鲜语第二个音节中的ch'/ʧ'与dʒ具有可比性。现代朝鲜语显然脱落了通古斯语中的音节sa，并将k发展成两个音节。

## 汉语意义：聪明，多智略，开创者

中世朝鲜语：*alji [ 阏智 ]（Ilyon，2007：56—57）。

通古斯语：鄂温克语aja、鄂伦春语aja、赫哲语aji、女真语sain（朝克，2014a：360—361）；满语aisila-、锡伯语aiʂilə-、鄂温克语ajaʃila-、鄂伦春语ajʃila-、赫哲语ajʃila-（朝克，2014a：446—447）；满语aitubu-（救）、锡伯语aitəvə-（救）、鄂温克语ajabu-/awra-（救）、鄂伦春语ajabu-（救）、赫哲语ajbu-（救）、女真语ajubu-（救）（朝克，2014a：484—485）；Evenki语aja（好）/aj(ū)-（拯救，帮助）、Even语aj（好）/aj(i)-（拯救，帮助）、Negidal语aja（好）、满语书面语aj-luŋGa（帅，美）/aj-sila-（拯救，帮助）、女真语aju-bulu（拯救，帮助）、Ulcha语aja（好）、Orok语aja（好）/aju-（拯救，帮助）、Nanai语ai/ajā（好）、Oroch语aja（好）/ai-či-（拯救，帮助）、Udighe语aja（好）/ai-sigi-（拯救，帮助）、Solon语ai/aja（好）（Starostin，Altaic etymology）。

现代朝鲜语：yŏng-ri-han（Jones & Rhie，1991：63）；ayappu-（好）（力提甫·托乎提，2004：360）。

原始音拟构：*alju。

**解释：**

根据《三国遗事》的记载，瓠公发现林中黄金柜中有一男童，后赐名金阏智。金阏智的后代均为新罗国王，因此他被视为开创新罗的始祖。《三

国遗事》记载："阏智即乡言小儿之称也。"①《三国史记》认为阏智的意义为"聪明、多智"②。从金阏智的事迹来看，金阏智凭借其能力开创了一代王朝，其名字的意义可以是"聪明、多智略、开创者"。根据这个意义和英译版《三国遗事》的拟音（Alji），参考通古斯语与现代朝鲜语的音形，本书认为该名字具有解读性，也具有同源特征。我国境内的通古斯语，以及 Starostin 提供的满语、女真语在语音和意义方面与朝鲜语相吻合。现代朝鲜语显然保留了基本的元音，添加了 y。这与 *alji 的词首元音可以形成变体。

现代朝鲜语 ayappu- 显然与通古斯语具有同源关系③，但 yǒng-ri-han 来源不详。

## 汉语意义：孩子

中世朝鲜语：*alji [ 阏智 ]（Ilyon，2007：56—57）。

通古斯语：满语 adʑigə、锡伯语 adʑig、鄂温克语 nisɯhɯŋ、鄂伦春语 niʃɯkɯn、赫哲语 uʃkun/iʃkun、女真语 oson/ʃine（朝克，2014a：366—367）；Even 语 āʒin（第一个孩子）、满语口语 aʒigə（小孩）、满语书面语 aʒi-ge（小孩）/aʒi（第一个孩子）、Nanai 语 aʒī（小孩）/aʒi-go-（小孩）、Udighe 语 aʒiga（女孩）（Starostin，Altaic etymology）。

现代朝鲜语：a-i/ǒ-rin-i/a-dong（儿童）（Jones & Rhie，1991：59）；

---

① "永平三年庚申（一云中元六年，误矣。中元尽二年而已）八月四日，瓠公夜行月城西里，见大光明于始林中（一作鸠林）。有紫云从天垂地，云中有黄金柜，挂于树枝，光自柜出。亦有白鸡鸣于树下，以状闻于王。驾幸其林，开柜有童男，卧而即起。如赫居世之故事，故因其言，以阏智名之。阏智即乡言小儿之称也。抱载还阙，鸟兽相随，喜跃跄跄。王择吉日，册位太子。后让故婆娑，不即王位。因金柜而出，乃姓金氏。阏智生热汉，汉生阿都，都生首留，留生郁部，部生俱道（一作仇刀），道生未邹，邹即王位。新罗金氏自阏智始。"（《三国遗事》）注：标点符号为本书作者添加。

② "九年春三月，王夜闻金城西始林树间，有鸡鸣声。迟明遣瓠公视之，有金色小椟挂树枝，白鸡鸣于其下。瓠公还告，王使人取椟开之。有小男儿在其中，姿容奇伟。上喜谓左右曰：'此岂非天遗我以令胤乎？'乃收养之。及长，聪明多智略，乃名阏智。以其出于金椟，姓金氏，改始林名鸡林，因以为国号。"（《三国史记》）注：标点符号为本书作者添加。

③ 力提甫·托乎提（2004：360）认为，该词与阿尔泰语系其他语言中相应的词具有同源性，如蒙古语 aya（适当，得体，顺境）/ayatai（适当的）、喀尔喀蒙古语 ayarxaŋ（小心翼翼的，合乎体统的）、鄂温克语 aya（健康，善良的，好的）、拉穆特语 ay（好的，健康）、鄂温克语 ayawje-（爱）、拉穆特语 aymuldan（和平的）[ 直译为（向善的）]、维吾尔语 hay hay（< *ay ay）[ 好的，漂亮的（小孩语言）]。

ai/aji（小孩）（宣德五、金祥元、赵习，1985：145）。

原始音拟构：*adʒgə。

解释：

根据《三国遗事》的记载，"阏智即乡言小儿之称也"，"初开口之时，自称云，阏智居西干一起"。也就是说，阏智出生后的第一句话为"阏智居西干（Alji-Kǒsǒgan）升起"。由此可以看出，"阏智"的意义为"孩子"，"居西干"的意义为"国王"。从这个意义上去解读"阏智"也在情理之中。同时，我们在通古斯语中也能找到相匹配的词。我国境内通古斯语的音形发生了较大的变化。女真语来源不详。我国境外通古斯语（包括记载较早的满语）较好地保留了原始形态。现代朝鲜语基本上保留了中世朝鲜语的特点，仅脱落了 l 和 j。

根据词的内涵、意义和不同的文化需要，中世朝鲜语 *alji 衍生出不同的外延意义，如"聪明，多智略，开创者"和"孩子"。

现代朝鲜语 a-dong 为汉语借词。

## 汉语意义：禁忌

中世朝鲜语：*taldo [怛刀 / 怛忉]（忌日）（Ilyon，2007：67）。

通古斯语：满语 targa-、锡伯语 tarhə-、鄂温克语 səərlə-、鄂伦春语 səgərlə-、赫哲语 sərlə-/sorək-（朝克，2014a：486—487）；Evenki 语 tōlga-（停止）、Orok 语 toldoqpin-（停止，坍塌）（Starostin，Altaic etymology）。

现代朝鲜语：tŏlda（去掉，减低）（Jones & Rhie，1991：344）。

原始音拟构：*tarhə。

解释：

《三国遗事》记载了毗处王设立禁忌日的传说。[1] 英译版《三国遗事》

---

① "第二十一毗处王（一作照智王），即位十年戊辰，幸于天泉亭。时有乌与鼠来鸣，鼠作人语云，此乌去处寻之（或云神德王欲行香兴轮寺，路见众鼠含尾，怪之而还，占之，明日先鸣乌寻之云云。此说非也）。王命骑士追之，南至避村（今壤避寺村，在南山东麓）。两猪相斗，留连见之，忽失乌所在，徘徊路旁。时有老翁自池中出奉书，外面题云："开见二人死，不开一人死。'使来献之。王曰："与其二人死，莫若不开，但一人死耳。'日官奏云："二人者庶民也，一人者王也。'王然之开见。书中云："射琴匣。'王入宫，见琴匣射之，乃内殿焚修僧与宫主潜通而所奸也，二人伏诛。自尔国俗每正月上亥上子上午等日，忌慎百事，不敢动作。以十五日为乌忌之日，以糯饭祭之，至今行之。俚言怛忉，言悲愁而禁忌百事也。命其池曰书出池。"（《三国遗事》）

注：标点符号为本书作者添加。

给出了"禁忌"的音转。中世朝鲜语的音形与满语、锡伯语的音形极为相似。中世朝鲜语中的 t 与满语、锡伯语中的 t 对应，中世朝鲜语中的 l 与满语、锡伯语中的 r 对应，因此我们可以判定它们具有同源关系。但满语、锡伯语的第二个音节与中世朝鲜语不同。其原因不详。

鄂温克语 səərlə-、鄂伦春语 səgərlə-、赫哲语 sərlə-/sorək- 另有来源。

现代朝鲜语 tŏlda 显然与中世朝鲜语 *taldo 具有渊源关系，但意义在同一语义场内稍有变化，由"禁忌"变为"去掉""减低"。

## 汉语意义：龟

中世朝鲜语：*kuho/*kuha（Ilyon，2007：110，158）。

通古斯语：满语 əihumə、锡伯语 əihum、鄂温克语 məgdəŋ、鄂伦春语 kawal、赫哲语 kawlan（朝克，2014a：72—73）；Orok 语 qêqpari/*kiaK-ta/-ikta（皮，贝壳）、Evenki 语 kēkikta（皮）、满语书面语 qaiqari（贝壳）、Ulcha 语 qiaqta（贝壳）、Nanai 语 qā̄χta（贝壳）、Oroch 语 kiakta（贝壳）、Udighe 语 käkta/käxta（贝壳）（Starostin，Altaic etymology）。

现代朝鲜语：kŏ-buk（Jones & Rhie，1991：353）；kəpuk（宣德五、金祥元、赵习，1985：148）。

原始音拟构：*kəhə。

解释：

通古斯语与朝鲜语具有明显的同源特征，但通古斯语显然经历了不同的演变过程。满语、锡伯语脱落首音 k，保留 h，添加词尾音节。鄂伦春语、赫哲语保留 k，将 h 变为 w，添加词尾 l。现代朝鲜语则将 h 变为 p，添加词尾辅音 k。部分通古斯语的意义有所变化，变为"皮，贝壳"。同时，部分通古斯语在首音 k 后面添加了双元音。

## 汉语意义：瘟疫

中世朝鲜语：*hini（疫神）（Ilyon，2007：127）。

通古斯语：满语 gəri/hargasi、锡伯语 gəri、鄂温克语 hirig、鄂伦春语 kirig、赫哲语 həri/hiri（朝克，2014a：318—319）；Evenki 语 uni-、Even 语 öń-、Negidal 语 uńi-、Ulcha 语 xuńi-、Nanai 语 xuńi-、Udighe 语 uńi-（生病）（Starostin，Altaic etymology）。

现代朝鲜语：hŭk-sa-byŏng（Jones & Rhie，1991：254）。

原始音拟构：*hi/ur/n(s)i。

解释：

"瘟疫"为《三国遗事》记载的传说中的灵魂。新罗康宪王游玩至开云浦，遇到大雾，不见风光。辅佐他的大臣说这是龙王在作怪，建议修建龙王庙。龙王庙建好后，龙王浮现出来，推荐自己七个儿子之一的"处容"[①]辅佐国王。一日，处容夜游京都后回到家中，发现疫神在其家辱其妻，后咏歌而离开。疫神知错，请处容在门前贴上其画像，保证以后不再入门。通古斯语中的"瘟疫"可以拟构为 *g/h/kaSsi[②]，这与现代朝鲜语 hŭk-sa 具有对应关系。现代朝鲜语的最后一个音节为汉语借词，其意义为"病"。在通古斯语中，满语 hargasi 保留着原始音节，但其他语言则改变或脱落了第三个音节。在通古斯语中，g 与 k，以及 h 与 x 是自由变异辅音。通古斯语和朝鲜语的元音 a、ə、u 之间的变化具有任意性：a 可以变为 ə、u。我们可以在其他词汇中发现类似的例证。[③]因此，通古斯语与朝鲜语具有明显的同源特征。

---

① "处容"（Ch'oyŏng）类似于中国的门神，"处容"相当于中国的九龙之一"鸱吻"。在中国有关龙的传说中，鸱吻站在房脊上，四处观望，担任防疫、辟邪之职。但通古斯语中没有有关"龙"的词，古代朝鲜有关"龙"的概念来自汉语，因此朝鲜语中的 yŏng（龙）为汉字词。关于"处容歌"的解读和翻译，参见尹铁超、宁薇的研究成果。

② S 表示音节。

③ 关于中世朝鲜语中类似的音变情况，参见 Sohn（1999）的著作。

## 汉语意义：出生

中世朝鲜语：*t'alhae [ 脱解 ]（Ilyon，2007：160）。

通古斯语：满语 tutʂi-、锡伯语 tutʂi-、鄂温克语 jɯɯ-、鄂伦春语 jɯɯ-、赫哲语 tuʃi-/niwu-、女真语 tuti-（朝克，2014a：432—433）；满语 use-（种子，播种）、Nanai 语 use-（种子，播种）、Oroch 语 usi（种子）、Orok 语 usi（种子）（力提甫·托乎提，2004：359）；Evenki 语 turku-（出来，发情鹿群）、Even 语 töri（母熊及崽熊）、满语口语 tiuči-（出现）、满语书面语 tuči-（出生，成长，出来）、女真语 tuj-ti-mij（出来）（Starostin，Altaic etymology）。

现代朝鲜语：t'a-go-nan（出生）（Jones & Rhie，1991：42）。

原始音拟构：*tuʃi。

解释：

在《三国遗事》记载的传说中，琓夏国（Wanha-kuk）国王含达（Hamdal）的妻子怀孕生卵，卵孵化出一个男孩，男孩的名字为脱解（T'alhae）（从壳中脱出）（Ilyon，2007：160）。

*t'alhae 在意义和音形方面与通古斯语中表示"出生"[1]意义的词相吻合，这表明 *t'alhae 并不是汉语借词，而是朝鲜本土固有词，同源特征明显。《三国遗事》的译者显然根据现代朝鲜语进行了音转，但我们仍然可以看到朝鲜语与通古斯语在语音方面具有对应关系：t 对应 t，l 对应 r，a 对应 u、o。第二个音节的变化难以解释。赫哲语 niwu- 来源不详。

现代朝鲜语的第二个音节、第三个音节来源不详。

---

[1] 与"出生"这个意义相关的通古斯语词还有其他形态。例如：满语 bandʒi-、锡伯语 bandʒi-、鄂温克语 baldi-、鄂伦春语 baldi-、赫哲语 baldi-/udʒi、女真语 bandi-（朝克，2014a：472—473）；满语 tulfa-、锡伯语 tulva-、鄂温克语 iʃiwu-、鄂伦春语 iʃiwu-、赫哲语 iʃiu-（朝克，2014a：472—473）；uji-（养育）。除此之外，满语中还有表示动物产崽意义的词，如 bile-（生崽，下蛋），它们与中世朝鲜语 *t'alhae 不同，但它们不能列入比较范围。

## 汉语意义：鸡

中世朝鲜语：*kukuta（Ilyon，2007：293）。

通古斯语：满语 tʂoko、锡伯语 tʂoko、鄂温克语 hahara/hahra、鄂伦春语 kakara/kakra、赫哲语 ʧoko/toko、女真语 tiho（朝克，2014a：52—53）；Evenki 语 kara（山鸡）/karakī（榛鸡）、Negidal 语 karaxī（野生禽）、满语书面语 qaraki/qaralʒa/qarasu（鸡，禽）、Orok 语 qari̯（寒鸦）、Nanai 语 qarqaj（鸡，禽）（Starostin，Altaic etymology）。

现代朝鲜语：tak/tak-go-gi（Jones & Rhie，1991：59）；tark/tak（宣德五、金祥元、赵习，1985：147）。

原始音拟构：*kakara。

解释：

在"鸡"的语义范围内，除了我国境内的满语、锡伯语和女真语以外，通古斯语与中世朝鲜语对应工整，k 与 h 为自由变体。赫哲语中的 ʧ 来源不详，但其音节对应工整，且第二个音节保留了 k。

现代朝鲜语保留了第二个音节 k，但 t 来源不详。

## 汉语意义：蚊

中世朝鲜语：*mu（Ilyon，2007：306）；much'gong-gyo（Lee & Ramsey，2011：249）。

通古斯语：满语 galman、锡伯语 galmən、鄂温克语 garmakta/nalmagta/taʧʧig、鄂伦春语 garmakta/ŋalmakta、赫哲语 garmakta（朝克，2014a：62—63）；鄂伦春语 ʧurmuxt'a（韩有峰、孟淑贤，1993：78）；Evenki 语 ŋanmakta、Negidal 语 ŋanmakta、满语口语 Galəmən、满语书面语 Galman、Ulcha 语 Galmaqta/Garmaqta、Orok 语 nalmaqta/ŋalmaqta、Nanai 语 Garmaqta、Oroch 语 gamakta、Udighe 语 ŋamakta、Solon 语 namakta（Starostin，Altaic etymology）。

现代朝鲜语：mo-gi（Jones & Rhie，1991：306）；moki（宣德五、金

祥元、赵习，1985：148）。

原始音拟构：*nalma(kta)。

**解释：**

在通古斯语中，各词项的形态高度一致。由此可以看出，中世朝鲜语在脱落了词首音节后变成 mu。现代朝鲜语则保留了通古斯语的尾音 k。

韩有峰等人的记音方式与朝克不同。

## 汉语意义：伸展，扭动

中世朝鲜语：*sapok/sadong（蠕动）（Ilyon，2007：317）。

通古斯语：满语 sarba-、锡伯语 sarva-、鄂温克语 sabbe-、鄂伦春语 sarbe-、赫哲语 sarba-（朝克，2014a：416—417）；Evenki 语 sūn-（伸展）、Even 语 hun-（伸展）、Negidal 语 suŋ-gumǯi（拉长）、满语书面语 suŋ-gi-（倾斜）、Ulcha 语 suŋ-guǯa-（拉长）、Orok 语 sun-（拉长）、Nanai 语 suŋ-gure（拉长）、Oroch 语 suŋguremdi（拉长）、Udighe 语 sūŋī-（伸展）（Starostin，Altaic etymology）。

现代朝鲜语：chada（睡，躺在床上）（Jones & Rhie，1991：9）；ʧata（睡）（宣德五、金祥元、赵习，1985：170）；čakki-（伸开胳膊仰卧）、čatčʰi-（仰卧，弄翻）（力提甫·托乎提，2004：337）。

原始音拟构：*sarpa。

**解释：**

在《三国遗事》中，记录了蛇童的传说："京师万善北里有寡女，不夫而孕。既产，年至十二岁，不语亦不起，因号蛇童……"这里说的是这个孩子在出生后不说话。英译版《三国遗事》记录的版本则为：在一个名为庆州（Kyǒng-ju）万善北里（Mansǒn-Pungni）的地方，一个寡妇不夫而孕，生出一个男孩，这个男孩直到十二岁还不能说话和走路，因为他在母体中不断扭动，所以众人给他起名为蛇童（Sapok 或 Sadong）（Ilyon，2007：317）。由此可见，sapok/sadong 的意义与蛇童在母体中不断伸展、扭动有关。

在通古斯语中，意义相近、音形相似的词为"伸展"，因此我们可以将它们作为同源词进行比较。通过比较可以看出，中世朝鲜语与通古斯语具有明显的同源特征。p、b 的差异仅表现为送气与不送气。通古斯语词尾音节或许是后来衍生出来的。Starostin 给出的词项脱落了词首音节的尾音 p，首音节 a 演变为 u，个别语言将 s 变为 h。

现代朝鲜语 čakki-、čatčʰi- 显然与通古斯语具有相同的来源。现代朝鲜语的首音 ch/ʧ/č 应该是由中世朝鲜语中的 s 演变而来的（尽管现代朝鲜语仍然保留着 s）。

# 第二节　选自《三国史记》的词项

**汉语意义：蛙**

中世朝鲜语：[ 蛙 ]（《三国史记》）[①]。

通古斯语：满语 koki、锡伯语 koki、鄂温克语 iggilən、鄂伦春语 irgilən、赫哲语 ilgilən（朝克，2014a：66—67）；满语 erhuwe（蛙、田鸡）（敖拉·毕力格、乌兰托亚，2013：255）；满语 koklime（蝌蚪）（敖拉·毕力格、乌兰托亚，2013：602）。

现代朝鲜语：kae-gu-ri（蛙）（Jones & Rhie，1991：134）；kɛkuri/kkɛkuri（蛙）（宣德五、金祥元、赵习，1985：148）。

原始音拟构：*kaki。

**解释：**

虽然在《三国遗事》和《三国史记》中没有找到有关"蛙"的中世朝鲜语，但是通过分析通古斯语与现代朝鲜语的词形和意义可以发现，朝鲜语或通古斯语的意义在同一语义场内发生了变化。因此，我们可以将"蛙"

---

① "十九年，大旱，民饥，发仓赈给。冬十月，百济攻西鄙蛙山城，拔之。"（《三国史记》）注：标点符号为本书作者添加。

的原始音拟构为 *kaki①。

鄂温克语、鄂伦春语、赫哲语来源不详。

在现代通古斯语中，"蛙"的意义和音形变化不大。例如 Starostin 列出的词项为：Evenki 语 erekī、Even 语 eriki、Negidal 语 ejexī、满语书面语 erxe、Ulcha 语 xere/xereke、Orok 语 xere、Nanai 语 xere、Oroch 语 ēki、Udighe 语 ēxi。朝克列出的词项为：满语 ərhə、锡伯语 ərh/vaksən、鄂温克语 ərihi、鄂伦春语 ərəki、赫哲语 ərih/wakʃən（朝克，2014a：66—67）。

在现代朝鲜语中，表示"蝌蚪"这个意义的词为 ol-ch'aeng-i（Jones & Rhie，1991：342）、orʧˋεŋi/orʧˋεŋji（宣德五、金祥元、赵习，1985：148）。

从通古斯语中表示"蛙"的意义的词与朝鲜语中表示"蝌蚪"的意义的词的语音形态来看，它们在意义与音形方面具有交叉对应的关系。这说明它们具有同源性，只是意义在同一个语义场内发生了变化。

## 汉语意义：抢，献

中世朝鲜语：[ 多勿 ]②（《三国史记》）。

通古斯语：满语 duri-、锡伯语 duri-/dydy、鄂温克语 tii-、鄂伦春语 tii-、赫哲语 duri-、女真语 duli-（朝克，2014a: 488—489）; Evenki 语 tuju-（招待）、Even 语 töj-（招待）、Negidal 语 tojo-（招待）、满语书面语 tuwe-de-/teo-de-（再卖，交换）、女真语 tuju-xe（给）、Ulcha 语 tuju-（招待）、Orok 语 tojo-（招待）、Nanai 语 tuju-（招待）、Oroch 语 tojo-（招待）、Udighe 语 tuju-（招待）（Starostin，Altaic etymology）。

现代朝鲜语：to-ra-o-da（还给）（Jones & Rhie，1991：288）；tŭrida（献给）（Jones & Rhie，1991：354）；turita（呈，献）（宣德五、金祥元、赵习，1985：169）；atta-（抢走）（力提甫·托乎提，2004：359）。

① 本书认为 kaki 不是汉语借词，因为在我国东北方言中"蝌蚪"为"蛤蟆骨朵 / 蛤蟆咕嘟"。

② "多勿"一词来源于《三国史记》，朱蒙建立高句丽后，侵入沸流国："其国王松让出见曰：'寡人僻在海隅，未尝得见君子，今日邂逅相遇，不亦幸乎。然不识吾子自何而来。'答曰：'我是天帝子，来都于某所。'松让曰：'我累世为王，地小不足容两主，君立都日浅，为我附庸可乎？'王忿其言，因与之斗辩，亦相射以校艺，松让不能抗。二年，夏六月，松让以国来降，以其地为多勿都，封松让为主。丽语谓复旧土为多勿，故以名焉。"注：标点符号为本书作者添加。

原始音拟构：*turi-。

解释：

从《三国史记》记载的故事来看，该词具有"献给"之意。在我国境内通古斯语中，满语、锡伯语、赫哲语中"抢"的音形与其最为贴近，虽然意义有所不同，但是我们可以将沸流国理解为朱蒙后代南移后得到的土地。根据《三国遗事》《三国史记》的记载，沸流为朱蒙后代，他为了逃避其兄的迫害，被迫南下，建立十济国，后来收留了其弟的领地，而将国名改为百济。史书的记载或许具有对朱蒙的褒奖之意。现代语言的意义发生变化，在我国境内的满语等语言中，该词的意义变为"抢"。在Starostin 提供的词项中，该词仍然含有"归还""还给"之意。在现代朝鲜语中，该词保留了"献给"之意。因此，通古斯语和朝鲜语（包括中世朝鲜语）具有同源特征。

中世朝鲜语"多勿"比较贴近通古斯语 duri- 和现代朝鲜语 to-ra-o-da。它们的意义也相近。

现代朝鲜语 atta- 在语音形态上显然另有来源。

# 第三节　选自拉铁摩尔研究的通古斯语词项

## 汉语意义：白，清澈

中世朝鲜语：*pai（Lattimore，1933：11）。

通古斯语：满语 ʂanjan、锡伯语 ʂaŋən、鄂温克语 bagdariŋ/giltariŋ、鄂伦春语 bagdarin、赫哲语 ʃaŋgin、女真语 ʃaŋgen（朝克，2014a：356—357）；鄂伦春语 paxtarin（韩有峰、孟淑贤，1993：278）；赫哲语 eaŋkin（尤志贤、傅万金，1987：142）；鄂温克语 čarki:-（变白）、čalban（桦树）、那乃语 čagjan（白的，白）（力提甫·托乎提，2004：334）；满语 bolgo/gəŋgijən、锡伯语 bolgon/gəŋgiən、鄂温克语 tuŋga/nəəriŋ、鄂伦春语 tuŋga/nəərin、赫哲语 bolgon（朝克，2014a：380—381）；Evenki 语 bagda-ma/-rin（白）/baɣurin（清澈）、Even 语 bāwuṇ/bāị（清澈）、

Negidal 语 bagdajīn（白）、Solon 语 bagdarin/bogdarin（白）、Evenki 语 beli（苍白）、Negidal 语 belki-（弄白）、Oroch 语 bēli（苍白）（Starostin, Altaic etymology）。

现代朝鲜语：pal-ge（清楚）（Jones & Rhie，1991：62）；pɛk/huita（宣德五、金祥元、赵习，1985：164）。

原始音拟构：*ba/o/*sa/o/*gilta。

解释：

在我国境内通古斯语中，鄂伦春语 bagdarin、满语 bolgo、锡伯语 bolgon、赫哲语 bolgon 与我国境外通古斯语具有相同的词首音形态（*ba/o），因此可以推断，通古斯语和现代朝鲜语都来源于含有词首音 *ba/o- 的词项，现代朝鲜语 pɛk 不是汉语借词。现代朝鲜语中表示"清楚"的意义的 pal-ge 也与表示"白"的意义的词具有同源特征。

在通古斯语中，与"白"这一意义有关的词还有：Evenki 语 gilta-li（白）、Even 语 giltāl-（明亮）、满语口语 gilətərə-、满语书面语 gilta-（明亮）、Ulcha 语 gilte（明亮）、Nanai 语 gilte-（明亮）（Starostin, Altaic etymology）。这些词显然来源于其他的原始形态，其原始音可以拟构为 *gilta。满语 gəŋgijən、锡伯语 gəŋgiən 或许也来源于该原始形态。

通古斯语中还有一些与"白"有关的词，如满语 ʂanjan、锡伯语 ʂaŋən、赫哲语 ʃaŋgin、女真语 ʃaŋgen、赫哲语 ɕaŋkin、鄂温克语 čarki: -（变白）、čalban（桦树）、Nanai 语 čagjan（白的，白）、Solon 语 giltarĩ（白）、Evenki 语 čolko、Negidal 语 čolko。这些词显然有其他的来源，其原始音可以拟构为 *sa/o。[①]

但鄂温克语 tuŋga/nəəriŋ、鄂伦春语 tuŋga/nəərin 来源不详。

---

① 力提甫·托乎提（2004：334）认为，这些词或许与阿尔泰语系其他语言中的某些词具有同源性，例如蒙古语 čaɣan（白色）、土库曼语 čal（灰白的）、土耳其语 čakir（灰的）、维吾尔语 čal（白发老头儿）、雅库特语 čakir（白白的，完全白的）。

## 第四节　选自李基文等人拟构的朝鲜语词项

### 汉语意义：柱，房梁

中世朝鲜语：*muluip [ 麻立 ]（Kim Taemun，转引自 Lee & Ramsey，2011：75）。

通古斯语：满语 mulu、锡伯语 mulu、鄂温克语 mulu、鄂伦春语 mulu、赫哲语 mulu/mul（朝克，2014a：194—195）；Negidal 语 mulu（房檐）、满语口语 mulə/mulu（边，边柱）、满语书面语 mulu（房檐）/mulan（凳子）、女真语 mul-an（凳子）、Nanai 语 mulu（边）（Starostin, Altaic etymology）。

现代朝鲜语：mak-dae-gi（柱）（Jones & Rhie，1991：257）。

原始音拟构：*mulu。

解释：

Kim Taemun 认为，"麻立"是朝鲜本土词 *malip，其意义为"柱"。这表明该词可以与中世朝鲜语 malh（柱）对应。在通古斯语中，语音相近、意义相似的词为"中梁"。因此，Kim Taemun 拟构的"柱"与通古斯语中的"梁"具有同源特征。[①]"柱"与"梁"在一个语义场内，在语言演进的过程中会出现意义相关的词项，这种现象十分常见。这表明三韩地区的语言与通古斯语同源。

---

① Beckwith 将"麻立干"拟构为古朝鲜语 makri 或 makari（正确）（Beckwith，2004：46）。本书认为，该词中的"干"为蒙古语借词，意义为"汗""寒"。《三国史记》在记载新罗国王时，特别讨论了新罗传统国王的称呼问题："论曰：新罗王称居西干者一，次次雄者一，尼师今者十六，麻立干者四。罗末名儒崔致远作《帝王年代历》，皆称某王，不言居西干等，岂以其言鄙野不足称也。曰《左汉》，中国史书也，犹存楚语'谷于菟'、匈奴语'撑犁孤涂'等。今记新罗事，其存方言，亦宜矣。"注：标点符号为本书作者添加。《三国遗事》引用了《三国史记》的相关内容，但对尼师今的意义表达得更加明确："南解居西干……金大问云：'麻立者，方言谓橛也，橛标准位置。则王橛为主，臣橛列于下，因以名之。'"本书解读了"次次雄"（巫）、"尼师今"（牙）、"麻立"（柱）的意义，并根据以往的研究给出了相应的通古斯语词项，旨在说明可以在通古斯语中找到同源词。

## 汉语意义：火

中世朝鲜语：*mirta [ 推火 ]（Lee & Ramsey， 2011：51）；*püri [ 夫里 ]（Iksop Lee & Ramsey，2000：275）。

通古斯语：满语 tuwa、锡伯语 tua、鄂温克语 tuga/tog、鄂伦春语 togo/too、 赫 哲 语 tuwa/too、 女 真 语 towo（ 朝 克，2014a：30—31）； Evenki 语 toɣo、Even 语 toɣ、Negidal 语 toɣo、满语口语 tuā、满语书面语 tuwa、女真语 towi、Ulcha 语 tawa、Orok 语 tawa、Nanai 语 tao、Oroch 语 tō、Udighe 语 tō、Solon 语 togo（Starostin，Altaic etymology）。

现代朝鲜语：pul（Jones & Rhie，1991：124）；pur（宣德五、金祥元、 赵 习，1985：139）；pǔr （Beckwith，2004：74）；bul（Ju-haeng Lee & Gyu-hang Lee，1998：360）。

原始音拟构：*tor/*pur。

**解释：**

《三国史记》记载了景德王（Kyŏngdŏk）重修地名时改动的地名，即 密城郡本推火郡。李基文对此词的解读为"推火"，中世朝鲜语 mir 的意 义为"推"（Lee & Ramsey，2011：51—52）。Iksop Lee 等人将"火"拟 构为 *püri。他们的解读说明中世朝鲜语与现代朝鲜语具有渊源关系。例 如，宣德五等人给出的现代朝鲜语"推"为 mirta（宣德五、金祥元、赵习， 1985：169）。如果除去 -ta，那么剩余部分 mir- 与李基文的猜测相同。然 而，李基文并没有说明"火"字的情况。李基文认为"推火"是一个合成 词，其构成为"mir + ta"（"推 + 火"）。① 从中世朝鲜语 ta 到现代朝鲜 语 pul，我们可以看到辅音演变情况，即 t > p。因此，中世朝鲜语、现代 朝鲜语与通古斯语具有同源特征。

---

① 根据宣德五等人列出的词表，现代朝鲜语"篝火"一词为 motakpur（宣德五、金祥元、赵 习，1985：139）。Jones 和 Rhie 给出的现代朝鲜语"篝火"为 mo-dak-bul/hwa-t'ot-bul（Jones & Rhie，1991：41）。如果"推火"的意义为"篝火"，那么该词似乎也可以得到整体的解释，即"推 火"为"篝火"。音形和意义相近的通古斯语词汇有 Evenki 语 mōgdi、Even 语 mōdgi、Negidal 语 mōgdi、Nanai 语 moduli、Oroch 语 mōdi（Starostin, Altaic etymology）。这说明现代朝鲜语"篝 火"另有词源，原始音可以拟构为 *mogd-。

## 汉语意义：水

中世朝鲜语：*mai/mie [ 买 ]（Lee & Ramsey，2011：68）；mul~ *mö：（金东书，转引自：杨虎嫩、高桦武，2006）。

通古斯语：满语 mukə、锡伯语 muku、鄂温克语 muɡu/muu、鄂伦春语 muwə/muu、赫哲语 mukə、女真语 muwə（朝克，2014a：22—23）；Evenki 语 mū、Even 语 mō、Negidal 语 mū、满语口语 mukē/mukū、满语书面语 muke、女真语 mo、Ulcha 语 mū、Orok 语 mū、Nanai 语 muke、Oroch 语 mū、Udighe 语 mu-de、Solon 语 mū（Starostin，Altaic etymology）。

现代朝鲜语：mul（Jones & Rhie，1991：374）；mur（宣德五、金祥元、赵习，1985：139）；mul（Ju-haeng Lee & Gyu-hang Lee，1998：299）。

原始音拟构：*mukə。

解释：

该词在所有研究中被讨论得最多，各家之拟构也大致相同。例如，"买省郡"的拟音为 maixuər/maikuər（Beckwith，2004：61），其中的 *mai 与 *mukə 可以判定为同源词。[1]李基文给出的中世朝鲜语词项为 mir（Lee，1958：115）。Starostin 给出的新罗语词项为 *mur（Starostin，Altaic etymology）。而 Blažek 拟构的高句丽语词项为 *mey（Blažek，2006：6）。虽然拟构有所不同，但是 "*m+V"[2] 这一音节结构大致相同。根据同源词的拟构原则，我们也可以将该音节之后的音节考虑在内。因此，将原始音拟构为 *mukə 是合理的。

---

① 例如，Beckwith 拟构的原始音为 *mey ~ ☆ mɛy（买）（Beckwith，2004：54）。

② V 代表元音。

**汉语意义：儿子**

中世朝鲜语：\*atol（Lee & Ramsey，2011：162）。

通古斯语：满语 dʒui、锡伯语 hahədʒi、鄂温克语 ʉkkəhəŋ/ʉt、鄂伦春语 ʉtə、赫哲语 hitə、女真语 dʒui（朝克，2014a：118—119）。

现代朝鲜语：a-tūl（Jones & Rhie，1991：320）；atuur（宣德五、金祥元、赵习，1985：145）。

原始音拟构：\*atul。

解释：

通古斯语（鄂温克语 ʉt、鄂伦春语 ʉtə、赫哲语 hitə）与中世朝鲜语和现代朝鲜语具有同源特征。鄂温克语脱落词尾元音 ə。赫哲语添加 h，并将首音节中的 ʉ 变为 i。满语、锡伯语或许添加了词首音节，并将 ə 变为 i。

其他形态来源不详。

# 第五节　选自金东书拟构的通古斯语词项

## 汉语意义：脚，足

中世朝鲜语：\*palgan（金东书，转引自：杨虎嫩、高桦武，2006）。

通古斯语：满语 bəthə、锡伯语 bəthə、鄂温克语 bəldiir、鄂伦春语 bəldir/algan、赫哲语 bəthə/fathə、女真语 budihə（朝克，2014a：156—157）；满语 fatxa（蹄子，爪子）（力提甫·托乎提，2004：464）；Evenki 语 begdi、Even 语 bȫdəl、Negidal 语 begdi、满语口语 betəxə/betəkə、满语书面语 betxe、女真语 bodi-xe、Ulcha 语 begdi、Orok 语 begǰi、Nanai 语 begd'i、Oroch 语 begdi、Udighe 语 begdi、Solon 语 beldīr（Starostin, Altaic etymology）。

现代朝鲜语：pal（金东书，转引自：杨虎嫩、高桦武，2006）；pal（Jones & Rhie，1991：130）；par（宣德五、金祥元、赵习，1985：143）；bal

（Ju-haeng Lee & Gyu-hang Lee，1998：317）；泼[1]（孙穆，《鸡林类事·方言》：6）。

原始音拟构：*bəlthə。

解释：

通古斯语与朝鲜语（中世朝鲜语和现代朝鲜语）之间的对应主要体现在第一个音节上。在对通古斯语和朝鲜语的描述中，b 与 p 有时难以区分，这是因为二者都没有 b 音，只有 p 音。因此，二者的对应比较工整。在元音的对应上，a 与 e、ə 之间的对应不够清晰。这几个音常常会因为研究者的分类不同或选取的音标不同而产生差异。

杨虎嫩、高桦武认为，通古斯语与朝鲜语同源：*pal~*palgan（足）。

力提甫·托乎提将原始音拟构为 *padaika。他认为，该词项与阿尔泰语系中其他语言的相关词项具有同源性，如蒙古语 adag < 前期蒙古语 *padak（末端，河流下游）、喀尔喀蒙古语 adag（末端，最后）、满语 fatxa（< *padakai）（脚底）、朝鲜语 patak（底，地板，脚底）、楚瓦什语 ura（< *adak）（脚）、古突厥语 adaq（底，地板，脚底）、雅库特语 atax（底，地板，脚底）、维吾尔语 ayaq（底，地板，脚底）。

## 汉语意义：二

中世朝鲜语：*tul~*jö:r（二）（金东书，转引自：杨虎嫩、高桦武，2006）。

通古斯语：满语 dʑuwə、锡伯语 dʑu、鄂温克语 dʒɯɯr、鄂伦春语 dʒɯɯr、赫哲语 dʒuru、女真语 dʒo（朝克，2014a：344—345）；Evenki 语 ʒūr、Even 语 ʒȫr、Negidal 语 ʒūl、满语口语 ʒū、满语书面语 ʒuwe、女真语 ʒuwe、Ulcha 语 ʒuel(i)、Orok 语 dū、Nanai 语 ʒū/ʒuer、Oroch 语 ʒū、Udighe 语 ʒū、Solon 语 ʒūr（Starostin，Altaic etymology）。

现代朝鲜语：tul/i（Jones & Rhie，1991：360）；tur/i（宣德五、金

---

[1]　孙穆在《鸡林类事》中用汉字转写朝鲜语："足曰泼。"以下均用孙穆给出的汉字。

祥元、赵习，1985：161）；dul/i（Ju-haeng Lee & Gyu-hang Lee，1998：235，557）；途孛（孙穆，《鸡林类事·方言》：8）。

原始音拟构：*tul/*dʑu。

解释：

从中世朝鲜语的形态来看，原始通古斯语与朝鲜语存在两种不同的形态，这两种形态均保留在中世朝鲜语和现代朝鲜语中。但是现代朝鲜语的第二种形态 i 或许来源于汉语，后来发生了音变。

# 第六节　选自 Blažek 拟构的高句丽语词项

## 汉语意义：海，涉水渡过

高句丽语：*bètà（海，涉水渡过）、patan（海）（Blažek，2006：6）。

通古斯语：满语 mədəri、锡伯语 mədəri、鄂温克语 mʉʉdəri、鄂伦春语 mʉdəri、赫哲语 lamə/mudəri、女真语 mədəri（朝克，2014a：24—25）；Evenki 语 hedē-、满语书面语 fida-/fide-、Solon 语 edelbū-（Starostin，Altaic etymology）。

现代朝鲜语：pada（海）（Jones & Rhie，1991：300）；pata（海）（宣德五、金祥元、赵习，1985：140）。

原始音拟构：*pede。

解释：

我国境内的通古斯语在音节结构方面与高句丽语、现代朝鲜语相同，但词首辅音变为 m。在我国境外的通古斯语中，Evenki 语的词首辅音变为 h，Solon 语脱落词首辅音。满语书面语的词首辅音变为 f，该音为借用音，其原始音为 p。

## 汉语意义：孩提时代，幼儿

高句丽语：*kŭŋi/*gu（Blažek，2006：6）。

通古斯语：鄂伦春语 kookan（朝克，2014a：127）；鄂伦春语 k'ɔɔxan（韩有峰、孟淑贤，1993：158）；鄂伦春语 kɔ:kan（张彦昌、李兵、张晰，1989：146）；Evenki 语 kuŋā/kuŋa（孩提时代）/kuŋākān（小孩）、Even 语 quŋa（小孩）、Negidal 语 koŋaxān（小孩）、Nanai 语 qoŋar bī（婴儿）、Solon 语 kuaxa ń（小孩）（Starostin，Altaic etymology）。

现代朝鲜语：a-i/ŏrin-i/a-dong（Jones & Rhie，1991：59）；ai/aji、ɛki、ərini（小孩）（宣德五、金祥元、赵习，1985：145—146）。

原始音拟构：*kuŋa/*koŋ/xan。

**解释：**

在我国境内的通古斯语中，我们仅在鄂伦春语中找到音形比较一致的词项，但我国境外通古斯语的音形与高句丽语的音形一致。鄂伦春语 kookan/k'ɔɔxan/kɔ:kan 脱落 ŋ 音，ŋ 音后面的元音变为 a。现代朝鲜语来源于"小孩"。通古斯语中的 k 与 h 为自由变体。

## 汉语意义：黑

高句丽语：*k'ume（黑）/kəmur（Blažek，2006：6）。

通古斯语：鄂温克语 honnoriŋ、鄂伦春语 koŋnorin（朝克，2014a：356—357）；Evenki 语 koŋno-mo/-rin、Even 语 qōŋɬ-、Negidal 语 koŋnojīn、Solon 语 xoŋnori（Starostin，Altaic etymology）。

现代朝鲜语：kŏm-ŭn（Jones & Rhie，1991：37）；kəmta（宣德五、金祥元、赵习，1985：164）；geomda/kkamata（Ju-haeng Lee & Gyu-hang Lee，1998：54，147）。

原始音拟构：*kuŋmo。

**解释：**

在通古斯语中，意义为"黑"的词有两个不同的词源，一个是

*kuŋmo，另一个是 *sahalin。例如：满语 sahalijan、锡伯语 sahalin、赫哲语 sahalin/sakalki、女真语 sahalian（朝克，2014a：356—357）；满语 xara[黑色（指马）]、鄂温克语 harši（黑心的）（力提甫·托乎提，2004：467）[①]。

从查询到的词来看，通古斯语与朝鲜语显然具有同源关系：词首辅音相同（个别演变为 q、h）；首音节元音为 ə、u、o，它们互为变体；首音节均为双音节。

现代朝鲜语与高句丽语具有渊源关系。

## 汉语意义：一种树

高句丽语：*boli/*bus(i)/*pus（松树 / 杉树）（Blažek，2006：6）。

通古斯语：满语 bula、锡伯语 bula、鄂温克语 bula、鄂伦春语 bula、赫哲语 bula、女真语 ulu（朝克，2014a：88—89）；满语口语 bəlā、满语书面语 bula（Starostin，Altaic etymology）。

现代朝鲜语：puri（鸟喙）（Jones & Rhie，1991：273）；puri（喙）（宣德五、金祥元、赵习，1985：149）。

原始音拟构：*puli。

**解释：**

在通古斯语中，o 与 u 具有自由变体的特点，因此，通古斯语与朝鲜语具有同源特征。在现代朝鲜语中，该词的词源或许为"刺"，后来演变为"喙"。

## 汉语意义：湖，溪，沼泽

高句丽语：*najV(rV)/*narih（Blažek，2006：6）。

通古斯语：满语 niltən、锡伯语 niltən、鄂温克语 niltən、鄂伦春语

---

① 力提甫·托乎提（2004：467）认为，该词与阿尔泰语系中其他语言的一些词具有同源特征，例如古突厥语 qara（黑、强大）、维吾尔语 qara（黑）、蒙古语 xar、达斡尔语 xar、土族语 xara、保安语 xəra。

niltən、赫哲语 niltən（朝克，2014a：28—29）；满语 omo/təŋin、锡伯语 omo/təŋin/norə、鄂温克语 amodʒi/amadʒi、鄂伦春语 amudʒi/amadʒi、赫哲语 amudʒi/hujo、女真语 omo（朝克，2014 a：24—25）；Evenki 语 ńārut（湖）、Even 语 ńaruqaɣ（沼泽）、满语书面语 ńari（沼泽）、Nanai 语 niarõ（沼泽）、Udighe 语 ńau（沼泽）（Starostin，Altaic etymology）。

现代朝鲜语：nae（溪）（Jones & Rhie，1991：221）；sinɛ（溪水）（宣德五、金祥元、赵习，1985：140）。

原始音拟构：*najri。

**解释：**

通古斯语与高句丽语具有明显的同源特征，但在我国境内的通古斯语中，除了锡伯语保留了原始形态以外，大多数语言中"湖"的形态均发生了变化。我国境外的通古斯语保留了原始形态。本书认为，Starostin 收录的满语是正确的，朝克给出的 omo 为现代满语变化后的形态，刘厚生等人给出的"湖"的形态也是 omo（刘厚生、李乐营，2005：223）。

在我国境内通古斯语中，"沼泽"一词的形态也是由 *naj 演变而来的，其中 n 和 l 为原始形态，i 发生变化。[1]

## 汉语意义：圆

高句丽语：*tóŋké/*tawnpi（Blažek，2006：6）。

通古斯语：满语 muhəlijən、锡伯语 muhulin、鄂温克语 moholiŋ/murliŋ、鄂伦春语 mokolin/toŋgorin、赫哲语 muhalin（朝克，2014a：368—369）；满语 moo hunio（木桶）、锡伯语 mo huni（木桶）、鄂温克语 hoŋge（木桶）、鄂伦春语 kuŋge（木桶）、赫哲语 kunʧu（木桶）（朝克，2014a：226—227）；Evenki 语 toŋollo（圆形物）、Even 语 toŋьlrъ（圆形物）、Negidal 语 toŋulikin（圆）、Orok 语 toŋGolto（环）、Nanai 语 toŋgokpịã（圆）、Oroch 语 tuŋepke（圈）（Starostin，Altaic etymology）。

---

① 在通古斯语中，"沼泽"一词的同义词还有很多，具体参见 Starostin, Altaic etymology。

现代朝鲜语: tung-gǔn（Jones & Rhie, 1991: 293）; tuŋkurta/tuŋkurta（宣德五、金祥元、赵习, 1985: 164）; dunggeulda（Ju-haeng Lee & Gyu-hang Lee, 1998: 236）。

原始音拟构: *toŋke。

解释:

在我国境内的通古斯语中，表示"圆"的意义的词具有同一词源，首音有所变化，例如 doŋmu（茶桶）（朝克, 2014a: 226）、tugun（锅盖）（朝克, 2014a: 229）。

我国境内的鄂伦春语、我国境外的通古斯语与高句丽语、现代朝鲜语具有明显的同源特征。

## 汉语意义: 动物

高句丽语: *úsu/*su~siu（牛）（Blažek, 2006: 6）。

通古斯语: 满语 aşşasu、锡伯语 aşşasu、鄂温克语 aretaŋ、鄂伦春语 aretan、赫哲语 aretu（朝克, 2014a: 34—35）; Evenki 语 usuŋa（动物群）、Even 语 ụsụ（动物群）、Ulcha 语 uselte（猎物）、Orok 语 uselte（猎物）、Nanai 语 uselte（野生动物）（Starostin, Altaic etymology）。

现代朝鲜语: su-k'ŏt（动物）（Jones & Rhie, 1991: 48）。

原始音拟构: *asu。

解释:

通古斯语与高句丽语具有明显的同源特征。我国境内通古斯语中的满语、锡伯语添加了首音节，其他语言则发生演变。现代朝鲜语脱落了首元音。

## 汉语意义: 低地

高句丽语: *t'ĕŋà/t(w)ən~tʰən（谷）（Blažek, 2006: 6）。

通古斯语: 满语 omo/təŋin、锡伯语 omo/təŋin/norə、鄂温克语 amodʒi/amadʒi、鄂伦春语 amudʒi/amadʒi、赫哲语 amudʒi/hujo、女真语

omo（朝克，2014a：24—25）；Evenki 语 tuŋer（湖）/tuŋuke（回水）、Even 语 töŋēr（湖）、Negidal 语 töŋēr（湖）、满语书面语 tuŋgu（深渊、低地）、Udighe 语 toŋi/tuŋi（湖）（Starostin，Altaic etymology）。

现代朝鲜语：to-rang（沟）（Jones & Rhie，1991：356）；toraŋ（水沟）（宣德五、金祥元、赵习，1985：140）。

原始音拟构：*toŋe。

**解释：**

满语 təŋin、锡伯语 tәŋin 具有音形相似的特征，其意义也吻合。除了第三个音节以外，满语、锡伯语与高句丽语具有同源特征。现代朝鲜语也有"低地"之意。

# 第七节　选自 Iksop Lee 等人拟构的词项

**汉语意义：石**

百济语：*turak [珍恶]（Iksop Lee & Ramsey，2000：275）；twoh（Lee & Ramsey，2011：170）。

通古斯语：满语 dəli wəhə、锡伯语 dəl vəhə、鄂温克语 ʉhʉr dʒolo、鄂伦春语 ʉkʉr dʒolo、赫哲语 ihan dʒolo（朝克，2014a：18—19）；Evenki 语 tur、Even 语 tōr、Negidal 语 tūj、Nanai 语 tur-qa（Starostin，Altaic etymology）。

现代朝鲜语：tol（Jones & Rhie，1991：331）；tor（宣德五、金祥元、赵习，1985：156）；dol（Ju-haeng Lee & Gyu-hang Lee，1998：224）。

原始音拟构：*dulki。

**解释：**

通古斯语中表示"磐石"这个意义的词不与其他词搭配，因此我们可以认定它是具有独立意义的词。通古斯语中表示"土、土块"这个意义的

词与朝鲜语中表示"石"这个意义的词具有同源关系。[①] 通古斯语与现代朝鲜语具有同源特征。

在通古斯语中，表示"石"这个意义的词也有另一个词源，即 dʒolo，但该词并没有在朝鲜语中发现。dʒolo 在通古斯语中存在，后来在朝鲜语中演变为另一个词。朝鲜语中的 t 与通古斯语中的 dʒ 或许发生了音变。但目前难以找到该音变的证据。

现代朝鲜语脱落了第二个音节。

## 汉语意义：新

百济语：*sa［沙］（Iksop Lee & Ramsey，2000：275）；*sa（Lee & Ramsey，2011：46）；*sa（转引自 Blažek，2006：6）。

高句丽语：*su（Blažek，2006：6）。

通古斯语：满语 itşə、锡伯语 itşə、鄂温克语 ikkiŋ、鄂伦春语 irkin/irkəkin、赫哲语 irkin、女真语 iɬə（朝克，2014a：362—363）；Evenki 语 irkekīn、Even 语 irče-、Negidal 语 iskekin、满语口语 ičē、满语书面语 iče、女真语 hi(i)če、Ulcha 语 sičeu(n)、Orok 语 sitče-、Nanai 语 śiku(n)、Oroch 语 ikken（Starostin，Altaic etymology）。

现代朝鲜语：sae-ro-un/sin-si-ŭi（Jones & Rhie，1991：227）；sɛropta（宣德五、金祥元、赵习，1985：166）；saeropda（Ju-haeng Lee & Gyu-hang Lee，1998：402）；sɛ（力提甫·托乎提，2004：339）。

原始音拟构：*irsa。

解释：

通过对比可以看出，朝鲜语脱落了原始通古斯语的首音节。同源特征比较明显。

---

[①] Henryk Jankowski 认为，阿尔泰语系被认为大约存在于新石器时代，所以最为重要的同源词是"石""土""泥"。现在可以看到的通古斯语"石"的形态为 ʒolo。这个判断似乎正确，例如 Starostin 给出的该词的形态为 *ʒola（石），如 Evenki 语 ʒolo、Even 语 ʒol、Negidal 语 ʒolo、Ulcha 语 ʒolo、Orok 语 ʒolo、Nanai 语 ʒolo、Oroch 语 ʒolo、Udighe 语 ʒolo、Solon 语 ʒolo。

## 汉语意义：土，地

高句丽语：\*nua[ 内 / 那 / 奴 / 恼 ]（Iksop Lee & Ramsey，2000：278）。

通古斯语：满语 na/nai sirən、锡伯语 na/naji şirən/ba、鄂温克语 bog/na、鄂伦春语 tur/na/buga、赫哲语 na/buga、女真语 na/bua（朝克，2014a：12—13）；Negidal 语 nā、满语口语 nā、满语书面语 na、女真语 na、Ulcha 语 nā、Orok 语 nā、Nanai 语 nā、Oroch 语 nā、Udighe 语 nā（Starostin，Altaic etymology）。

现代朝鲜语：tae-ji（地）（Jones & Rhie，1991：104）；ttaŋ（土地）（宣德五、金祥元、赵习，1985：140）；naraŋ/nara（大地，国土）（力提甫·托乎提，2004：342）。

原始音拟构：\*na。

**解释：**

通古斯语与高句丽语具有同源特征。现代朝鲜语 tae-ji 显然与鄂伦春语 tur 同源，且与通古斯语"石""磐石"和中世朝鲜语 \*turak（石）具有同源关系。因此，该词不是汉语借词。[1]

## 汉语意义：巨石，悬崖

高句丽语：\*pai [ 巴衣 / 波衣 ]（巨石、悬崖）（Iksop Lee & Ramsey，2000：278）。

通古斯语：满语 əbtşi、锡伯语 əbtşi、鄂温克语 əʧʧi、鄂伦春语 əbʧi、赫哲语 əbʧi（朝克，2014a：20—21）；Evenki 语 bajtu（Starostin，Altaic etymology）。

现代朝鲜语: nang-ddǒ-rǒ-ji（悬崖）（Jones & Rhie，1991：63）；p'oy-sǒk（巨石）（Jones & Rhie，1991：42）；pay/pawu（岩石）（宣德五、金祥元、赵习，1985：140）。

---

① Ramstedt 认为朝鲜语中的"土"与"石"的同源特征不确定，因为 t- 与 ʒ- 的对应特征无法解释。

原始音拟构：*əpoj。

**解释：**

通古斯语似乎增加了词首元音 ə，并增加了 tʂ/ʧ。现代朝鲜语与通古斯语同源。

**汉语意义：草**

高句丽语：*phul（Iksop Lee & Ramsey，2000：62）。

通古斯语：满语 hakda、锡伯语 hakda、鄂温克语 hagda、鄂伦春语 kagda、赫哲语 hakda（朝克，2014a：94—95）；Evenki 语 hajīkta、Even 语 hajtъ、Negidal 语 xajta、满语书面语 fojō、Ulcha 语 pajqta、Orok 语 paiqta、Nanai 语 pajaqta、Udighe 语 xaikta（Starostin，Altaic etymology）。

现代朝鲜语：p'ul（Jones & Rhie，1991：144）；p'ur（宣德五、金祥元、赵习，1985：149）。

原始音拟构：*pʰuijkta。

**解释：**

满语书面语中的 f 是借自汉语的外来音，它在朝鲜语和通古斯语内部均与 p 对应。本书认为，高句丽语中的 h 为送气音，而在某些通古斯语中，p 消失，变为 h。这在 Starostin 给出的词项中可以看到。

# 第八节　选自 Beckwith 拟构的高句丽语、三韩语词项

在本节的同源词对比中，本书主要参考了 Beckwith 对中世朝鲜语词项的拟构。Beckwith 认为，朝鲜语（无论古今）与高句丽语无关。因此，他主要考察了《三国史记》中景德王统一朝鲜半岛后对所占高句丽地区地

名的改动情况。例如，Beckwith 考察了原来位于高句丽统治区的汉州[①] 地名的同源特征。本书旨在说明高句丽语、三韩语[②] 也与通古斯语具有同源关系。

### 汉语意义：门

三韩语：*dol/*[dor]（梁）（Beckwith，2004：40）。

通古斯语：满语 duka、锡伯语 dukə、鄂温克语 duha、鄂伦春语 duka、赫哲语 duka、女真语 duha（朝克，2014 a：196—197）；Evenki 语 turu、Negidal 语 tojo、满语口语 turā、满语书面语 tura、女真语 tur-ra、Ulcha 语 tụra、Orok 语 toro、Nanai 语 toro/tora、Oroch 语 tū、Solon 语 törö（Starostin，Altaic etymology）。

现代朝鲜语: to( Jones & Rhie, 1991: 99 ); tori（檩）（宣德五、金祥元、赵习，1985：157）。

原始音拟构：*duka/*toha。

解释：

在古代卞韩语中能够发现通古斯语的痕迹。《三国史记》中记载的"梁"可以理解为"门"，其形态为 *dol 或 *[dor]。[③] 从本书的对比中可以看出，通古斯语与古代三韩地区的语言也具有同源关系，词首 d 与 t 之间是送气与不送气的关系，朝鲜语中的 d 实际上是现代朝鲜语中的紧辅音 tt。通古斯语中的 r 与 u 可以分别对应于三韩语中的 l 和 o。现代朝鲜语与早期卞韩语相同，只是脱落了音节尾辅音。

---

① 新罗统一朝鲜半岛后对地区重新进行了划分：原新罗地区分为三个州，分别是尚州、良州、康州；原百济地区分为三个州，分别是熊州、全州、武州；原高句丽地区分为三个州，分别是汉州、朔州、溟州。

② 三韩语指辰韩语、卞韩语、马韩语。

③ Beckwith 认为，除了四个词以外，人们对于三韩地区的情况几乎不了解。这四个词为"梁""冶炉""加尸"和"兮"。Beckwith 分别解读了"梁"（门）（*dol 或 *[dor]，古日本语为 *tö ~ ☆ təw（刀，斗）~ ☆ tɒ[ 吐 ~ 妬 ]）、"冶炉"（赤火）（*yialɒ）、"加尸"（新）（*kar ~ ☆ kalira）、"兮"（恢复）（ɤεy）。在 Beckwith 列出的四个词中，本书仅仅发现两个词（门、赤火）与通古斯语具有同源关系，但这可以说明朝鲜早期的三韩语与通古斯语有着极大的同源关系。

## 汉语意义：硬火，旺火

三韩语：*jialu/yialu [冶炉]（Beckwith，2004：40）。

通古斯语：满语 jaha、锡伯语 jaha、鄂温克语 dol、鄂伦春语 dula/dol、赫哲语 dul/dol（朝克，2014a：30—31）。

现代朝鲜语：hwa-jae（大火）（Jones & Rhie，1991：125）。

原始音拟构：*yiala。

解释：

对于"冶炉"，Beckwith 给出的拟构词项为 *yialɒ（Beckwith，2004：40）。本书认为，在通古斯语中，与"冶炉"意义相近的词为"无烟火"或"硬火"。满语、锡伯语对应工整，鄂温克语、鄂伦春语和赫哲语的音变情况不详。

现代朝鲜语 hwa-jae（大火）为汉语借词。

## 汉语意义：熊

高句丽语：*köma [巨万]（熊）（Beckwith，2004：50）。

通古斯语：满语 kʊwatiki、锡伯语 kuatik、鄂温克语 ʉtʉhi、鄂伦春语 ʉtʉki、赫哲语 hutiki（朝克，2014 a：36—37）；Negidal 语 ujguli、Ulcha 语 xuǯuli、Nanai 语 xujguluẽ、Oroch 语 ugguli（Starostin，Altaic etymology）。

现代朝鲜语：kom（Jones & Rhie，1991：32）；kom（宣德五、金祥元、赵习，1985：147）。

原始音拟构：*kuwmat。

解释：

在通古斯语中，k 与 h 往往通用而不引起意义变化，因此 x（等于 h）与 k 之间没有区别。在通古斯语中，表示"一"这个意义的词没有出现在"一岁熊"这个词中。例如，"一"在通古斯语中为：满语 əmu、锡伯语 əmu/əmkən、鄂温克语 əmʉn、鄂伦春语 əmʉn、赫哲语 əmun/əmuhun、女真语

əmu（朝克，2014a：344—345）。"一岁"在通古斯语中均采用"əmu + 动物"的形式来表达。这说明"一岁熊"是一个独立词。

兰司铁认为，朝鲜语 köm（熊）来自 kuma（Ramstedt，1926：27）。此观点与 Beckwith 的观点相同。

## 汉语意义：柞树

高句丽语：*miŋkɨr（槐）（乃斤）（Beckwith，2004：55）。

通古斯语：满语 maŋga、锡伯语 maŋga/maŋa、鄂温克语 maŋgatta、鄂伦春语 maŋgakta、赫哲语 maŋgaktə（朝克，2014a：86—87）；Oroch 语 meŋgulike（Starostin，Altaic etymology）。

现代朝鲜语：kø-mɔk/kø-namu/høhu-anamu/huɛ-namu（槐树）、saŋsurinamu（柞树）[①]。

原始音拟构：*maŋgaki。

解释：

通古斯语中表示"柞树"意义的词与高句丽语中表示"槐树"意义的词同处于一个语义场内，其意义稍有变化，但语音对应工整。我们可以将它们判定为同源词。现代朝鲜语中的 kø- 应该是由于保留高句丽语最后一个音节而形成的，因此，现代朝鲜语与高句丽语具有渊源关系。但现代朝鲜语中的 høhu-、huɛ- 疑为汉语借词。

## 汉语意义：传播

高句丽语：*siŋsi[ 述 ]（省知买）（Beckwith，2004：55）。

通古斯语：满语 səlgijə-、锡伯语 səlgiə-、鄂温克语 səlge-、鄂伦春语 səlgi-、赫哲语 səlgi-（朝克，2014a：394—395）；Evenki 语 čildi-、Even 语 čildum-、Nanai 语 čildin-（Starostin，Altaic etymology）。

现 代 朝 鲜 语：chin-sul-ha-da/sǒng-myǒng（Jones & Rhie，1991：

---

① 宁薇博士、赵志刚博士提供。

328）。

原始音拟构：*səlgi-。

解释：

在意义相近、语音相近的情况下，通古斯语与高句丽语具有同源特征。我国境外通古斯语中的 č 与 s 为自由变体，我国境外通古斯语的其他音节结构与我国境内通古斯语相似。

现代朝鲜语 chin-sul- 或许是汉语借词（倾诉），但 sŏng-myŏng 仍然保留着高句丽语的痕迹。

## 汉语意义：杨树

高句丽语：*kü/*kɨ[去]（杨树，柳树）（Beckwith，2004：56）；petul（Lee & Ramsey，2011：162）。

通古斯语：满语 fulha、锡伯语 fulha、鄂温克语 ula、鄂伦春语 uluka、赫哲语 fulha（朝克，2014a：86—87）；Evenki 语 hula、Even 语 hụl、Negidal 语 xol、满语口语 fulχa、女真语 fulto、Ulcha 语 pụlị、Orok 语 pụlụ、Nanai 语 polo、Oroch 语 xulu、Udighe 语 xulu、Solon 语 ụlụ（Starostin，Altaic etymology）。

现代朝鲜语：p'o-p'ŭl-ra（Jones & Rhie，1991：258）。

原始音拟构：*xula/*pula。

解释：

根据通古斯语与朝鲜语中 f 与 p 的对应情况，通古斯语中的 f 与高句丽语中的 k 也形成对应关系。在通古斯语中，x、k、f 对应。如果 f 同时可以对应 p（例如李基文等人列出的朝鲜语词项为 petul），那么本书拟构的原始音为 *xula 或 *pula。现代朝鲜语 p'o-p'ŭl-ra 借自英语 poplar（杨树）。本书没有发现与"（树）根"相对应的通古斯语词项。

## 汉语意义：樟松

高句丽语：*suŋtsunor/*zuŋtswənɣwar [ 松树 ]（松村活达）（Beckwith，2004：57）。

通古斯语：满语 dʐakdan、锡伯语 dʐagda/hirha、鄂温克语 dʒaddan/dʒadda、鄂伦春语 dʒagada/dʒagda、赫哲语 dʒagda/homkur（朝克，2014a：84—85）；满语 dʐaŋga、锡伯语 dʐaŋga、鄂温克语 dʒaŋga/dʒaggar、鄂伦春语 dʒaŋga、赫哲语 dʒaŋga（朝克，2014a：84—85）；Evenki 语 ʒagda、Even 语 ʒaɣdь、Negidal 语 ʒagda、满语口语 ʒahədə/ʒahədā、满语书面语 ʒaqdan、Ulcha 语 ʒagda、Nanai 语 ʒāGda、Solon 语 ʒagda（Starostin，Altaic etymology）。

现代朝鲜语：so-na-mu（Jones & Rhie，1991：252）。

原始音拟构：*dʐaŋga。

**解释：**

在通古斯语中，"松树"与"樟松"的发音大致相同，只是后者带有 ŋ。因此，本书认为"樟松"与高句丽语 *suŋtsunor（松树）为同源词，高句丽语添加了音节。朝鲜语很早就从汉语中借入了"松"这个词。在现代朝鲜语 so-na-mu 一词中，so 为"松"，mu 为"树"，-na- 为表示所属关系的语法词素。

## 汉语意义：洞，穴

高句丽语：*tsitsi/*tseytsi[ 济次 ]（洞，穴）（Beckwith，2004：58）。

通古斯语：满语 dʐurun、锡伯语 dʐurən、鄂温克语 dʒoruŋ、鄂伦春语 dʒorun、赫哲语 dʒorən（朝克，2014a：22—23）；鄂伦春语 k'ɔɔxun（空的）（韩有峰、孟淑贤，1993：267）；Evenki 语 keŋku-tēk（空）/keŋre（洞）/keŋgur（空洞）、Even 语 kōŋkī-（洞）/kēŋgule（冰洞）、Udighe 语 keŋku（空）（Starostin，Altaic etymology）。

现代朝鲜语：ku-mng（洞）（Jones & Rhie，1991：158）；kul（动物穴）

（Jones & Rhie，1991：48）；kur（洞穴）（宣德五、金祥元、赵习，1985：140）。

原始音拟构：*tsur/*keŋku。

解释：

与高句丽语对应的通古斯语的音形比较工整：dz、dʒ 可以演变为清音 ts 或 c。通古斯语与高句丽语具有同源特征。因此，本书将原始音拟构为 *tsur。通古斯语与现代朝鲜语具有另一个同源词对应系列，即 *keŋku。现代朝鲜语脱落了第二个音节。现代朝鲜语与通古斯语形成了两个系列的同源关系。

## 汉语意义：獐（狍子）

高句丽语：*kʊsi [ 獐 ]（古斯）（Beckwith，2004：58）；*kosaya/*kosoə（Song，1999：190，转引自 Beckwith，2004：58）。

通古斯语：满语 gijao/gio、锡伯语 giu/gio、鄂温克语 giwsən/giisəŋ、鄂伦春语 giwʧən、赫哲语 giwʧən（朝克，2014a：38—39）；Evenki 语 giwčēn、Negidal 语 giwčēn、满语口语 go、Ulcha 语 giu(n)、Orok 语 giu、Nanai 语 giu、Oroch 语 gǎuča/giuča、Udighe 语 giu/giuse、Solon 语 gīsẽ（Starostin，Altaic etymology）。

现代朝鲜语：sa-sŭm（鹿）（Jones & Rhie，1991：85）；sasɯm/sasim（鹿）（宣德五、金祥元、赵习，1985：147）。

原始音拟构：*gusojo。

解释：

通古斯语与朝鲜语对应工整，拟构的原始音 *gusojo 中的 g 在朝鲜语中变为 k。宣德五等人给出的 noru（狍子）（宣德五、金祥元、赵习，1985：147）或许是后来在 sa-sŭm、sasɯm/sasim 的基础上衍生出来的词，但与通古斯语中表示"鹿"这个意义的词并不同源。

通古斯语中的"鹿"为 *buhu 和 *kumaka，例如满语 buhʊ、锡伯语 bohu、鄂温克语 bog/kumakaŋ/orooŋ、鄂伦春语 kumaka、赫哲语 kumaka、

女真语 bugu（朝克，2014a：38—39）。

## 汉语意义：河坝，堤

高句丽语：\*tʊ[堤]（吐）（Beckwith，2004：59）。

通古斯语：满语 dalan、锡伯语 dalan、鄂温克语 dalaŋ、鄂伦春语 dalan、赫哲语 dalan（朝克，2014a：26—27）；Evenki 语 tēn/teŋkī（平原）、Even 语 teŋkъ（森林）、Negidal 语 teŋ（洼地）、满语书面语 teŋgin（宽阔湖）、Orok 语 teŋesi（山口）、Nanai 语 tēŋki（矮堤）、Oroch 语 teŋki（矮堤）（Starostin，Altaic etymology）；Evenki 语 tōlgā（岸边洼地）/tōlgān（旋涡）、Even 语 tōlgu（逆水）（Starostin，Altaic etymology）。

现代朝鲜语：to-rang/tuk（Jones & Rhie，1991：91）；ttuk/tuk（宣德五、金祥元、赵习，1985：140）。

原始音拟构：\*te/o/uk。

解释：

通古斯语中的 d 与现代朝鲜语中的 tt 对应工整。高句丽语中的 ʊ 在通古斯语中变为 a 或 e，并且通古斯语添加了第二个音节。部分通古斯语保留了原始的 u。

## 汉语意义：渡（口）

高句丽语：\*ʊɨy[津]（押）（Beckwith，2004：59）。

通古斯语：满语 dogon/darun、锡伯语 dogon、鄂温克语 ədəggə、鄂伦春语 ədəlgə、赫哲语 ədələn（朝克，2014a：28—29）；Evenki 语 ewunkī（跨越）、Even 语 ewunki（跨越）/ewutle（边）、Negidal 语 ewunki（跨越）、女真语 xe-bew（跨越）、Ulcha 语 xeundi（跨越）、Orok 语 xeunde（跨越）、Nanai 语 xeunʒi（跨越）（Starostin，Altaic etymology）；Evenki 语 dāw-/dāɣ-（渡河）、Even 语 daw-（渡河）、Negidal 语 daw-（渡河）、满语口语 dau-（渡河）、满语书面语 dō-（渡河）、Ulcha 语 daʊ-（渡河）、

Orok 语 dāu-（渡河）、Nanai 语 dā（w）-（渡河）、Oroch 语 dau-（渡河）、Udighe 语 dau-（渡河）（Starostin，Altaic etymology）。

现代朝鲜语：yǒ-ul（Jones & Rhie，1991：130）。

原始音拟构：*odolgo/*xebu-/*dāb-。

**解释：**

通古斯语与高句丽语中的 ʊ、ə、o 对应。满语 dogon、锡伯语 dogon 或许借自汉语"渡口"。现代朝鲜语另有来源。

从 Starostin 给出的例词可以看出，表示"渡"这个意义的词至少有三个来源：一是以 u 开头的词；二是以 x/h 开头的词；三是以 d 开头的词。其中，以 x/h 开头的词脱落了首音后形成了 u/ʊ 系列的同源词，以 d 开头的词形成了另一个系列的同源词。我国境内的鄂温克语、鄂伦春语、赫哲语为同一个系列的同源词。

## 汉语意义：野外

高句丽语：*kuərʔɨy /*kuərfɨɨy [ 骨衣 ]（Beckwith，2004：60）。

通古斯语：满语 bigan、锡伯语 bigan、鄂温克语 həgʉr/həwər/həər、鄂伦春语 kəwər/buwan、赫哲语 bajin/kəwər、女真语 udigə（朝克，2014a：18—19）；满语口语 bihan、满语书面语 biGan/bixan、Udighe 语 biga/biɣa（Starostin，Altaic etymology）。

现代朝鲜语：hwang-mu-ji/kwang-ya（Jones & Rhie，1991：379）。

原始音拟构：*həwəj/*bigan。

**解释：**

在通古斯语与高句丽语、现代朝鲜语中，词首为 h 的词项具有明显的对应关系，原始音可以拟构为 *həwəj。通古斯语内部的 *bigan 独自构成内部同源关系。

## 汉语意义：七

高句丽语：*nanɨr/*nanɨn [ 难 ]（七）（Beckwith，2004：61）。

通古斯语：满语 nadan、锡伯语 nadan、鄂温克语 nadan、鄂伦春语 nadan、赫哲语 nadan、女真语 nadan（朝克，2014a：344—345）；Evenki 语 nadan、Even 语 nadъn、Negidal 语 nadan、满语口语 nadən、满语书面语 nadan、女真语 nadan、Ulcha 语 nada(n)、Orok 语 nada(n)、Nanai 语 nadã、Oroch 语 nada(n)、Udighe 语 nada(n)、Solon 语 nadã（Starostin, Altaic etymology）。

现代朝鲜语：il-gop(-ŭi)/ch'i（Jones & Rhie，1991：305）；irkop/ʧ'ir（宣德五、金祥元、赵习，1985：161）。

原始音拟构：*nadin。

解释：

通古斯语与高句丽语对应工整。现代朝鲜语 il-gop(-ŭi)、irkop 另有来源。现代朝鲜语 ch'i、ʧ'ir 来自汉语。

## 汉语意义：泉

高句丽语：*ɨr/*üir/*ür [ 泉 / 井 ]（於乙）（Beckwith，2004：62）；*ul（Lee & Ramsey，2011：75）。

通古斯语：满语 ʂəri、锡伯语 ʂəri/ʂər、鄂温克语 bular、鄂伦春语 bular、赫哲语 ʃirin muku、女真语 ʃərə（朝克，2014a：28—29）；雅库特语 ɨk- < *sïq-（榨出，拧干）（力提甫·托乎提，2004：386）[①]；Evenki 语 sir-（挤）、Even 语 hɨr-（挤奶）、Negidal 语 sij-（挤奶）、满语口语 šeri/seri（泉 / 井）、满语书面语 šeri（泉 / 井）/siri-（挤）、Ulcha 语 sirɨ-（挤，挤奶）、Orok 语 siri-（挤，挤奶）、Nanai 语 sire（泉 / 井）/sirɨ-（挤）、Oroch 语 sī-（挤奶）、Udighe 语 sie（泉水湾）/sī-（挤，挤奶）（Starostin,

---

Altaic etymology）。

现代朝鲜语：saem（Jones & Rhie，1991：325）；sεm（宣德五、金祥元、赵习，1985：140）。

原始音拟构：*siri。

解释：

通过对比可以看出，高句丽语脱落了通古斯语的首音 ş 或 s。本书认为，Beckwith 在拟构高句丽语时忽视了该首音，因为现代朝鲜语仍然保留着 s。

现代朝鲜语脱落了 r，出现尾音 m。现代朝鲜语中表示"井"这个意义的词为 u-mul（"井 + 水"）（Jones & Rhie，1991：376）。高句丽语中至少有两个音形不同的表示该意义的同义词。通古斯语音形的差异也表明了同一个事实。[①]

我们在通古斯语中没有发现 Beckwith 拟构的其他形态，如 *irmeykuair ~ ☆ üirmeykuair（於乙买串）（Beckwith，2004：62）。本书认为，其拟构的原始形态中包括三个不同的词素：ir-/üir-（泉 / 井）、mey（水）和汉语借词 kuair（口）。这就是在通古斯语中无法找到完全对应的词的原因。

## 汉语意义：山峰

高句丽语：*şurni/*şune [述尒]（峰）（Beckwith，2004：64）；*sira/u、*šüri~*šüni（Blažek，2006：6）。

通古斯语：满语 şokşohon、锡伯语 soksən、鄂温克语 ʧoʧʧuŋ、鄂伦春语 ʧoktʃun、赫哲语 soktʃun（朝克，2014a：20—21）；Evenki 语 suwerē（尽头，顶）、Even 语 hūre（尽头，顶）、Negidal 语 suwejē（顶）、满语口语 subexe（尽头）、Ulcha 语 suwe（顶）、Orok 语 suwe（顶）、Nanai 语 suwe/sue（顶）、Oroch 语 su-ŋe（尽头，顶）、Udighe 语 sue（顶）、Solon 语 sugur（尽头，顶）（Starostin，Altaic etymology）。

---

① 本书认为，鄂温克语 bular、鄂伦春语 bular 来自通古斯语的另一个词，即 *hudir（井）（朝克，2014a：28—29）。

现 代 朝 鲜 语：kkok-dae-gi/pong-u-ri/ch'oe-go-jŏm（Jones & Rhie，1991：246）；poŋuri/poŋwuri（宣德五、金祥元、赵习，1985：140）。

原始音拟构：*su/okson。

**解释：**

通古斯语与高句丽语、现代朝鲜语在语音、意义方面对应工整。本书认为，高句丽语脱落了原始通古斯语的第三个音节。

现代朝鲜语 kkok-dae-gi/pong-u-ri、poŋuri/poŋwuri 来源不详。

## 汉语意义：沙

高句丽语：*na(i)r/*nwəir [ 内乙 ]（Beckwith，2004：65）。

通古斯语：满语 joŋgan、锡伯语 joŋgan/nioŋun、鄂温克语 iŋa/iŋal、鄂伦春语 iŋa/iŋal/iŋaʧʃi/ʃirgi、赫哲语 iŋa/iŋal/ʃorun、女真语 ʃirhə/ʃərhə（朝克，2014a：18—19）；Evenki 语 iŋā、Even 语 iŋa、Negidal 语 iŋā、满语口语 ńuńan/ńohun、满语书面语 joŋgan、Oroch 语 iŋo、Udighe 语 iŋo、Solon 语 iŋā（Starostin，Altaic etymology）。

现代朝鲜语：mo-rae（Jones & Rhie，1991：296）；morae（Ju-haeng Lee & Gyu-hang Lee，1998：277）。

原始音拟构：*noŋan。

**解释：**

多数通古斯语脱落了原始通古斯语的首音 n，其形态与高句丽语的形态对应。

现代朝鲜语来源不详。

## 汉语意义：逃

高句丽语：*məwk/*zwk [ 木 ]（闪）（Beckwith，2004：67）。

通古斯语：满语 uka-、锡伯语 uka-/uŋka-、鄂温克语 sosa-/ʉttʉli-、鄂伦春语 ʉkti-、赫哲语 buktu-（朝克，2014a：486—487）；Evenki 语 tutu-（爬

走）、Even 语 tut-、Negidal 语 tutu-（匍匐）、Ulcha 语 tụtụ-、Orok 语 tụta-、Nanai 语 tutu-、Oroch 语 tutu-、Udighe 语 tutu-、Solon 语 tute-（Starostin，Altaic etymology）。

现代朝鲜语：to-mang-ga-da（逃）（Jones & Rhie，1991：293）；tal-ri-da（跑）（Jones & Rhie，1991：293）；tarrita（奔驰）（宣德五、金祥元、赵习，1985：169）。

原始音拟构：*mwug-/*tutu。

**解释：**

在高句丽语与通古斯语中，以 m 为词首音的词项形成同源对应关系，通古斯语脱落了词首音 m，但保留了 k，并添加了一个音节。

现代朝鲜语 tarrita 与通古斯语中以 t 为词首音的词项形成同源对应关系。因此，在朝鲜语中，该词不是汉语借词。

现代朝鲜语中的 to-mang- 为汉语借词（逃亡）。

## 汉语意义：斧

高句丽语：*ü [ 於 ]（Beckwith，2004：67）。

通古斯语：满语 suhə、锡伯语 suho、鄂温克语 sʉhʉ/sʉhə、鄂伦春语 sʉkə、赫哲语 suhə（朝克，2014a：216—217）；Ulcha 语 saqpi̧（Starostin，Altaic etymology）。

现代朝鲜语：to-ggi（Jones & Rhie，1991：27）；tokki（宣德五、金祥元、赵习，1985：155）。

原始音拟构：*suhə。

**解释：**

高句丽语脱落了首音 s，因而与通古斯语同源。

现代朝鲜语 to-ggi、tokki 来源不详。

## 汉语意义：兔

高句丽语：*ʊsiɣam [ 乌斯含 ]（Beckwith，2004：67）。

通古斯语：满语 tʂindahan、锡伯语 tʂindahan、鄂温克语 ʧindaha、鄂伦春语 ʧindaka、赫哲语 ʧindahan（朝克，2014a：40—41）；Evenki 语 tuksa-（快跑）/tuksa-kī（野兔）、Even 语 tūs-、Negidal 语 toksa-（快跑）/toksakī（野兔）、满语口语 toqsaqa（杂种）、Ulcha 语 toqsa、Orok 语 tụqsa-（快跑）/tụqsa（野兔）、Nanai 语 toqsa、Oroch 语 tuksan、Udighe 语 tukeä-（快跑）/tuksa（野兔）、Solon 语 tụkčān-（跳，跳跃）/tụtčaxi/tụrčaxi（Starostin，Altaic etymology）。

现代朝鲜语：san-t'o-ggi/t'o-ggi（野兔）（Jones & Rhie，1991：151）；chip-t'o-ggi/t'o-ggi（兔）（Jones & Rhie，1991：272）。

原始音拟构：*ʧidaha。

### 解释：

高句丽语脱落首音 ʧ 或 t。现代朝鲜语 san-t'o-ggi 与 chip-t'o-ggi 中的 san 和 chip 与高句丽语同源，而 t'o-ggi 为汉语借词。

## 汉语意义：敞口的

高句丽语：*tawŋpi [ 冬比 ]（开）（Beckwith，2004：70）。

通古斯语：满语 milahʊn、锡伯语 milhən、鄂温克语 dabbagar、鄂伦春语 dalbagar、赫哲语 dalbagar（朝克，2014a：372—373）；Even 语 dalbъ（附近）、满语口语 daləfə/daləvə（边）、满语书面语 dalba（边）、女真语 dalba-la（边）（Starostin，Altaic etymology）；Evenki 语 dal(i)-、满语口语 dali-（防护，保卫）、满语书面语 dali-、Ulcha 语 dālị-、Nanai 语 dālịa-（Starostin，Altaic etymology）。

现代朝鲜语：tŭnpul（灯光）（Jones & Rhie，1991：354）。

原始音拟构：*dalba。

解释：

鄂温克语、鄂伦春语和赫哲语在语音和音节方面可与高句丽语对应。鄂温克语、鄂伦春语和赫哲语保留了 d，且首音节元音一致。本书认为，由于语言不断演变，其他音节在这三种语言中出现独立演变的现象。

在现代朝鲜语中，"灯光"与"敞开"具有关联性。在高句丽语中，"开城"的原始音拟构为 twangŋpi χuər（Beckwith，2004：70），它可能有"明亮的城市"之意，因为灯光本身具有发散的特征。

## 汉语意义：山顶险处

高句丽语：*tar [ 达 ]（高）（Beckwith，2004：71—72）。

通古斯语：满语 daban、锡伯语 davan、鄂温克语 dawa、鄂伦春语 daban/daba、赫哲语 daban（朝克，2014a：20—21）；Evenki 语 dī-、Even 语 dī-、满语口语 den（高）、满语书面语 de-n/de-le、Ulcha 语 duwu、Orok 语 duwwē、Nanai 语 duje、Oroch 语 di-xi、Udighe 语 dī-（Starostin，Altaic etymology）。

现代朝鲜语：no-p'ŭn（Jones & Rhie，1991：156）。

原始音拟构：*dubu。

解释：

通古斯语与高句丽语均含有不送气音 t，但 t 均被转写为 d。通古斯语与高句丽语意义相近，具有明显的同源特性。

现代朝鲜语来源不详。

## 汉语意义：河滩

高句丽语：*tan [ 旦 ]（谷）（Beckwith，2004：72）。

通古斯语：满语 tan、锡伯语 tans、鄂温克语 əgər、鄂伦春语 əgər、赫哲语 tan（朝克，2014a：26—27）。

现代朝鲜语：kol-jja-gi（谷）（Jones & Rhie，1991：367）。

原始音拟构：*tan。

解释：

满语、锡伯语、赫哲语与高句丽语对应工整。但本书怀疑通古斯语 tan、高句丽语 *tan 与汉字"滩"的拼音 tān 呈现出来的音形相近的情况具有偶然性。

现代朝鲜语来源不详。

### 汉语意义：鼓

高句丽语：*tawŋ [ 冬 ]（鼓）（Beckwith，2004：72）。

通古斯语：满语 tuŋkən、锡伯语 tuŋkə、鄂温克语 tʉŋkʉ/həŋgəggə、鄂伦春语 tʉŋkʉ、赫哲语 tuŋku/untin、女真语 tuŋkən（朝克，2014a：290—291）；Evenki 语 toŋollo、Even 语 toŋɓlrþ、Negidal 语 toŋgulikin、Orok 语 toŋGolto（环）、Nanai 语 toŋgokpịã、Oroch 语 tuŋepke（环）、Negidal 语 pātị、Ulcha 语 pātị-čị-/pātị-la-、Orok 语 pāt-čụ-、Nanai 语 pāčị-čị-（Starostin，Altaic etymology）。

现代朝鲜语：puk/tǔ-rǒm（Jones & Rhie，1991：102）；puk（宣德五、金祥元、赵习，1985：159）。

原始音拟构：*tuŋkən/*pa/u-。

解释：

通古斯语与高句丽语对应工整。我国境外通古斯语的第一个音节的元音存在 o 和 u 的变化。现代朝鲜语 tǔ-rǒm 与高句丽语具有同源关系。

现代朝鲜语 puk 与通古斯语 *pāt(i)-（敲打）具有同源关系，原始音可以拟构为 *pa/u-。

### 汉语意义：监督，监视

高句丽语：*im [ 音 ]（监）（Beckwith，2004：72）。

通古斯语：满语 kimtşi-、锡伯语 kimtşi-、鄂温克语 himna-、鄂伦春语

kimna-、赫哲语 himʧa-（朝克，2014a：416—417）；Even 语 qim-（准备）、满语口语 kiməči-（安排，检查）、满语书面语 kimči-（安排，检查）（Starostin，Altaic etymology）。

现代朝鲜语：kam-dok[kwal-li]-ha-da（监管）（Jones & Rhie，1991：338）。

原始音拟构：*kimʧa。

解释：

高句丽语脱落了首音 k，现代朝鲜语似乎又还原了该辅音。

## 汉语意义：雉

高句丽语：*twar/*twal [ 刀腊 ]（雉鸡）（Beckwith，2004：72）。

通古斯语：满语 dəjərə gasha、锡伯语 dəjər gasha、鄂温克语 dəgi、鄂伦春语 dəji、赫哲语 gaskə（朝克，2014a：46—47）；满语书面语 taŋGuχa（寒鸦）、Nanai 语 taŋGu̠χa（寒鸦）、Udighe 语 tuni（鸟）、Evenki 语 deg-（飞）/degi（鸟）、Even 语 deɣ-（飞）/deɣi（鸟）、Negidal 语 deɣ-（飞）/deɣī（鸟）、满语口语 dei-/dii-（飞）、满语书面语 deje-（飞）/dei（鸟）、Ulcha 语 degde-（飞）、Nanai 语 degde-（飞）、Oroch 语 deili-（飞）、Udighe 语 dieli-（飞）、Solon 语 degelī-（飞）/degī（鸟）（Starostin，Altaic etymology）。

现代朝鲜语：tak（鸟）（Jones & Rhie，1991：133）；tark（鸡）（宣德五、金祥元、赵习，1985：147）。

原始音拟构：*talkə。

解释：

高句丽语与通古斯语分化，产生了意义的差异，但它们仍然处于同一个语义场内。因此，通古斯语与高句丽语具有同源关系。

在满语和锡伯语中，"飞禽"由两个词素构成，即"飞＋鸟"，如"dəjərə-（飞）＋ gasha（鸟）"（满语）、"dəjər-（飞）＋ gasha（鸟）"（锡伯语），这也属于语义场内的变化。但赫哲语脱落了"飞"这个词素，仅保留了"鸟"

的概念。

高句丽语首音 t 后面的 w 为增音，是通古斯语中 e 的变形，其读音为 ua。通古斯语中的 d 为不送气音，可以与高句丽语中的 t 对应。

高句丽语脱落了第二个音节，保留了通古斯语中的 l。

现代朝鲜语将高句丽语的词尾辅音 r 或 l 变为 k。

## 汉语意义：平息

高句丽语：*kan/χan/*nak/*nəy [ 汉 ]（息）（Beckwith，2004：73）。

通古斯语：满语 nətʂihijə-、锡伯语 nətʂihi-、鄂温克语 nətʃihi-、鄂伦春语 nətʃiki-、赫哲语 nətʃilə-（朝克，2014a：502—503）；Evenki 语 ńaka（好）、Even 语 ńaq（好）、满语书面语 neku(la)-（高兴）/niqton（和平，平静）、Oroch 语 ńaka（好）（Starostin，Altaic etymology）。

现代朝鲜语：ko-yo-han（平静的）（Jones & Rhie，1991：50）；ka-ra-an-da（平息）（Jones & Rhie，1991：335）。

原始音拟构：*nətʃihi-。

**解释：**

从通古斯语与高句丽语的同源角度来看，朝克列出的词项与高句丽语是吻合的。现代朝鲜语似乎以 Beckwith 拟构的 *kan/χan 为基础而发生了演变。这个现象有四种解释：一是拟构问题；二是高句丽语中或许就存在两个不同形态的同义词（同义异形）；三是尚未在通古斯语中发现同一语义场内音形相近的词；四是通古斯语中以 kan 为首音节的词消失了。

## 汉语意义：林鸮

高句丽语：*tsʊ [ 祖 ]（鸺）（Beckwith，2004：73）。

通古斯语：满语 humʂə、锡伯语 humsə、鄂温克语 humgi、鄂伦春语 kumgi、赫哲语 humsə（朝克，2014a：48—49）；Negidal 语 oksaɣį/oksajį、Ulcha 语 ųqsara(n)、Orok 语 ųqsara、Nanai 语 oqsarã、Oroch 语

uksara（Starostin，Altaic etymology）。

现代朝鲜语：ol-bbae-mi、pu-ǒng-i（Jones & Rhie，1991：239）。

原始音拟构：*tsoksəj。

解释：

通过对比可以看出，高句丽语脱落了通古斯语的首音节，变为 *tsʋ。现代朝鲜语添加了 l，但仍具有可比性。

我国境内的通古斯语显然具有独立演变的特征，在保留了 s 后面音节的同时，演变出 *hum，*hum 表示"无"的意义，如通古斯语"林鸮"的意义为"无耳猫头鹰"或"小猫头鹰"。

现代朝鲜语 pu-ǒng-i 来源不详。

## 汉语意义：五

高句丽语：*utsit/utsi [ 于次 ]（Beckwith，2004：73）。

通古斯语：满语 sundʑa、锡伯语 sundʑa、鄂温克语 sundʒa/toŋ、鄂伦春语 sundʒa/toŋŋa、赫哲语 sundʒa、女真语 sundʒa（朝克，2014a：344—345）；Evenki 语 tunŋa、Even 语 tʊŋŋьn、Negidal 语 tońŋa/tuńńa、满语口语 sunʒā、满语书面语 sunʒa、女真语 cunʒa、Ulcha 语 tʊńʒa、Orok 语 tʊnda、Nanai 语 tojŋga、Oroch 语 tuŋa、Udighe 语 tuŋa、Solon 语 toŋa（Starostin，Altaic etymology）。

现代朝鲜语：ta-sǒt（Jones & Rhie，1991：126）；tasəs/tasət（宣德五、金祥元、赵习，1985：161）。

原始音拟构：*tuntsa。

解释：

从表面上看，高句丽语脱落了词首辅音 t。现代朝鲜语存在辅音 t，这表明通古斯语保留着辅音 t（Blažek，2006：6）。Beckwith 拟构的词项与 Itabashi 给出的高句丽语 uc（五）大致相同。Itabashi 认为高句丽语 uc 来源于 *tui（Blažek，2006：6）。

高句丽语、现代朝鲜语与通古斯语具有可比性，同源特征明显。

通古斯语中的个别语言的词首辅音出现了音变现象，如 s。

## 汉语意义：泥土

高句丽语：*sik [ 息 ]（土）（Beckwith，2004：73）；sork（土）（Blažek，2006：6）。

通古斯语：满语 tʂifahan、锡伯语 tʂivhan、鄂温克语 ʃiwar、鄂伦春语 ʃiwar、赫哲语 ʤibar/karku、女真语 tifa（朝克，2014a：16—17）；Evenki 语 siwa-（用泥涂）、Even 语 hiwtaŋ（沼泽）、满语书面语 šabarGan gida-（敷）（Starostin，Altaic etymology）。

现代朝鲜语：chi-gu（地球）（Jones & Rhie，1991：104）。

原始音拟构：*ʤiba。

解释：

高句丽语脱落了通古斯语中 ʤi 后面的音节。

## 汉语意义：凉爽

高句丽语：*śamyiaryi [ 沙热 ]（清风）（Beckwith，2004：76）。

通古斯语：满语 sərkun/sərguwən、锡伯语 sərhun、鄂温克语 sərɯɯn、鄂伦春语 sərɯɯn、赫哲语 sərkun、女真语 sərun（朝克，2014a：374—375）；Evenki 语 saŋun（凉爽）/saŋuksa（霜）、Even 语 haŋut-（被霜覆盖）、Negidal 语 saŋun（凉爽）/saksa（霜）、Ulcha 语 saqsa/ saŋaqsa（霜）、Orok 语 saŋnụ（凉爽）/saŋe（霜）、Nanai 语 sāqsa（霜）、Udighe 语 saŋuhä（霜）（Starostin，Altaic etymology）。

现代朝鲜语：sŏ-nŭl-han（Jones & Rhie，1991：74）；sənɯrhata（宣德五、金祥元、赵习，1985：166）。

原始音拟构：*sərnkun。

解释：

Beckwith 虽然提供了高句丽语 *śamyiaryi，但并没有给出确切的解读。本书认为，原始音应该拟构为 *sərnkun，因为它与汉语拟音相吻合。Beckwith 认为"风"为 *i ~ ☆ yi[伊]，但这无法证实，它或许是高句丽语中表示状态的词根或词缀。

Even 语 haŋut-（被霜覆盖）来源不详。

## 汉语意义：猪

高句丽语：*ʋ[乌]（猪）（Beckwith，2004：78）。

通古斯语：满语 ulgijan、锡伯语 velgian、鄂温克语 olgen、鄂伦春语 ulgeen、赫哲语 ulgian、女真语 uljan（朝克，2014a：44—45）；满语 hamgiari（野猪）、锡伯语 taləj velgian（野猪）、鄂温克语 torohi（野猪）、鄂伦春语 toroki（野猪）、赫哲语 niktə（野猪）、女真语 udigə ulen（野猪）（朝克，2014a：42—43）；Negidal 语 olgin、满语口语 vələgan、满语书面语 ulǵan、女真语 ulhian、Ulcha 语 orgi(n)、Orok 语 orgi̯(n)、Nanai 语 olgi̯ã、Udighe 语 wagê、Solon 语 ulgẽ（Starostin，Altaic etymology）；Evenki 语 torokī、Negidal 语 toroki̯ī（Starostin，Altaic etymology）。

现代朝鲜语：twae-ji（猪）（Jones & Rhie，1991：252）；twɛʧi（猪）（宣德五、金祥元、赵习，1985：147）。

原始音拟构：*ulgan/*toroki。

解释：

从同源词的构成和意义的角度来看，"猪"的音转没有问题。可能的情况是，高句丽语脱落了 u 后面的音节。现代朝鲜语 twae-ji、twɛʧi 与通古斯语中表示"野猪"的意义的词同源。

满语 hamgiari（野猪）来源不详。

## 汉语意义：激流

高句丽语：*yar/*yalir [ 也尸 ]（狂川）（Beckwith，2004：79）。

通古斯语：满语 hʊrgikʊ、锡伯语 horgiku、鄂温克语 orgil/oggeel、鄂伦春语 orgil/orgeel、赫哲语 horgil（朝克，2014a：28—29）；Even 语 ŏn(ed)-/ōndi、Nanai 语 onda-ǯi-（Starostin，Altaic etymology）。

现代朝鲜语：ŏk-su（激流）（Jones & Rhie，1991：353）。

原始音拟构：*ojon。

解释：

Beckwith 将"狂川郡"拟构为 *yarmey/*yalirmey chun（狂川买郡）。其中"狂川买"包括两个词，即"狂川"（*yar/*yalir）和"买"（*mey）。本书认为，"狂川"的意义实际上是"激流"，"买"的意义是"水、川"，因此，"买"实为多余。从通古斯语和现代朝鲜语中看到的事实也显示出"买"的拟构没有必要。因此，"也尸"等于"狂川"，其意义是"激流"。另外，高句丽语中"尸"的读音为 -r 或 -l（Lee & Ramsey，2011：61）。

通过对比高句丽语与通古斯语可以发现，通古斯语在意义方面与高句丽语同属于一个语义场。从音形方面来看，通古斯语脱落了词首音 y。Many 则将高句丽语中的 y 变成 h。而高句丽语将 o 变为 a，但脱落了第二个音节和第三个音节。

高句丽语、通古斯语与现代朝鲜语具有渊源关系。

## 汉语意义：柞树

高句丽语：*makɨr/*makɨn[ 马斤 ]（大杨）（Beckwith，2004：79）。

通古斯语：满语 maŋga、锡伯语 maŋga/maŋa、鄂温克语 maŋgatta、鄂伦春语 maŋgakta、赫哲语 maŋgaktə（朝克，2014a：86—87）。

现代朝鲜语：ch'am-na-mu/ttŏk-gal-namu（橡树）（Jones & Rhie，1991：231）。

原始音拟构：*maŋktə。

**解释：**

Beckwith 首先讨论了"大"和"杨"的拟构情况，认为 *ma 是"大"，*kɨr 是"杨树"，但同时也认为"马斤"或许指的是某种树，而不是"大杨树"。

从通古斯语与高句丽语的相关词汇来看，"马斤"应该指的是通古斯语中的"柞树（橡树）"，而不是可分解的"大＋树"，因此 Beckwith 对 *ma、*kɨr 的考释有误。

从通古斯语的语音形态来看，通古斯语与高句丽语具有明显的同源特征，但现代朝鲜语词源不详。

## 汉语意义：入

高句丽语：*i [ 伊 ]（进入）（Beckwith，2004：80）。

通古斯语：满语 dosi-、锡伯语 dosy-、鄂温克语 ii-、鄂伦春语 ii-、赫哲语 ii-、女真语 i-/doʃi-（朝克，2014a：424—425）；Evenki 语 ī-、Even 语 ī-、Negidal 语 ī-、满语口语 ji-be-、女真语 i-re-、Ulcha 语 ī-、Orok 语 ī-、Nanai 语 ī-、Oroch 语 ī-、Udighe 语 ī-、Solon 语 ī-（Starostin，Altaic etymology）。

现代朝鲜语：tŭ-rŏ-ga-da（进入）（Jones & Rhie，1991：111）；iik（获得）（Jones & Rhie，1991：96）；ikita-（揉，和面）（宣德五、金祥元、赵习，1985：169）；oru- ~ ori（往上走，登上）（力提甫·托乎提，2004：360）。

原始音拟构：*ik-/*to-。

**解释：**

在通古斯语中，鄂温克语、鄂伦春语、赫哲语与高句丽语具有同源特征。现代朝鲜语与鄂温克语、鄂伦春语、赫哲语有关联。满语、锡伯语、女真语中的 do- 与现代朝鲜语中的 tŭ- 具有可比性。这表明，在原始通古斯语中，两个同义词呈现出并行状态，后来则分别被其后裔语言延续或改变。

力提甫·托乎提给出的现代朝鲜语 oru- ~ ori 另有来源。他认为，现代朝鲜语与阿尔泰语系中其他语言的原始音应该是 *oro- ~ *oru-（走进，往上走），例如蒙古语 oro-（进入，走进）、鄂温克语 oro-（往上走，登上）、突厥语 orun（地方，地位）、维吾尔语 orun（地方，地位）（力提甫·托乎提，2004：369）。

## 汉语意义：栅栏

高句丽语：*śeŋ/*śayŋ [ 生 ]（栏）（Beckwith，2004：81）。

通古斯语：满语 hashan、锡伯语 hashən、鄂温克语 haʃigaŋ/dʒamba、鄂伦春语 kaʃigan、赫哲语 haʃigan（朝克，2014a：194—195）；Ulcha 语 sārụ(n)、Orok 语 sarị(n)/sarụqa（Starostin，Altaic etymology）。

现代朝鲜语：sŏl-lo（Jones & Rhie，1991：273）。

原始音拟构：*hasaŋ。

解释：

高句丽语脱落了通古斯语的词首音节，仅仅保留了 s 后面的部分。

## 汉语意义：库

高句丽语：*śur/*śuir [ 首乙 ]（库）（Beckwith，2004：81）。

通古斯语：满语 tʂalu、锡伯语 tʂalu、鄂温克语 səlɯ/haʃi、鄂伦春语 səlɯ/kaʃi、赫哲语 səlu（朝克，2014a：266—267）；满语书面语 sarχu（架子）、Ulcha 语 seri、Nanai 语 seri（Starostin，Altaic etymology）。

现代朝鲜语：sang-jŏm（Jones & Rhie，1991：331）。

原始音拟构：*suru。

解释：

通古斯语与高句丽语、现代朝鲜语的首音节元音有所不同，但音节结构相同。高句丽语中的 r 与通古斯语中的 l 为自由变体，高句丽语与通古斯语具有明显的同源特征。

## 汉语意义：兰花

高句丽语：*śayk/*siayk［昔］（兰，兰花）（Beckwith，2004：81）。

通古斯语：满语 ʂuŋkəri、锡伯语 suŋkər、鄂温克语 ʧagirma、鄂伦春语 ʧaŋgen、赫哲语 saŋgə（朝克，2014a：90—91）。

现代朝鲜语：nan/nan-ch'o（Jones & Rhie，1991：236）。

原始音拟构：*sakər。

**解释：**

高句丽语 *śayk/*siayk 与满语 ʂuŋkəri、鄂温克语 ʧagirma、鄂伦春语 ʧaŋgen 和赫哲语 saŋgə 具有明显的同源特征：ś、ʂ、ʧ、s 仅存在音标差异，其读音基本相同。高句丽语中的元音 a 或 ia 在部分通古斯语中变为 u。

高句丽语脱落了 k 后面的音节。

现代朝鲜语 nan 为汉语借词。

## 汉语意义：韭菜花，葱花

高句丽语：*kakey/*katśi［加支］（韭菜花，葱花）（Beckwith，2004：81）。

通古斯语：鄂伦春语 kaleer（韭菜花）（韩有峰、孟淑贤，1993：85）。

现代朝鲜语：putsgot（韭菜花）[①]。

原始音拟构：*kale。

**解释：**

鄂伦春语 kaleer 与高句丽语同源。

通古斯语诸语言中均有 *elu，但其表达的意义与"韭菜花"这一意义不同。例如朝克列出的"韭菜花"为：满语 sorson、锡伯语 sorson、鄂温克语 sorso、鄂伦春语 sorso、赫哲语 sorso（朝克，2014a：106—107）。Starostin 列出的"洋葱"为：满语口语 ulu、满语书面语 elu、Ulcha 语

---

① 本词为方香玉博士提供。

elu、Orok 语 elu、Nanai 语 elu。朝克列出的"葱"为：满语 əlu、锡伯语 ul、鄂温克语 əl/əlʉ、鄂伦春语 əlʉ、赫哲语 əlu（朝克，2014a：108—109）。只有韩有峰等人给出的鄂伦春语 kaleer 与中世朝鲜语相吻合。

通古斯语"花"为 *ilha（朝克，2014a：90），"开花"为 *ilhana-/ila（朝克，2014a：450—451），阿尔泰语同源词网站给出的"花""开花"为 *xila-。

现代朝鲜语 putsgot（韭菜花）、puʧʰu（韭菜）（宣德五、金祥元、赵习，1985：151）另有词源。

## 汉语意义：羽毛

高句丽语：*ükey/*ɨkey [ 於 ]（羽翼）（Beckwith，2004：82—83）。

通古斯语：满语 fuŋgala、锡伯语 fuŋgal/fuŋal、鄂温克语 uŋgal、鄂伦春语 uŋgal/iŋakta、赫哲语 fuŋgal/fufuktə（朝克，2014a：80—81）；Evenki 语 heńekte、满语口语 fenixə（毛，毛皮）/funiγe、满语书面语 fuńexe、女真语 fun-ir-xie（Starostin，Altaic etymology）。

现代朝鲜语：kit/kit-t'ŏl（Jones & Rhie，1991：122）；gitteol（Ju-haeng Lee & Gyu-hang Lee，1998：147）。

原始音拟构：*ukej。

解释：

根据通古斯语中的 f 与朝鲜语中的 p 的对应特点，以及通古斯语与朝鲜语的第一个音节、第二个音节结构相同的特点，我们可以认为高句丽语脱落了词首音 p，以及 n 或 ŋ，但保留了 k。通古斯语中的 g 和 k 为自由变体，因此高句丽语中的 k 在通古斯语中可以体现为 k 或 g。

现代朝鲜语含有首音 k，这表明现代朝鲜语脱落了高句丽语的第一个音节。因此，现代朝鲜语与高句丽语具有渊源关系。

高句丽语与通古斯语同源。

## 汉语意义：野葱

高句丽语：*meyr/*meylir [ 买尸 ]（蒜）（Beckwith，2004：82）。

通古斯语：满语 uŋgə/uŋə、锡伯语 uŋg/uŋə、鄂温克语 maŋgir、鄂伦春语 maŋgir、赫哲语 maŋgir（朝克，2014a：108—109）。①

现代朝鲜语：ma-nǔl（Jones & Rhie，1991：138）；manɯr/manur（宣德五、金祥元、赵习，1985：152）。

原始音拟构：*meŋgir。

**解释：**

通古斯语与高句丽语具有同源特征：满语和锡伯语脱落 m 音，而其他部分则相同。在高句丽语中，该词项脱落了中间音节，且发生音变，形成 *meyr/*meylir。

## 汉语意义：他人

高句丽语：*ur/*ulir [ 于尸 ]（邻）（Beckwith，2004：84）。

通古斯语：满语 wəri、锡伯语 vəri、鄂温克语 ɵntɵ bəj、鄂伦春语 ɵntɵ bəjə、赫哲语 gia ŋo（朝克，2014a：340—341）。

现代朝鲜语：i-ut(sa-ram)（邻居）（Jones & Rhie，1991：226）。

原始音拟构：*ul/ri。

**解释：**

满语中的 w 为双唇音，wə 在音值上大致与 u 相同。据此可以看出，满语与高句丽语同源。现代朝鲜语与高句丽语也具有渊源关系，只是现代朝鲜语发生音变，将 u 变为 i，并脱落了第二个音节。

通古斯语的其他语言现象无法解释。

---

① 通古斯语"蒜"为汉语借词：haisanda（满语、锡伯语）、suanda（鄂温克语、鄂伦春语）、suanda（赫哲语）（朝克，2014a：108—109）。因此，通古斯语"蒜"不能与高句丽语和现代朝鲜语相比较。

## 汉语意义：小径

高句丽语：*tśir/*dźir [ 助 ]（道）（Beckwith，2004：88）。

通古斯语：满语 dʑunta、锡伯语 dʑinta、鄂温克语 dʒurga、鄂伦春语 dʒurgu、赫哲语 dʒurga（朝克，2014a：214—215）；Evenki 语 ʒēlge、Nanai 语 ʒelgẽ（Starostin，Altaic etymology）。

现代朝鲜语：kir/po-do（Jones & Rhie，1991：245）；chil-lo（Jones & Rhie，1991：291）；kir（宣德五、金祥元、赵习，1985：157）。

原始音拟构：*tsurgu/*kil[①]。

解释：

Beckwith 认为，高句丽语中的 t 在高元音前发生变化，所以该词也可以写为 *tir/*tür。本书根据 Beckwith 的想法，将高句丽语中的 i 写成 u。本书认为，通古斯语中的词首辅音 dʑ 或 dʒ 没有发生变化，但仍然与 ts 具有同源关系。高句丽语保留了 -r，但将 -r 前面的 u/e 变为 i。据此可以看出，高句丽语与通古斯语同源。

现代朝鲜语与高句丽语对应，但将 tś-、d 变为 ch- 和 k-。

## 汉语意义：天鹅

高句丽语：*kʊɦiy/*kʊiy [ 古衣 ]（天鹅）（Beckwith，2004：88）。

通古斯语：满语 garu、锡伯语 garu、鄂温克语 uʧʃe、鄂伦春语 urʧe、赫哲语 urʧe/hukʃa、女真语 garun（朝克，2014a：52—53）；Evenki 语 gāre、Even 语 gār、满语书面语 Garu、女真语 gawr-un（Starostin，Altaic etymology）。

现代朝鲜语：paek-jo（天鹅）（Jones & Rhie，1991：340）；kǒ-wi（鹅）（Jones & Rhie，1991：143）；kesani（鹅）（宣德五、金祥元、赵习，1985：148）。

---

① 李基文等人在讨论"乡歌"时，给出了"道路"一词的拟音 kil（道尸）（Lee & Ramsey，2011：66）。力提甫·托乎提给出了同样的拟音 kil（力提甫·托乎提，2004：290）。该音与 Beckwith 给出的音有所不同，但通古斯语与现代朝鲜语具有明显的同源特征。这或许是因为古代通古斯语中有两种语音形态。现代朝鲜语 kir 是另一种读音的承袭。

原始音拟构：*karu/*urʧe。

**解释：**

高句丽语与通古斯语具有明显的同源特征。高句丽语与通古斯语的音节结构稍有差异。高句丽语脱落了词尾音节 r 和第二个音节。高句丽语中的元音 ʊ 与通古斯语中的 a 对应，出现元音后移的现象。

从通古斯语的情况来看，满语、锡伯语、女真语较好地保持原来的语音状态，而我国境内通古斯语中的鄂温克语、鄂伦春语和赫哲语另有词源，原始音拟构为 *urʧe。

现代朝鲜语 paek-jo（天鹅）来源不详，但现代朝鲜语 kǒ-wi（鹅）与通古斯语和高句丽语具有同源关系。现代朝鲜语的语音和形态更加接近高句丽语。[1]

### 汉语意义：小鹰

高句丽语：*kami/*kammi [ 甘弥 ]（鹰）（Beckwith，2004：91）。

通古斯语：满语 gijahʊn、锡伯语 giahun、鄂温克语 geehuŋ、鄂伦春语 giakun、赫哲语 giahun（朝克，2014a：48—49）；鄂伦春语 keexin（雀鹰）（韩有峰、孟淑贤，1993：75）；Evenki 语 gus、Even 语 gusete、Negidal 语 gusixān、Ulcha 语 gusi、Orok 语 gusi、Nanai 语 gusi、Oroch 语 gusi（Starostin，Altaic etymology）。

现代朝鲜语：tok-su-ri（鹰）（Jones & Rhie，1991：103）；song-gol-mae（猎鹰）（Jones & Rhie，1991：120）；mε（鹰）（宣德五、金祥元、赵习，1985：147）。

原始音拟构：*gusi。

**解释：**

高句丽语与通古斯语的音节结构相同。但高句丽语存在音变现象。高句丽语的词首音节 k 与通古斯语中的 g 对应。高句丽语中的 a 是元音简化

---

① Beckwith 认为"天鹅"一词来源于突厥语（Beckwith，2004：179）。从广义上来讲，原始阿尔泰语包含突厥语。

或前化的结果，与通古斯语中的 ia、ee、u 对应。高句丽语的第二个音节 m 发生了不明变化，但仍可以与通古斯语的第二个音节 h、k、s 对应。高句丽语第二个音节中的 i 与通古斯语中的 u、e、i 对应。从这些方面来看，在意义和音形方面，高句丽语与通古斯语同源。

现代朝鲜语另有来源。

# 第九节　选自李基文拟构的中世朝鲜语词项

李基文在《满语与朝鲜语比较研究》（*A Comparative study of Manchu and Korean*）一文中，对中世朝鲜语与满语进行比较。他认为朝鲜半岛上的语言均为朝鲜语，所以没有区分三韩、百济、新罗、朝鲜的语言。本书根据他列出的词项与满语之外的其他语言进行比较，旨在说明除满语外的其他语言也具有同源特征。

### 汉语意义：荠菜

中世朝鲜语：*aok ＜ *abok（蜀葵）（Lee，1958：105）。

通古斯语：满语 abuha、锡伯语 abuha、鄂温克语 awah、鄂伦春语 awuka、赫哲语 abuh（朝克，2014a：106—107）；满语 abuha（Lee，1958：105）。

现代朝鲜语：undək[①]。

原始音拟构：*abuha。

### 解释：

李基文认为中世朝鲜语中的元音 b 消失，将词项拟构成 aok。从通古斯语的形态来看，通古斯语与中世朝鲜语同源。现代朝鲜语没有脱落首音节，但将 a 变为 u，添加了 n，并将第二个音节 o 变为 ə。

---

① 本词为方香玉博士提供。

## 汉语意义：长子

中世朝鲜语：*azi（首次）（Lee，1958：105）。

通古斯语：满语 ahoŋga/ahoŋa、锡伯语 ahuŋga/ahuŋa、鄂温克语 əddʊg/ʉkkəhən、鄂伦春语 əgdəŋə ʉrkəkən、赫哲语 sagdi hitə（朝克，2014a：118—119）；满语 aji（Lee，1958：105）；Even 语 āʒin、满语口语 ažigə（小孩）、满语书面语 aži-ge（小孩）/aži（长子）、Udighe 语 ažiga（长女）（Starostin，Altaic etymology）。

现代朝鲜语：k'ŭn-a-dŭl/chang-nam（Jones & Rhie，1991：107）。

原始音拟构：*ahsi。

**解释：**

李基文认为，朝鲜语元音间 z 可追溯到中世朝鲜语 *s，该音与满语元音间 s 或 j 对应。然而，一般的语言规律是浊音向清音转化，因此，本书将原始音拟构为 *ahsi。这或许说明很多语言分化后的语音情况难以通过同源词语音对应的一般规律来总结。

Starostin 给出的词项中的 ʒ 与 z、dz 读音相似。

现代朝鲜语 chang-nam 为汉语借词。

## 汉语意义：花斑

中世朝鲜语：*allak（花斑的）（Lee，1958：105—106）。

通古斯语：满语 alha（morin）、锡伯语 alh（morin）、鄂温克语 alga（morin）、鄂伦春语 alga（morin）、赫哲语 alga（morin）（朝克，2014a：60—61）；满语 alha（Lee，1958：105）；Evenki 语 alga、满语书面语 alGan、Ulcha 语 arGa、Nanai 语 alGa、Oroch 语 agga、Solon 语 alga（Starostin，Altaic etymology）。

现代朝鲜语：ŏl-ruk（点）（Jones & Rhie，1991：325）；allak allak（斑点）（Lee，1958：105）。

原始音拟构：*alahak。

**解释：**

通古斯语与中世朝鲜语具有明显的同源特征。中世朝鲜语出现 l，用 l 替代了通古斯语中的 g，或者是通古斯语用 g 替代了 l。中世朝鲜语的词尾 k 是通古斯语第二个音节 g 与 a 之间的移位。但是，移位目前无法解释。

李基文还列举了与"花斑"意义相同但读音不同的其他朝鲜语词项，如 syo（花斑牛）、oruŋ（花斑马）等。

现代朝鲜语中的 ŏ 源自中世朝鲜语中的 a，其他形态和结构相同，但现代朝鲜语脱落了第二个音节。

现代朝鲜语与中世朝鲜语、通古斯语同源。

## 汉语意义：年轻人

中世朝鲜语：*azg < *asa（弟弟）（Lee，1958：106）。

通古斯语：满语 asihan nijalma、锡伯语 ashən nan、鄂温克语 dʒalu bəjə、鄂伦春语 dʒalu bəjə、赫哲语 aʃĩhan ŋo（朝克，2014a：126—127）；女真语 a-sha（年轻，小）（Lee，1958：106）；鄂温克语 inan（男方的弟弟）、那乃语 inan（男方的妹妹）、满语 ina（姐姐的儿子，外甥）（力提甫·托乎提，2004：362）；Evenki 语 awus（姐夫）、Even 语 āwus（姐夫，叔叔，舅舅）、Negidal 语 awus（姐夫，叔叔，舅舅）、Ulcha 语 aụsị（连桥）、Nanai 语 aosị（连桥）、Oroch 语 auśä（连桥）、Udighe 语 auhi（连桥）（Starostin, Altaic etymology）。

现代朝鲜语：a-i/chŏl-mŭn-i（小孩）（Jones & Rhie，1991：385）；ai/aji（小孩）（宣德五、金祥元、赵习，1985：145）。

原始音拟构：*asi。

**解释：**

通古斯语与中世朝鲜语具有渊源关系，这已经十分明显。李基文认为，满语与中世朝鲜语有着共同来源（Lee，1958：106）。但是，从我国境内的通古斯语来看，鄂温克语 dʒalu bəjə、鄂伦春语 dʒalu bəjə 应该排除在外，它们另有来源。从意义来看，它们为合成词，即用 dʒalu（小）与 bəjə（人）合成"小人，年轻人"。我国境外通古斯语的音节结构与中世朝鲜语的音节结构相似，只是单元音变为二合元音 aw 或 au。除此之外，Udighe 语用 h 替代 s。

与我国境外的通古斯语相似，现代朝鲜语也将首音节变为二合元音。现代朝鲜语保留了中世朝鲜语中的 a，但增加了 i。中世朝鲜语与现代朝鲜语均脱落了通古斯语的第二个音节。

力提甫·托乎提给出的 ina 显然有另外的来源。Starostin 列出了意义和音形相近的词项：Evenki 语 īnan（小叔子）、Even 语 inъn（连桥）、Negidal 语 iṇa（姐妹的孩子）、满语口语 inā（外甥，堂兄，表兄）、满语书面语 ina（姐妹的孩子）、Orok 语 iṇa（女婿）、Nanai 语 iṇã（小姨子）（Starostin, Altaic etymology）。力提甫·托乎提认为，ina 来源于阿尔泰语，如古突厥语 ini、维吾尔语 ini（弟弟）、雅库特语 ini～ïnï（男孩，小伙子）（力提甫·托乎提，2004：362）。

## 汉语意义：地区

中世朝鲜语：*pa（地方）（Lee，1958：106）。

通古斯语：满语 alini ba、锡伯语 alin ba、鄂温克语 ʉr bog/ʉrləŋ、鄂伦春语 ʉrə buga、赫哲语 urəkən buga（朝克，2014a：22—23）；满语 ba（Lee，1958：106）；Evenki 语 bē̃、Even 语 bā̃、Orok 语 bē̃、Udighe 语 beä（Starostin，Altaic etymology）。

现代朝鲜语: chaong-so（地方）（Jones & Rhie，1991：254）；ku-yŏk（区）（Jones & Rhie，1991：97）；p'a（氏族、部分）（Jones & Rhie，1991：277）。

原始音拟构：*pa。

解释：

李基文认为，在通古斯语其他语言中，表示该意义的词都可以视为同源词。例如，女真语 phu-di、Goldi 语 boa、Ocha 语 ba/bua、Orok 语 bō、Oroch 语 bua、Solon 语 buɣ (a)、Negidal 语 boɣa、Evenki 语 buga、Lamut 语 bug（Lee，1958：106）。

现代朝鲜语 chaong-so（地方）为汉语借词，ku-yǒk（区）来源不详。

现代朝鲜语中有读音相近的词 pa 和 p'a。pa 的意义为"大绳"（宣德五、金祥元、赵习，1985：156），p'a 的意义为"氏族""部分"。p'a 与 pa 具有词源上的关联性。pa 原来的意义为"某个氏族"或"该氏族居住的地区"，之后 pa 又具有"系"或"世系"的意义，再后来其意义演变为"绳子"。

现代朝鲜语 pa、p'a 与中世朝鲜语、通古斯语同源。

## 汉语意义：饵，米饭

中世朝鲜语：*pap（食物，米饭）（Lee，1958：106）；pʌsʌl（米）（力提甫·托乎提，2004：296）。

通古斯语：满语 bətən、锡伯语 bətən、鄂温克语 bətə/məhə、鄂伦春语 bətə/məkən、赫哲语 bə（朝克，2014a：250—251）；满语 be-ten（Lee，1958：106）；满语 buda（米饭）（Lee，1958：106）；Evenki 语 be、Even 语 bē、Negidal 语 beɣewun、满语口语 be、Ulcha 语 bei、Orok 语 bē-ni、Nanai 语 bē、Oroch 语 be-ppe/be-meike、Udighe 语 be-kpe（Starostin，Altaic etymology）。

现代朝鲜语：pap（米饭）（Jones & Rhie，1991：289）；pap（饭）（宣德五、金祥元、赵习，1985：151）。

原始音拟构：*pətəpe。

解释：

虽然中世朝鲜语、现代朝鲜语与通古斯语在意义方面稍有不同，但是通过对语义场内部进行比较可以发现，它们具有同源性。中世朝鲜语和现代朝鲜语均脱落了通古斯语的词尾音节。中世朝鲜语、现代朝鲜语中的 a 与通古斯语中的 ə 位置相同。这显然是语言分化后独立演变的结果，即通

古斯语的元音 ə 低化为 a。

在语音方面难以解释的是朝鲜语词尾的收音 p。李基文认为，中世朝鲜语词尾的 p 难以解释（Lee，1958：106）。本书认为，如果考虑到 Oroch 语 be-ppe 和 Udighe 语 be-kpe 均含有音节 pe，那么就可以解释中世朝鲜语和现代朝鲜语的收音 p，它们均脱落了 p 后面的元音 e。

## 汉语意义：米，大米（稻米）

中世朝鲜语：*pori（大麦）（Lee，1958：106）。

通古斯语：满语 bələ、锡伯语 bəl、鄂温克语 dʒəəttə、鄂伦春语 dʒəəktə、赫哲语 bələ（朝克，2014a：184—185）；满语 bele（Lee，1958：106）。

现代朝鲜语：ssal（大米）（Jones & Rhie，1991：289）；pori（大麦）、pe（稻）（宣德五、金祥元、赵习，1985：150）。

原始音拟构：*pori。

**解释：**

满语、锡伯语、赫哲语与中世朝鲜语和现代朝鲜语具有明显的同源特征：p 与 b 实际上在读音方面没有区别，p 可以描写为 b。例如，现代朝鲜语 pusan（釜山）同时也可以写为 busan。除此之外，朝鲜语中的 r 与通古斯语中的 l 也明显对应。根据朝鲜语中 r 的读音原则，当位于音节开头时，r 读为 l。本书认为，通古斯语"米"来源于朝鲜语，因为通古斯人不种植稻，在阿尔泰语同源词网站中也没有发现表达该意义的词，而仅有"粟米"（小米或小黄米），例如 Even 语 hese-n（种子，后代）、满语书面语 fise-n（种子，后代）/fisi-ke（亲属）、Ulcha 语 pikse（亲属）、Nanai 语 pikse/fisxe（亲属）、Negidal 语 ʒākta（小米）、满语口语 ʒē belə（小米）、满语书面语 ʒe（小米）、女真语 che-(po-le)（粥）、Nanai 语 ʒiekte（小米）、Oroch 语 ʒiekte/ʒekte（小米）、Udighe 语 ʒakta（小米）、Solon 语 ʒakta（粥）（Starostin，Altaic etymology）。

因此，我们可以判定，通古斯语在借用时将中世朝鲜语中的 o 变为 ə，将第二个音节中的 r 变为 l，并根据元音和谐习惯将中世朝鲜语第二个音节中的元音 i 变为 ə。

鄂温克语 dʒəətə、鄂伦春语 dʒəəktə 为汉语借词。

现代朝鲜语 ssal（大米）另有来源，pe（稻）与中世朝鲜语 *pori 同源。

## 汉语意义：送

中世朝鲜语：*ponai-（过来送某物）（Lee，1958：106）；满语 bene-（Lee，1958：106）。

通古斯语：满语 bənə-、锡伯语 bənə-、鄂温克语 iraa-、鄂伦春语 iraa-、赫哲语 bənə-/nukurki-、女真语 fudə-（朝克，2014a：428—429）；Evenki 语 bū-、Even 语 bō-、Negidal 语 bū-、满语口语 bu-、满语书面语 bu-、Ulcha 语 būwu-、Orok 语 bū-、Nanai 语 bū-、Oroch 语 bū-、Udighe 语 bū-、Solon 语 bū-（Starostin，Altaic etymology）。

现代朝鲜语：po-nae-da（Jones & Rhie，1991：303）；ponɛta（送，派遣）（宣德五、金祥元、赵习，1985：172）。

原始音拟构：*pune-。

**解释：**

李基文认为 *ponai- 的词根是 *po-（Lee，1958：106）。现代朝鲜语 po- 和通古斯语 *bə-/*bu-/*bo- 应该与李基文给出的 *po- 同源。除此之外，它们的音节结构相同。综上所述，我们可以判定中世朝鲜语、现代朝鲜语和通古斯语同源。

女真语 fudə- 也与中世朝鲜语同源，因为 p 可以为不送气音，读为 b，也可以与通古斯语后来借用的 f 对应。

鄂温克语 iraa-、鄂伦春语 iraa-、赫哲语 nukurki- 来源不详。

## 汉语意义：岩石

中世朝鲜语：*pyęro/*pyęrạ/*pirẹi（岩石）（Lee，1958：106）；满语 biyoran（红色岩石，岸边岩石）（Lee，1958：106）；*pāko（岩石，山峰）（Blažek，2006：6）。

通古斯语：满语 fijərən、锡伯语 fiərən、鄂温克语 wəjir、鄂伦春语 wəjrən、赫哲语 ferən（朝克，2014a：22—23）；Evenki 语 bajtu（Starostin，Altaic etymology）。

现代朝鲜语: p'oy-sŏk（巨石）（Jones & Rhie，1991：42）；pay/pawu（岩石）（宣德五、金祥元、赵习，1985：140）。

原始音拟构：*piyero。

解释：

满语、锡伯语中的 f 为借音，原始音为 p，它与中世朝鲜语中的 p 对应。中世朝鲜语脱落了词尾音 n，通古斯语均含有 r 及其前后的元音。Evenki 语 bajtu 也与朝鲜语具有同源特征，只是添加了第二个音节。

现代朝鲜语显然与中世朝鲜语同源。

## 汉语意义：泼水，撒，洒

中世朝鲜语：*spiri- < *piri-（洒水，浇水）（Lee，1958：107）。

通古斯语：满语 tʂatʂu-、锡伯语 tʂiatʂi-、鄂温克语 sasu-、鄂伦春语 ʧaʧu-、赫哲语 ʧaʧu-/masə-（朝克，2014a：456）；满语 sisa-/fusu-、锡伯语 ʂisa-/fusu-（朝克，2014a：456）；满语 bura-（Lee，1958：106）；满语 bura-（浇）（羽田亨，1972：56）；bura bura seme[1]（泉水滚涌）（刘厚生、关克笑、沈微、牛建强，1988：56）；bura-(mbi)（浇水）（胡增益，1994：116）；Evenki 语 husu-、Even 语 hus-、Negidal 语 xusi-、满语口语 fusu-、满语书面语 fisi-/fise-/fusu-、Ulcha 语 pisuri-、Orok 语 pisitči-/possoli-、Nanai 语 pisi-/fisi-/fuksu-（Starostin，Altaic etymology）。

---

① 其音标根据满文转写。

现代朝鲜语：kup-su-ha-da（Jones & Rhie，1991：375）；ppu-ri-da（Jones & Rhie，1991：325）。

原始音拟构：*sipiru/*pisu-。

解释：

从表面上看，通古斯语与中世朝鲜语的对应部分似乎较少。但是如果看到原始朝鲜语没有 sp- 的形态，且通古斯语中的 tʂ 或 ʧ 与 s 不形成意义对应关系，它们互为自由变体，那么就可以发现通古斯语与朝鲜语具有同源关系。

在元音方面，二者的对应不够工整。中世朝鲜语的两个音节均含有同样的元音 i，我们在锡伯语的词尾、Ulcha 语的词尾、Nanai 语的词尾中能够找到 i 残留的迹象，但对应不够工整。这种不工整对应现象可以在我国境内通古斯语与我国境外通古斯语的对比中看到，如 -a-、-u-、-e-、-ō-。这种现象表明，中世朝鲜语在分化后仍保持严格的元音和谐特点，而通古斯语则衍生出各自的元音。

在音节结构方面，通古斯语音节结构的数量多于中世朝鲜语音节结构的数量。这明显反映出了原始音节的数量，说明中世朝鲜语脱落了一个词尾音节。

尽管如此，中世朝鲜语与通古斯语在整体上呈现出同源特征。

现代朝鲜语 ppu-ri-da 与通古斯语 *pisu- 具有可比性，pp 为朝鲜语强化音，可以与中世朝鲜语中的 *p 对应。但现代朝鲜语 kup-su-ha-da 来源不详。

通古斯语中的很多词均以 f 开头，f 为借音，与朝鲜语中的 p 对应。这就与中世朝鲜语 *piri- 形成对应关系。通古斯语保留着 si-，但现代朝鲜语没有保留中世朝鲜语中的 s，反而保留了原始的 p。现代朝鲜语中的 pp 为浊音，可以与李基文给出的满语中的 b 对应。

上述分析表明，中世朝鲜语 *spiri- ＜ *piri- 实际上在通古斯语中有两个词源，只是后来逐渐分化为两个不同的词：kup-su-ha-da 和 ppu-ri-da。

## 汉语意义：下雪

中世朝鲜语：*pora（暴风雪）（Lee，1958：107）。

通古斯语：满语 buran（Lee，1958：107）；满语 nimara-、锡伯语 nimarə-、鄂温克语 iman-/ima-、鄂伦春语 iman-/ima-、赫哲语 iman-/ima-、女真语 imagi-（朝克，2014a：424—425）；满语 buraki、锡伯语 buraki、鄂温克语 burgeŋ、鄂伦春语 burgen、赫哲语 burgin、女真语 buraki（朝克，2014a：16—17）；Evenki 语 burki、Even 语 burqu（Starostin，Altaic etymology）。

现代朝鲜语：nun-bo-ra（暴雪）（Jones & Rhie，1991：318）。

原始音拟构：*porki。

解释：

李基文给出的 *pora 截取自朝鲜语 nun-bo-ra 的后部分。-bo-ra 在现代朝鲜语中的意义为"下（雨，雪）""猛烈地下（雨，雪）"。通古斯语中表示"新落雪"意义的词与李基文给出的 *pora 相对应：通古斯语中的 b 对应朝鲜语中的 p。通古斯语具有不送气音 b。

在现代朝鲜语中，"雪"的构词能力很强，如 nun-munng-ch-i（雪球）、nun-dŏ-mi（雪堆）、nun-song-i（雪花）、nun-sa-am（雪人）、nun-sa-ram（铲雪机）、nun-sa-t'ae（雪崩）（Jones & Rhie，1991：318）。同样，在通古斯语中，"雪"也可以被其他词修饰，从而构成相关的词，如 ətikə imana（大雪）、ətir imana（暴风雪）、t'ur imana（初雪）、kir imana（干净雪）等（韩有峰、孟淑贤，1993：65）。现代朝鲜语与通古斯语之间的差异表现为修饰方式不同：现代朝鲜语为后置修饰成分，而通古斯语则为前置修饰成分。

通古斯语中的另一个词项"飞尘"在音形上与中世朝鲜语 *pora、现代朝鲜语 -bo-ra 极为相似，其音节结构可以归纳为 p/bXrX-。通古斯语保留了朝鲜语音节结构的核心部分，但脱落了第二个音节的元音或脱落了第三个音节。

朝鲜语与通古斯语唯一的不同点是意义不同。通过比较通古斯语与朝鲜语可以看出，这些词均没有脱离"下"的语义范围。

综上所述，我们可以判定中世朝鲜语、现代朝鲜语与通古斯语同源。

## 汉语意义：胸

中世朝鲜语：*cęc（Lee，1958：107）。

通古斯语：满语 tʂədzən、锡伯语 tʂədzən、鄂温克语 kəŋgər/həŋgər、鄂伦春语 kəŋgər/kəntir、赫哲语 həŋgər、女真语 tuŋgə（朝克，2014a：152—153）；满语 cejen（Lee，1958：107）。

现代朝鲜语：kasŭm（胸）（Jones & Rhie，1991：59）；tʃətʃ/tʃət（乳房）（宣德五、金祥元、赵习，1985：143）；gaseum（Ju-haeng Lee & Gyu-hang Lee，1998：25）。

原始音拟构：*tsədzə/*kennəre。

解释：

李基文给出的满语词项为 cejen，其中的 j 相当于朝克给出的 dz。满语、锡伯语的音形与中世朝鲜语的音形相吻合。其他通古斯语则与现代朝鲜语具有同源关系，如鄂温克语 kəŋgər/həŋgər、鄂伦春语 kəŋgər/kəntir、赫哲语 həŋgər。它们显然有另一个来源，如 Starostin 给出的 *keŋ-tire（乳房，胸）：Evenki 语 keŋtire、Even 语 kēntьre、Nanai 语 keŋtere。因此，我们可以拟构出另一个原始音 *kennəre。

女真语 tuŋgə 来源不详。

## 汉语意义：鸟

中世朝鲜语：*cyępi（麻雀）（Lee，1958：107）。

通古斯语：满语 tʂətʂikə、锡伯语 tʂətʂkə、鄂温克语 tʃinəh、鄂伦春语 tʃinəkə、赫哲语 tʃinihə、女真语 tʃitʃihe（朝克，2014a：46—47）；满语 cibin（Lee，1958：107）；Evenki 语 čipi-čā（小鸟）、Even 语 čībъlьn（小鸟）、Negidal 语 čiptija（小鸟）、满语口语 čivaqən（燕子）、满语书面语 čibin（燕子）、Nanai 语 čipiaqo（燕子）、Udighe 语 čiwjau（麻雀）（Starostin，

Altaic etymology）。

现代朝鲜语：chi-bi（燕子）（Jones & Rhie，1991：340）；ch'am-si（麻雀）（Jones & Rhie，1991：322）；sae（Jones & Rhie，1991：37）；sɛ（鸟）、ʧamsɛ（麻雀）、ʧepi（燕子）（宣德五、金祥元、赵习，1985：147）；sae（鸟）（Ju-haeng Lee & Gyu-hang Lee，1998：401）。

原始音拟构：*saj/*sə。

解释：

中世朝鲜语与现代朝鲜语中 c、ch 的读音相当于 s、tʂ、ʧ。它们对应工整。

中世朝鲜语脱落了词尾音节。

中世朝鲜语与现代朝鲜语同出一源，因此拟构的原始音为 *saj/*sə。

## 汉语意义：男性生殖器

中世朝鲜语：*coc（Lee，1958：107）。

通古斯语：满语 tʂotʂo、锡伯语 tʂorhu、鄂温克语 pə/ʃiʃi、鄂伦春语 ʧikəltə、赫哲语 ʧoʃko（朝克，2014a：156—157）；Goldi 语 čulči、Olcha 语 čiču（Lee，1958：107）；满语 coco（Lee，1958：107）；满语口语 čočo（男性生殖器）、Ulcha 语 čičụ（男性生殖器，茶壶嘴）、Orok 语 tụtụ（男性生殖器）、Nanai 语 čịčịqo（茶壶嘴）、Udighe 语 čičko（男性生殖器）（Starostin，Altaic etymology）。

现代朝鲜语：*cha-ji（Jones & Rhie，1991：247）。

原始音拟构：*ʧolʧu。

解释：

除个别语言（如鄂温克语 pə）外，通古斯语与中世朝鲜语、现代朝鲜语具有明显的对应关系，只是个别元音（如第一个音节的 -i-、第二个音节的 u）和个别辅音（如 Orok 语 tụtụ 的辅音 t）发生变化。整体音节数量有所不同（如通古斯语有三个音节）。

## 汉语意义：死，累死

中世朝鲜语：*cuk-（死）（Lee，1958：107）。

通古斯语：满语 tşuku-、锡伯语 tşuku-、鄂温克语 usun-/usu-/ʧaŋgal-、鄂伦春语 usun-/usu-、赫哲语 usan-/usa-（朝克，2014a：404—405）；满语 cuku-（Lee，1958：107）；Ulcha 语 čuqana、Nanai 语 čuki、Oroch 语 čuki（Starostin，Altaic etymology）。

现代朝鲜语：chuk-da/chu-s-wi（死）（Jones & Rhie，1991：91）；jukda（Ju-haeng Lee & Gyu-hang Lee，1998：640）。

原始音拟构：*cuku。

解释：

虽然鄂温克语、鄂伦春语、赫哲语均脱落了首辅音，且个别元音（如 a）有所低化，但它们与中世朝鲜语对应工整。中世朝鲜语脱落了第二个音节和第三个音节。

中世朝鲜语和现代朝鲜语具有渊源关系。

现代朝鲜语 jukda 来源不详。

鄂温克语 ʧaŋgal- 中的 -aŋgal- 的音变过程不详。

鄂温克语 usun-、鄂伦春语 usun-/usu-、赫哲语 usan-/usa- 的意义与"死"有所偏离。它们显然有另一个词源，即 *us(a)（坏，悲伤，仇恨，罪行），如 Evenki 语 usa（坏，悲伤）、Even 语 ụs（坏，悲伤）、Negidal 语 osa（坏，悲伤）、满语口语 usa-（悲伤）、满语书面语 osχa（悲伤）、女真语 usu-γa-buren（仇恨）（Starostin，Altaic etymology）。


## 汉语意义：只，仅，不过（是）

中世朝鲜语：*taman tamain（不过，仅仅）（Lee，1958：107）。

通古斯语：满语 damu、锡伯语 dam、鄂温克语 daŋ、鄂伦春语 dam/dan、赫哲语 dam/dan（朝克，2014a：514—515）；满语 damu（Lee，1958：107）；Evenki 语 dāmukte、满语口语 damə、满语书面语 damu、

Nanai 语 damu（Starostin，Altaic etymology）。

现代朝鲜语：da-man（Jones & Rhie，1991：235）。

原始音拟构：*daman。

解释：

通古斯语与中世朝鲜语、现代朝鲜语对应工整。d 与 t 存在音标差异。中世朝鲜语、锡伯语、鄂温克语、鄂伦春语、赫哲语均脱落了词尾音节。

## 汉语意义：拉开

中世朝鲜语：*tarai-（拉弓）（Lee，1958：107）。

通古斯语：满语 tata-/uʂa-、锡伯语 tatə-/uʂə-、鄂温克语 taa-、鄂伦春语 taa-、赫哲语 tatə-/uʃa-（朝克，2014a：406—407）；满语 dara-（Lee，1958：107）；Evenki 语 tagdī-、Even 语 tād-、Negidal 语 tagdị-、满语书面语 tadu-/tadura-、Ulcha 语 taGdị-、Nanai 语 tadora-、Udighe 语 tagdi-（Starostin，Altaic etymology）。

现代朝鲜语：tang-gi-da（Jones & Rhie，1991：269）；ttutta（撕，扯）（宣德五、金祥元、赵习，1985：168）。

原始音拟构：*tatu-。

解释：

通古斯语与中世朝鲜语、现代朝鲜语具有明显的对应特征。通古斯语的第二个音节或者有脱落，如 -usa，或者有音变，如 ə、i。

## 汉语意义：治理

中世朝鲜语：*dasari-（统治，管理，治理）（Lee，1958：107）。

通古斯语：满语 dasa-、锡伯语 dasə-、鄂温克语 dasa-、鄂伦春语 dasa-、赫哲语 dasa-、女真语 dʒasa-（朝克，2014a：500—501）；满语 dasa（Lee，1958：107）；满语口语 dasə-、满语书面语 dasa-；Evenki 语 das-、Even 语 das-、Negidal 语 das-、满语书面语 dasi-、Ulcha 语 dasị-、

Orok 语 dasị-、Nanai 语 dasị-、Oroch 语 dasi-、Udighe 语 dahi- (dai-)（Starostin, Altaic etymology）。

现代朝鲜语：ta-ru-da（管理）（Jones & Rhie, 204）；chi-bae（统治）（Jones & Rhie, 1991：293）；chi-bae-ha-da（Jones & Rhie, 1991：143）。

原始音拟构：*dasari。

**解释：**

通古斯语与中世朝鲜语对应工整，但现代朝鲜语另有来源。李基文认为，中世朝鲜语中的 -ri- 或许是后来演化出来的后缀。如果是这样，那么通古斯语更加准确地与中世朝鲜语对应。然而，通古斯语中还有另外一个与中世朝鲜语 *dasari- 相似的词，即 *dasi-（盖住），例如满语书面语 dasi-、Ulcha 语 dasị-、Orok 语 dasị-、Nanai 语 dasị-、Oroch 语 dasi-、Udighe 语 dahi- (dai-)。中世朝鲜语与通古斯语同源。*dasi- 是由于通古斯语脱落了第二个音节而形成的，因此，我们应该将原始音拟构为 *dasari。

现代朝鲜语 ta-ru-da（管理）与 *dasari- 同源，但 chi-bae、chi-bae-ha-da 来源不详。


## 汉语意义：修理

中世朝鲜语：*dasi-（翻新，再次）（Lee, 1958：107）。

通古斯语：满语 dasa-、锡伯语 daşị-、鄂温克语 dasa-/dʒuha-、鄂伦春语 dasa-、赫哲语 dasa-/taku-（朝克，2014a：464—465）；满语 dasa（Lee, 1958：107）；Evenki 语 taku-、Even 语 taq-、Ulcha 语 taqu-、Orok 语 tāwči-、Nanai 语 taGo-（Starostin, Altaic etymology）。

现代朝鲜语：hoe-bok-ha-da（回复）（Jones & Rhie, 1991：284）；kyo-jŏng-ha-da/su-sŏn-ha-da（修正，修理）（Jones & Rhie, 1991：289）；ko-chi-da/su-jŏng-ha-da（补充，修改）（Jones & Rhie, 1991：14）；kotʃʻita（修理，改）（宣德五、金祥元、赵习，1985：172）。

原始音拟构：*dasa/*taku。

解释：

李基文认为，中世朝鲜语 *dasi- 的词尾 i- 为副词后缀（Lee，1958：107）。但这并不影响它与通古斯语对应，通古斯语中也有类似的词，如锡伯语 daşi-。同时，中世朝鲜语 *dasi- 与通古斯语 *taku-（修理）也形成对应关系，只是在音节结构不变的情况下通古斯语的第二个音节发生了变化：s 变为 k，并添加 u。因此，我们可以拟构出另一个词源 *taku。

现代朝鲜语来源不详。

## 汉语意义：高

中世朝鲜语：*tęk（小山）（Lee，1958：107）。

通古斯语：满语 dən、锡伯语 dən、鄂温克语 goddo、鄂伦春语 gugdo、赫哲语 gugdu、女真语 dəgə（朝克，2014a：362—363）；满语 deke（Lee，1958：107）；满语 gukdu gukda（崎岖不平）、gukduhun（鼓起处）（敖拉·毕力格、乌兰托亚，2013：389）；Negidal 语 teŋ（低矮河岸）、Orok 语 teŋesi（山路）（Starostin，Altaic etymology）。

现代朝鲜语：tu（隆起的河岸）（Jones & Rhie，1991：220）；ǒn-dǒk/chak-ǔn-san（小山）（Jones & Rhie，1991：156）；no-p'ǔn（高）（Jones & Rhie，1991：156）；nop'ta/nopta（高）（宣德五、金祥元、赵习，1985：163）。

原始音拟构：*guktən/*tən。

解释：

通古斯语与中世朝鲜语、现代朝鲜语同源。中世朝鲜语中表示"一个高的（东西）"这个意义的词为 ęn-tęk（Lee，1958：107），该音节结构可以在现代朝鲜语 ǒn-dǒk 中看到。

本书认为，原始通古斯语中曾经有一个后来脱落的首音节 *guk。如果是这样，鄂温克语 goddo、鄂伦春语 gugdo、赫哲语 gugdu 就有了合理的解释。也就是说，这些语言保留了首音节，而其他语言（如满语等）在演变过程中仅仅保留了第二个音节。这一痕迹可以在满语 gukdu gukda（崎岖不平）、gukduhun（鼓起处）中看到。

现代朝鲜语 tu 显然与中世朝鲜语 *tęk、Negidal 语 teŋ、Orok 语 teŋesi 具有同源特征。因此，中世朝鲜语与通古斯语具有另一个词源，即 *tən。

### 汉语意义：包装物

中世朝鲜语：*tuph-（覆盖）（Lee，1958：107）。

通古斯语：满语 dobton、锡伯语 dobton、鄂温克语 dotton、鄂伦春语 dobton、赫哲语 dobton、女真语 joʃi（朝克，2014a：278—279）；满语 dobton（Lee，1958：107）；满语口语 tuxē（锅盖，壶盖）/tuɣe（房顶）、满语书面语 tuxe（壶盖）、Nanai 语 tuŋke（壶盖）（Starostin，Altaic etymology）。

现代朝鲜语：tŏp-da（Jones & Rhie，1991：77）；təp'ta/təpta（宣德五、金祥元、赵习，1985：172）。

原始音拟构：*topdo。

解释：

通古斯语与中世朝鲜语、现代朝鲜语同源。李基文认为，中世朝鲜语 *tuph- 来源于原始朝鲜语 *tęph-（Lee，1958：107），因此原始朝鲜语也与通古斯语同源。

### 汉语意义：跳板，桥

中世朝鲜语：*dari（桥，梯子）（Lee，1958：107）。

通古斯语：满语 doori（刘厚生、李乐营，2005：571）；doorin（跳板）（胡增益，1994：192）；doorin（跳板）（羽田亨，1972：94）；满语 doorin（Lee，1958：107）；Evenki 语 tigdelē-/digde-（过桥）/ tigdelēn（桥，圆木）、Even 语 tildraun（桥，圆木）、Orok 语 tugdule（桥，圆木）/ tugdule-（过桥）（Starostin，Altaic etymology）。

现代朝鲜语：ta-ri（Jones & Rhie，1991：45）；tari（宣德五、金祥元、赵习，1985：157）。

原始音拟构：*tari。

解释：

李基文给出的满语词项为doorin。通古斯语中表示"桥""过河"的意义的词为：满语doohan、锡伯语doohan/kurf、鄂温克语hooggo、鄂伦春语koorgə、赫哲语kurgu/kiaw（朝克，2014a：214—215）；满语doo-/dulə-、锡伯语doo-、鄂温克语ədəl-、鄂伦春语ədebe-、赫哲语ədəl-、女真语gu-/gubi-（朝克，2014a：422—423）。本书认为，这些词与表示"跳板"意义的词也具有同源关系。

Evenki语tigdelē-/digde-/tigdelēn、Even语tildraun、Orok语tugdule/tugdule-或者插入了一个中间音节，或者保留了一个中间音节。其他音节则与中世朝鲜语、现代通古斯语具有可比性。

## 汉语意义：野猪

中世朝鲜语：*tot（大猪）（Lee，1958：108）。

通古斯语：满语hamgiari、锡伯语taləj velgian、鄂温克语torohi、鄂伦春语toroki、赫哲语niktə、女真语udigə ulen（朝克，2014a：42—43）；满语dorgori（Lee，1958：108）；Even语deriken（野猪）、Negidal语dejexe（山猫）、满语书面语dorGori（野猪）、Evenki语torokī、Negidal语toroḳī（Starostin，Altaic etymology）。

现代朝鲜语：twae-ji（猪）（Jones & Rhie，1991：252）；twɛʧi（宣德五、金祥元、赵习，1985：147）；met-dwae-ji（野猪）（Jones & Rhie，1991：40）。

原始音拟构：*tori。

解释：

李基文给出的满语词项为dorgori，它与鄂温克语、鄂伦春语和赫哲语音形相近，因此我们可以判定通古斯语与中世朝鲜语的同源特征体现在满语、锡伯语、鄂温克语和赫哲语上。然而，李基文认为"野猪"是汉语借词，因为古代朝鲜语的音形为 tor，tor 是古汉语 t'u 的音转（Lee，1958：108）。但这个说法难以得到证实。现代朝鲜语 twae-ji、twɛʧĩ 或许来源于 *tori。

Even 语 deriken（野猪）、Negidal 语 dejexe（山猫）、满语书面语 dorGori（野猪）在意义和音形方面与中世朝鲜语 *tot 相近，只是对送气音和不送气音的描述方式不同。另外，这些语言中 r 的存在表明应该将原始音拟构为 *tori。

朝克给出的 hamgiari 与刘厚生、李乐营给出的 haita 音形相近，但来源尚不清楚。

### 汉语意义：跨越，跳

中世朝鲜语：*tar-（马奔腾）（Lee，1958：108）。

通古斯语：满语 alkumə dulə-/daba-、锡伯语 davə-、鄂温克语 ala-/dawa-、鄂伦春语 ala-/dabu-、赫哲语 ala-/dabu-（朝克，2014a：426—427）；满语 dori（Lee，1958：108）；Evenki 语 dūrē-（走）/dūrēŋi-（跳，奔腾）、Even 语 ʒūre-nʒid-（走）、Negidal 语 dūjē-（走）、满语口语 ʒura-（开始，出发，离开）、满语书面语 ʒura-（走）、Ulcha 语 duere-（走）、Orok 语 dūruŋu-（跳，奔腾）、Nanai 语 duere-（走）、Oroch 语 due-/duwe-（走）、Udighe 语 due-（走）（Starostin，Altaic etymology）。

现代朝鲜语：chil-ju/chil-ju-ha-da（Jones & Rhie，1991：137）。

原始音拟构：*tur/le-。

解释：

通古斯语与中世朝鲜语具有明显的对应关系，但现代朝鲜语的来源尚不清楚。

鄂温克语 ala-、鄂伦春语 ala-、赫哲语 ala- 为同义词。在不同的语言中，首音节元音 u 与 a 之间的差异表明语言存在方言变异。

## 汉语意义：宠爱

中世朝鲜语：*tas-（爱）（Lee，1958：108）。

通古斯语：满语 dosholo-、锡伯语 doshulu-、鄂温克语 huŋala-/əkkələhə-、鄂伦春语 kuŋala-/ərkələhə-、赫哲语 huŋala-（朝克，2014a：442—443）；满语 doshon（Lee，1958：108）；Negidal 语 dēdelu-、Ulcha 语 dēdu(n)、Nanai 语 dēdu、Oroch 语 deduli-（Starostin，Altaic etymology）。

现代朝鲜语：sa-rang/sa-rang-ha-da（Jones & Rhie，1991：199—120）。

原始音拟构：*doso。

解释：

通古斯语主要的音节结构基本一致。

中世朝鲜语在音节结构简化后仅保留了首音节。

现代朝鲜语脱落了中世朝鲜语的首辅音 t。

## 汉语意义：傻，愚蠢

中世朝鲜语：*tur-ha-（变傻，傻）（Lee，1958：108）。

通古斯语：满语 dulba、锡伯语 dulba、鄂温克语 dulpa/mənəŋ、鄂伦春语 dulpa/mənəŋ、赫哲语 dulba（朝克，2014a：376—377）；满语 dulba（Lee，1958：108）；Evenki 语 dulbu-n、Even 语 dulbur、满语书面语 dulba、Orok 语 dul-dul、Nanai 语 dulbi（Starostin，Altaic etymology）。

现代朝鲜语：ŏ-ri-sŏk-ŭn（Jones & Rhie，1991：130）。

原始音拟构：*turpa。

解释：

除了鄂温克语 mənəŋ 和鄂伦春语 mənəŋ 之外，通古斯语与中世朝鲜语可以进行对比，并具有同源特征。李基文认为，*tur-ha- 在原始朝鲜语中有"做"之意（Lee，1958：108）。现代朝鲜语来源不详。

## 汉语意义：这

中世朝鲜语：*i（这）（Lee，1958：108）。

通古斯语：满语 ərə、锡伯语 ər、鄂温克语 əri、鄂伦春语 əri、赫哲语 əji、女真语 ərə（朝克，2014a：342—343）；满语 e-（Lee，1958：108）；Evenki 语 er/eri、Even 语 er、Negidal 语 ej、满语口语 erə、满语书面语 ere、女真语 e(r)se、Ulcha 语 ej、Orok 语 eri、Nanai 语 ei、Oroch 语 ei、Udighe 语 eji、Solon 语 er（Starostin，Altaic etymology）。

现代朝鲜语：i-（Jones & Rhie，1991：348）；i（宣德五、金祥元、赵习，1985：161）。

原始音拟构：*əri。

解释：

李基文认为，满语 *ə 应该是原始词根，因为表示复数后缀的 -se 或者表示处所的 - 与格后缀 -de 出现时，-rə 通常被省略，例如满语 enenggi（今天）的来源为 *e-ingenggi（这天）。因此，满语 *ə 与朝鲜语 *i 对应。除此之外，满语 -re 与中世朝鲜语 i-rę（因此，这样……）中的 -rę 相同。朝鲜语中有 i-ri（这个方向）。这个 -ri 似乎能够与满语 -ri 对应，如满语 ama-ri（向北，后）、jule-ri（向南，前）、dele-ri（向东，顶）等。在 u-ba（这个地方）、u-tala（这么多）、u-ttu（像这样）中，满语 *ə 变为 u-。我们也可以看到中世朝鲜语中元音变化的现象，例如 ongr（今天）< *o-nar（这天）（Lee，1958：108）。

本书认为李基文的理解是正确的。从实际的语音对应情况来看，虽然通古斯语 ə 似乎难以对应朝鲜语 i，但是从音节结构、表达意义的角度来看，二者对应工整。

## 汉语意义：肋

中世朝鲜语：*ępcin/*ępcun（牛胸部肉）（Lee，1958：108）。

通古斯语：满语 əbtşi、锡伯语 əvtşi、鄂温克语 əətə/əətle、鄂伦春语

əwtə、赫哲语 əwti/kəŋgəri（朝克，2014a：154—155）；满语 ebci（Lee，1958：108）；Evenki 语 ewtilē、Even 语 ewutle、Negidal 语 ewtile、满语口语 efəči、满语书面语 ebči、Ulcha 语 xeuntile/xeuptile、Orok 语 xewčile、Nanai 语 xeučile、Oroch 语 eutile/eutule、Udighe 语 euntile、Solon 语 õtelē（Starostin，Altaic etymology）。

现代朝鲜语：apkasŭm（胸部，乳房）（Jones & Rhie，1991：7）。

原始音拟构：*xəbtV[①]。

**解释：**

满语 ebčigün < *ebtiglün 的意义为"胸"，突厥语 äbtilä 的意义为"肋"。鲍勃认为朝鲜语 ępcun 和满语 ebci 均为蒙古语借词。但这只有在 *t- > ci 没有出现的情况下才有可能。然而，这个演变过程在朝鲜语和满语中十分常见，朝鲜语 ępcun 大概是从 *ępcyun < *ęptyun 演变而来的（Lee，1958：108）。李基文的观点是正确的，我们由此可以推断出满语、锡伯语在音形和意义方面与中世朝鲜语一致，而鄂温克语、鄂伦春语和赫哲语的词首音节发生变化。

现代朝鲜语似乎在 p 之后插入了音节 ka，还将中世朝鲜语词尾的 n 变为 m。现代朝鲜语中的 ap 与中世朝鲜语中的 ęp 对应工整，s 与 c 对应工整。

一些通古斯语的首音 x（h）表明该音曾经存在，后来脱落了。


## 汉语意义：弱，累

中世朝鲜语：*ivir-（褪色，减退）（Lee，1958：108）。

通古斯语：满语 əbəri、锡伯语 əvər、鄂温克语 əwər、鄂伦春语 əbər、赫哲语 əbər/əbəri、女真语 nitaba/urhuhe（朝克，2014a：370—371）；满语 ebere-（Lee，1958：108）；Evenki 语 ewe-ǯekin（弱）、满语口语 ebe-ri/ebi-lun（弱）、Ulcha 语 ebe-le（傻）、Orok 语 ebe-le（懈怠）、Nanai 语

---

① V 表示元音。

ebe-ri-（服从）、Oroch 语 ebe-le（弱）（Starostin，Altaic etymology）。[1]

现代朝鲜语：pa-rae-da（减退）（Jones & Rhie，1991：119）。

原始音拟构：*ipəri。

解释：

李基文认为 ivir- 来源于 *ibir-。这个解释为通古斯语中 b 与 v 的比较奠定了基础，即朝鲜语曾经存在 v。同样，满语和锡伯语中原本也没有 f 和 v。这两个音均是受其他语言的影响而出现的。

现代朝鲜语中的 pa-rae- 在音节结构方面与通古斯语具有可比性，例如 p 与 b（*p）可为自由变体。

现代朝鲜语脱落音节首元音 i，并将 v 后面的 i 变为 a。由于元音和谐的需要，朝鲜语将第二个音节中的 i 变为 a。

## 汉语意义：足够，满足，更（加）

中世朝鲜语：*ęro/*ęru（足够的）（Lee，1958：108）。

通古斯语：满语 ələ、锡伯语 əli、鄂温克语 əli、鄂伦春语 əli、赫哲语 əli、女真语 gisa（朝克，2014a：512—513）；满语 ele（Lee，1958：108）；Evenki 语 elī/ele（足够）/elekče-（满足）、Even 语 elъkъn（足够）、Negidal 语 ele（足够）、满语书面语 ele-（满足）、女真语 o-le-he-huŋ（满足，幸福）、Ulcha 语 ele（足够）/ele-（满足）、Orok 语 ele（足够）/ele-（满足）、Nanai 语 elē（足够）/ele-（满足）、Oroch 语 ele（足够）/ele-（满足）、Udighe 语 ele（足够）/ele-（完成）、Solon 语 aĺe-ćau（我吃饱了）/eĺlećáu（我得到的够了）（Starostin，Altaic etymology）。

现代朝鲜语：ch'ung-bun-han（Jones & Rhie，1991：111）；man-ǔn（Jones & Rhie，1991：336）。

---

[1] 表示该意义的通古斯语还有很多，但形态不同。例如 Starostin 给出了如下词汇：Evenki 语 abul-（缺少）/abu-（出血）、Even 语 abъl-（缺少）、Negidal 语 abụl-（缺少）、满语口语 absa-（耗尽体力）/abuliqabi（疲倦）、Ulcha 语 abụli-（缺少）、Orok 语 abụli-（缺少）、Nanai 语 aboli-（缺少）、Oroch 语 abuli-（缺少）、Udighe 语 abuli-（缺少）、Solon 语 abụl-（缺少）。这些词显然另有来源。有些形态，如 -ri，可能借自蒙古语，但有些形态显然来自满语，因为 -b- 与 -w- 互换，例如 Evenki 语 êp-/b-（浪费）。

原始音拟构：*əru/*əri。

解释：

李基文给出的满语词项为 ele，这与朝克给出的词项相仿。中世朝鲜语与通古斯语中的 e、ę 与 ə 对应，r 与 l 对应，音节结构对应。我们从这些对应中可以看出通古斯语与中世朝鲜语同源。

现代朝鲜语无法解释，但 man-ǔn 应该为汉语借词。

## 汉语意义：妈，母亲

中世朝鲜语：*ęmi（Lee，1958：108）。

通古斯语：满语 ənijə/əmə、锡伯语 əniə/əni、鄂温克语 əniŋ、鄂伦春语 ənin、赫哲语 əniə/əmə、女真语 ənin（朝克，2014a：114—115）；满语 eme（Lee，1958：108）；Evenki 语 eńin、Even 语 eńin、Negidal 语 eńin、满语口语 eńen、女真语 enin、Ulcha 语 eń-、Orok 语 enin、Nanai 语 eńin、Oroch 语 ene/eńi、Udighe 语 eńi(n)、Solon 语 enē/enĩ（Starostin，Altaic etymology）。

现代朝鲜语：eme（妻子）（Lee，1958：108）；ŏmŏ-ni/mo-ch'in（Jones & Rhie，1991：219）；əməni（宣德五、金祥元、赵习，1985：144）。

原始音拟构：*ənin。

解释：

通古斯语与中世朝鲜语、现代朝鲜语具有明显的同源特征。李基文给出的满语词项为 eme，但现代朝鲜语 mo-ch'in 为汉语借词。

## 汉语意义：生命

中世朝鲜语：*ęr（精神）（Lee，1958：108）。

通古斯语：满语 ərgən、锡伯语 ərgən、鄂温克语 ərgəŋ、鄂伦春语 ərgən、赫哲语 ərgən（朝克，2014a：112—113）；满语 er-gen（Lee，1958：108）；Evenki 语 erī-/erīn、Even 语 eri-/erin-、Negidal 语 ejī-/

ejgen-、满语口语 erəxən、满语书面语 erge-（休息）/ergen-、女真语 erin-he、Ulcha 语 ersi-/erge(n)-、Orok 语 er(i)-、Nanai 语 erisi-/ergẽ-、Oroch 语 egge、Udighe 语 ege/eje、Solon 语 ergē（Starostin，Altaic etymology）。

现代朝鲜语：al（蛋，卵）（Jones & Rhie，1991：4）；ar（宣德五、金祥元、赵习，1985：149）。

原始音拟构：*əri。

解释：

李基文列出了满语的两个词项 er-gen 和 oron（灵魂），并认为 oron 与朝鲜语也具有同源性。Solon 语 ergē 和 Ulcha 语 erge(n)- 也显示出同样的特征（Lee，1958：108）。据此，我们可以判定通古斯语与原始朝鲜语、中世朝鲜语具有明显的同源特征。

在现代朝鲜语中，"蛋，卵"与"生命"可以划在同一个语义场内。从读音来看，现代朝鲜语与通古斯语和原始朝鲜语同源。

## 汉语意义：时间

中世朝鲜语：*ęri（时间）（Lee，1958：108）。

通古斯语：满语 ərin、锡伯语 ərin、鄂温克语 əriŋ、鄂伦春语 ərin、赫哲语 ərin（朝克，2014a：326—327）；满语 erin（Lee，1958：108）；Even 语 eri、Negidal 语 ejun、满语口语 erin、满语书面语 erin、女真语 erin、Ulcha 语 eru(n)、Orok 语 eru(n) /eri(n)、Nanai 语 eri、Oroch 语 erū(n)、Udighe 语 ēli(n)、Solon 语 erĩ（Starostin，Altaic etymology）。

现代朝鲜语：sa-gan（Jones & Rhie，1991：351）；kye-jŏl（季节）（Jones & Rhie，1991：301）；ttɛ（时候）（宣德五、金祥元、赵习，1985：140）；ʧʻər（季节）（宣德五、金祥元、赵习，1985：140）。

原始音拟构：*əri。

解释：

通古斯语与中世朝鲜语对应工整。但现代朝鲜语来源不详。

李基文认为满语 erin 还有"季节，时"的意义（Lee，1958：108）。但通古斯语中表示"季节"这一含义的词项为：满语 forgon、锡伯语 forgon、鄂温克语 əriŋ、鄂伦春语 ərin、赫哲语 ərin、女真语 haʃin/fowondo（朝克，2014a：294—295）。因此，我们不能认为它们具有同源性。

从通古斯语中表示"季节"意义的词的形态来看，它们与表示"时间"的意义的词有很多重合之处。通古斯语中表示指代的词"这"与"时间"在形态上也有重合之处。这表明通古斯语中的"时间"表示的是"现在""即时""当下"的含义。这种重合的原因可以解释为原始人群的时间观念相对模糊。

现代朝鲜语另有来源。

## 汉语意义：早晨，黎明

中世朝鲜语：*iri-（起早）（Lee，1958：108）；irɯm（力提甫·托乎提，2004：290）。

通古斯语：满语 ərdə、锡伯语 ərdə、鄂温克语 əddə、鄂伦春语 ərdə、赫哲语 ərdə、女真语 ərdə（朝克，2014a：332—333）；满语 erde（Lee，1958：108）；Evenki 语 ineŋī、Even 语 inɯŋ、Negidal 语 ineŋ(i)、满语口语 inəŋə、满语书面语 ineŋi、女真语 ineŋi、Ulcha 语 ineŋni、Orok 语 ineŋgi、Nanai 语 ini、Oroch 语 ineŋi、Udighe 语 ineŋi、Solon 语 ineɣi/ineŋi（Starostin，Altaic etymology）（该网站注：这些词均来源于一个共同词根 *ine-）。

现代朝鲜语：sae-byŏk（黎明）（Jones & Rhie，1991：84）；sɛpjək（宣德五、金祥元、赵习，1985：141）。

原始音拟构：*i/ən/rdə。

解释：

李基文给出的满语词项为 erde，这与朝克列出的词项对应，即 e 对应 ə。显然，他认为中世朝鲜语中的 i 与满语中的 e 也可以对应。如此，两种语言具有明显的同源特征。

现代朝鲜语来源不详。

## 汉语意义：包（起来），捆绑

中世朝鲜语：*ęrk（包、捆绑）（Lee，1958：108）。

通古斯语：满语 uhu-/fulmijə-、锡伯语 uhə-/fəŋni-、鄂温克语 tɪhtɪ-/əkkə-、鄂伦春语 tɪktɪ-/əbkə-、赫哲语 uhu-/əbkə-（朝克，2014a：466—467）；满语 erguwe-（Lee，1958：108）；Evenki 语 ukulī-、Even 语 uk-、Negidal 语 uxil-、满语书面语 uxu-、女真语 hu-xun-mij am-si-da-lar（包含）、Ulcha 语 xuku-、Orok 语 xukulitči-、Nanai 语 xuku-、Solon 语 uxulī-（Starostin，Altaic etymology）。

现代朝鲜语：ku-sok-ha-da（绑）（Jones & Rhie，1991：37）。

原始音拟构：*ulku-。

解释：

除我国境内的满语、锡伯语外，通古斯语内部对应工整。

对照中世朝鲜语的情况，我们认为中世朝鲜语脱落了首音 x，且 e 发生改变。在现代朝鲜语中，这个情况更加明显：音节整个脱落，后面添加动词词缀。

## 汉语意义：斜

中世朝鲜语：*ęs（Lee，1958：108）。

通古斯语：满语 əşən、锡伯语 əşən、鄂温克语 həltəhtɪ、鄂伦春语 kəltiktɪ、赫哲语 həltəhu/hariku、女真语 ogəhu（朝克，2014a：368—369）；满语 ese（Lee，1958：108）；Evenki 语 oʒo（斜）、Even 语 oʒan-（斜）、Negidal 语 oʒo-（斜）、满语口语 uʒan（边）、满语书面语 uʒan（边）、Orok 语 χodo-（斜）、Nanai 语 χoʒịa-（斜）（Starostin，Altaic etymology）。

现代朝鲜语：asə①。

原始音拟构：\*həsə。

解释：

李基文列出的满语词项为动词 ese（斜）和形容词 esen（斜的）。

通古斯语与中世朝鲜语具有明显的同源特征。满语脱落词首辅音 h。

## 汉语意义：赢

中世朝鲜语：\*ęt-（赢）（Lee，1958：108）。

通古斯语：满语 ətə-、锡伯语 ətə-、鄂温克语 ətə-、鄂伦春语 ətə-、赫哲语 ətə-（朝克，2014a：478—479）；满语 ete（Lee，1958：108）；Evenki 语 etejē-（保卫，看护）、Even 语 etu-（保卫）/etij-（看护）、Negidal 语 etew-（保卫）/etixi-（看护）、Ulcha 语 eteu-（保卫）/etexi-（看护）、Orok 语 etew-（保卫）/etexi-（看护）、Nanai 语 etū-（保卫）/etexi-（看护）、Oroch 语 etu-či-（保卫）、Udighe 语 eteu-si-（保卫）（Starostin，Altaic etymology）。

现代朝鲜语：ŏt-da（获得）（Jones & Rhie，1991：139）；ətta-（得到）（宣德五、金祥元、赵习，1985：169）。

原始音拟构：\*ətə。

解释：

通古斯语、中世朝鲜语与现代朝鲜语对应工整。现代朝鲜语将中世朝鲜语中的 ę 变为 ŏ，并添加了一个词尾音节。

## 汉语意义：爬犁 ②

中世朝鲜语：\*pal-gu/\*pal-gi/\*pal-gui（爬犁）③（Lee，1958：108）。

通古斯语：满语 fara、锡伯语 fiala、鄂温克语 paar、鄂伦春语 paar、

---

① 本词为方香玉博士提供。

② 它是东北方言的借词，其意义为"雪橇"。

③ 李基文列出的三个词项来自朝鲜语不同方言（Lee，1958：108）。

赫哲语 fara（朝克，2014a：212—213）；满语 fara（Lee，1958：108）；Evenki 语 hata（鞋垫，关节）、Even 语 hat（脚心，底）/hatịqa（关节）、Negidal 语 xata（鞋垫，关节）、满语口语 fatəhə/fatəqə（蹄）、满语书面语 fatan（脚心，底）/fatχa（爪子）、Ulcha 语 pata（爬犁的雪板）、Orok 语 patta（树根）、Nanai 语 pata（爪子）、Udighe 语 xedi（爬犁的雪板）（Starostin，Altaic etymology）。

现代朝鲜语：ssŏl-mae（Jones & Rhie，1991：314）；ch'a-ryun（轮）（Jones & Rhie，1991：377）；pa-k'wi（轮）（Jones & Rhie，1991：377）；pak'y/paku（轮）（宣德五、金祥元、赵习，1985：157—158）。

原始音拟构：*pal/tV。

解释：

通古斯语中的 f 为借音，它与朝鲜语中的 p 对应工整，通古斯语中的 h/x 来源于 p。现代朝鲜语 pa-k'wi、pak'y/paku 与通古斯语同源。但朝鲜语标准方言 *sŏlmi 源自"爬犁"的同义词（Lee，1958：117）。现代朝鲜语 ch'a-ryun 为汉字词。

## 汉语意义：晾干

中世朝鲜语：*parä（晒干）（Lee，1958：109）。

通古斯语：满语 fara-、锡伯语 farə-、鄂温克语 sara-、鄂伦春语 sara-、赫哲语 sarə-（朝克，2014a：466—467）；满语 fara（Lee，1958：109）；Evenki 语 heku、Even 语 hök、Negidal 语 xeku-gdi、满语书面语 faka-n（热）/f̣aqu-（加热，烘干）、Ulcha 语 pukeuli（热）/pēkki-（烘烤）（< Udighe 语 piki-le-）、Orok 语 xekkuli/xekusi（< Oroch 语）、Nanai 语 peku（热）/pịqị-（加热，热）、Oroch 语 xeku/xekusi、Udighe 语 xekuhi、Solon 语 exūgdi、Even 语 hilъt-、Negidal 语 xilet-（Starostin，Altaic etymology）。

现代朝鲜语：mal-ri-da（Jones & Rhie，1991：102）；to-un（热）（Jones & Rhie，1991：160）；təpta（热）（宣德五、金祥元、赵习，1985：

166）；pokkta/pokta（炒）（宣德五、金祥元、赵习，1985：171）。

原始音拟构：*para。

解释：

从满语和锡伯语的形态中可以看到它们与中世朝鲜语具有同源特征，但其他通古斯语（鄂温克语、鄂伦春语、赫哲语）中出现了首音 s，具体情况不明。然而，从音节结构的对应情况来看，中世朝鲜语和通古斯语同源这一事实已经没有疑问。现代朝鲜语的音节结构没有变化，现代朝鲜语与中世朝鲜语具有渊源关系，但我们目前不清楚现代朝鲜语如何将原始朝鲜语中的 p 变为 m。

现代朝鲜语 pokkta/pokta 与通古斯语同源。

## 汉语意义：窗

中世朝鲜语：*paradi/*paraʒi（Lee，1958：109）。

通古斯语：满语 fa、锡伯语 fa、鄂温克语 soŋko、鄂伦春语 ʧoŋko、赫哲语 fa、女真语 fa（朝克，2014a：198—199）；满语 farangga（Lee，1958：109）；Evenki 语 haɣa/haɣakī/haɣačan、Negidal 语 xa-čaw、满语口语 fā、满语书面语 fa、女真语 fah-ha、Ulcha 语 pawa、Orok 语 pawa、Nanai 语 pāwa（Starostin，Altaic etymology）。

现代朝鲜语：ch'ang/ch'ang-mun（Jones & Rhie，1991：379）。

原始音拟构：*para。

解释：

鄂温克语 soŋk、鄂伦春语 ʧoŋko 与现代朝鲜语 ch'ang/ch'ang-mun 显然是汉语借词。但满语、锡伯语、女真语能够与李基文给出的朝鲜语对应。从意义方面来看，李基文给出的满语 farangga 的意义为"格子窗"，但这个解释并不影响结论。

### 汉语意义：摘

中世朝鲜语：*pta-（采摘）（Lee，1958：109）。

通古斯语：满语 fata-、锡伯语 fatə-、鄂温克语 wata-、鄂伦春语 wata-、赫哲语 fatə-（朝克，2014a：410—411）；满语 fata-（Lee，1958：109）；满语口语 fatə-、满语书面语 fata、Nanai 语 fete-（Starostin, Altaic etymology）。

现代朝鲜语：p'a-da（挖）（Jones & Rhie，1991：251）。

原始音拟构：*pata-。

解释：

通古斯语与中世朝鲜语、现代朝鲜语具有明显的同源特征：f 与 p 对应工整，音节结构对应工整。或许是因为 w 与 p 均具有双唇音的特征，所以鄂温克语、鄂伦春语将 p 变为 w。

李基文认为 fata- 来源于古朝鲜语 *pata-（Lee，1958：109）。

Starostin 给出的拟音为 *pet，其原因是这些同源词在不同语言中具有多重意义，如"捏""拿走""收集"。虽然各种语言具有大致相同的音节结构和基本形态（fata-、fete-），但只有 Nanai 语 fete- 有"摘"之意。Starostin 的观点没有问题，他只是忽视了语义场概念，因为这些词可以放在同一个语义场内。

### 汉语意义：底

中世朝鲜语：*pataŋ（底，鞋底）（Lee，1958：109）。

通古斯语：满语 fatan、锡伯语 fatən、鄂温克语 ərə/aggaŋ、鄂伦春语 ərən/algan、赫哲语 ərə（朝克，2014a：174—175）；满语 fatan（Lee，1958：109）；Evenki 语 hata（鞋垫，马蹄上部关节）、Even 语 hat（鞋底，底）/hatiqa（马蹄上部关节）、Negidal 语 xata（鞋垫，马蹄上部关节）、满语口语 fatəhə/fatəqə（马蹄）、满语书面语 fatan（鞋底，底）/fatχa（爪子）、Ulcha 语 pata（爬犁的雪板）、Orok 语 patta（树干粗壮部分，树

根）、Nanai 语 pata（爪子）、Udighe 语 xedi（爬犁）（Starostin，Altaic etymology）。

现代朝鲜语：patak（Lee，1958：109）；pa-ba-dak（脚底）（Jones & Rhie，1991：319）。

原始音拟构：*pata。

**解释：**

在通古斯语中，各语言具有相同或相似的音形和音节结构，这表明该词具有多意特点。但是这并不影响通古斯语与中世朝鲜语之间的比较。排除个别音形不同的词外（如鄂温克语 ərə/aggaŋ、鄂伦春语 ərən/algan、赫哲语 ərə、Negidal 语 xata、Udighe 语 xedi），通古斯语能够与中世朝鲜语对应。[①]

根据力提甫·托乎提的研究结论，朝鲜语、通古斯语与阿尔泰语系其他语言具有同源性（力提甫·托乎提，2004：319）。[②] 这个观点没有问题，因为朝鲜语与通古斯语从阿尔泰语系分化后，肯定会保留一些原始阿尔泰语词汇。因此，这与朝鲜语、通古斯语同源这个观点并不矛盾。

## 汉语意义：女阴

中世朝鲜语：*poci（Lee，1958：109）。

通古斯语：满语 fəfə、锡伯语 fəfə、鄂温克语 motog/moho、鄂伦春语 motoko、赫哲语 fəfə（朝克，2014a：156—157）；满语 fete（Lee，1958：109）；Evenki 语 motoko、满语口语 motəqun（年轻女子的阴部）/motərə（女孩的阴部）（Starostin，Altaic etymology）。

现代朝鲜语：poci[③]；pi-mil-ŭl（隐私的）（Jones & Rhie，1991：264）。

原始音拟构：*poti/*moto。

---

① Starostin 在评论中还提及其他变体，如 *piakta（*piatka）。

② 参见"脚"的脚注。

③ 本词为方香玉博士提供。

解释：

从形态上看，满语 fəfə/fete、锡伯语 fəfə、鄂温克语 motog/moho、鄂伦春语 motoko、赫哲语 fəfə 与李基文拟构的原始朝鲜语之间似乎只有一个可以比较的辅音 p。然而，李基文认为鲍勃的对比有证据：鲍勃认为 poci 可以与满语 ütügün < hütügün < *pütügün（女阴）进行对比。李基文也给出了中世朝鲜语 *poci。这样，满语 fəfə 与原始朝鲜语 poti 通过中世朝鲜语 *poci 建立起对应关系。因此，从朝克给出的词项中可以看到，通古斯语仍然保留着一些与原始朝鲜语相同的音节结构，我们进行比较后便可以看出其同源性。通古斯语经常把 p 变为 m。

从鄂温克语 motog/moho、鄂伦春语 motoko 和 Evenki 语 motoko、满语口语 motəqun/motərə 的形态来看，它们有另一个来源。因此，我们可以拟构出另一个原始音 *moto。

## 汉语意义：脑

中世朝鲜语：*paki（头顶）（Lee，1958：109）。

通古斯语：满语 fəli、锡伯语 fih、鄂温克语 iiggi/iggi、鄂伦春语 irgi、赫哲语 fəhi（朝克，2014a：146—147）；满语 fehi（Lee，1958：109）；Evenki 语 irge（脑）、Even 语 irgъ（脑）、Negidal 语 igge/ijge（脑）、满语口语 uǯu（脑，头）、满语书面语 uǯu（头）、女真语 (h)u(i)ǯew（头）、Ulcha 语 iǯe（脑）、Orok 语 īde（脑）、Nanai 语 īge（脑）、Oroch 语 igge（脑）、Udighe 语 igi（脑）、Solon 语 igge/irge（脑）（Starostin，Altaic etymology）。

现代朝鲜语：mǒ-ri（头）（Jones & Rhie，1991：152）；tu-noe（脑，智力）（Jones & Rhie，1991：152）；məri（头）（宣德五、金祥元、赵习，1985：142）；nø/ne（脑）（宣德五、金祥元、赵习，1985：142）；meori（头）（Ju-haeng Lee & Gyu-hang Lee，1998：270）。

原始音拟构：*pari。

解释：

通过对比可以发现，满语用 f 转换 p，其他语言则没有 p。这有两种情况：第一，一些语言脱落首辅音 p；第二，一些语言原本没有 p，例如 Starostin 的拟构为 \*rig(u)。通过比较中世朝鲜语和原始朝鲜语，第一种情况或许更可信。但无论是哪种情况，通古斯语与朝鲜语之间的同源性都可以得到证实。

值得注意的是，与通古斯语内部 p 变为 m 的现象相同，朝鲜语也有类似的变异，p 变为 m。\*parki 来源于原始朝鲜语 paki，如 ɐntɐk-paki（山顶），朝鲜语 ɐntɐk 的意义为"山"，ima-paki（眉弓、前额）（Lee，1958：109）中的 p 变为现代朝鲜语中的 m。另外，现代朝鲜语 tu-noe 显然借自汉语。

## 汉语意义：鼠

中世朝鲜语：\*park (cui)（鼠）（Lee，1958：109）。

通古斯语：满语 siŋgəri、锡伯语 ʂiŋər、鄂温克语 ʃiəŋəri/aʃiʧʧaŋ、鄂伦春语 ʃiŋəri/ənikən、赫哲语 ʃiŋəri、女真语 ʃiŋə（朝克，2014a：42—43）；满语 ferehe (singgeri)（Lee，1958：109）；Evenki 语 čamukčān（鼠）、Even 语 čāmḁq（土拨鼠）/čāmḁqčan（鼠）、Oroch 语 čunduki（鼠）、Udighe 语 čundihe（鼠）（Starostin，Altaic etymology）。

现代朝鲜语：chwi（Jones & Rhie，1991：275）；ʧy（宣德五、金祥元、赵习，1985：147）。

原始音拟构：\*sum/ŋV。

解释：

李基文给出中世朝鲜语 \*park 的理由是 singgeri 和 cui 对应（Lee，1958：109）。本书认为李基文的想法可以理解为满语中的 s 与中世朝鲜语中的 c 对应。两种语言在表示"鼠"的意义上具有同源关系。Evenki 语 čamukčān、Even 语 čāmḁq/čāmḁqčan、Oroch 语 čunduki、Udighe 语 čundihe 可以证明李基文的观点。但从这些词项的音形来看，我们仍然无法拟构出李基文给出的中世朝鲜语形态。因此，本书拟构出 \*sum/ŋV。

在通古斯语中，表示"蝙蝠"意义的词为：满语 ashaŋga siŋgəri、锡伯语 ashaŋ şiŋər、鄂温克语 lattuhe、鄂伦春语 nəməkəldɯn、赫哲语 jəmbiəhu（朝克，2014a：46—47）。它们显然是合成词，是"翅膀"与"鼠"的合成。

通古斯语中表示"翅膀"意义的词为：满语 asha、锡伯语 ash、鄂温克语 aʃige/dəttəle、鄂伦春语 aʃaki/dəbtilə、女真语 aʃiki/dəksə（朝克，2014a：76—77）。但这些词另有来源。

现代朝鲜语 chwi、ʧy 应该与通古斯语的词首辅音 s 有关，元音发生了变化。因此，现代朝鲜语、中世朝鲜语和通古斯语具有渊源关系。

## 汉语意义：祈祷

中世朝鲜语：*pir-（Lee，1958：109）。

通古斯语：满语 firu-、锡伯语 firi-、鄂温克语 irɵɵ-、鄂伦春语 irɯgə-/nami-、赫哲语 firu-（朝克，2014a：486—487）；满语 firu（Lee，1958：109）；Evenki 语 hiruɣē-、Even 语 hirge-、Negidal 语 xīɣē-、满语书面语 firu-、Solon 语 irugē-（Starostin，Altaic etymology）。

现代朝鲜语：pil-da、ki-do-ha-da（Jones & Rhie，1991：260）。

原始音拟构：*piru。

解释：

李基文给出的满语为 firu，它与通古斯语其他语言和中世朝鲜语对应。但鄂温克语、鄂伦春语均脱落了词首辅音 p。

现代朝鲜语 pil-da 与通古斯语和中世朝鲜语同源，但 ki-do-ha-da 显然是汉语借词。

## 汉语意义：小米，小黄米

中世朝鲜语：*psar（大米）（Lee，1958：109）。

通古斯语：满语 fisihə、锡伯语 fisih、鄂温克语 iʃihi、鄂伦春语 iʃiki、赫哲语 iʃih（朝克，2014a：100—101）；满语 fisi-he、女真语 fei-shê/po-lê

（Lee，1958：109）；pʌsʌl（米）（力提甫·托乎提，2004：296）；满语书面语 fisi-ke、Ulcha 语 pikse、Nanai 语 pikse（Starostin，Altaic etymology）。

现代朝鲜语：ki-jang（小米）（Jones & Rhie，1991：212）；ssal（大米）（Jones & Rhie，1991：289）；ssar（米）（宣德五、金祥元、赵习，1985：151）。

原始音拟构：*pisari。

解释：

李基文给出的满语词项为 fisi-he，他认为中世朝鲜语来源于古朝鲜语 *pVsVr（Lee，1958：109）。从这个考证来看，中世朝鲜语脱落了 p 与 s 之间的元音。相比之下，鄂温克语、鄂伦春语、赫哲语则脱落了首辅音 p。现代朝鲜语 ssal 和 ssar 明显是由中世朝鲜语演化而来的。

通古斯语和朝鲜语中均不会出现复辅音现象[1]，因此，李基文认为他所拟构的 *psar 应该来源于古朝鲜语 *pVsVr[2]（Lee，1958：109）。其中，V 代表元音，因此，本书拟构的原始音为 *pisari。

## 汉语意义：弹奏（乐器）

中世朝鲜语：*ptha-（演奏乐器，弹棉花）、*pthui-（迸发）（Lee，1958：109）。

通古斯语：满语 fithə-、锡伯语 fithə-、鄂温克语 ituga-、鄂伦春语 itga-、赫哲语 fituha-（朝克，2014a：496—497）；满语 fithe-（Lee，1958：109）；Evenki 语 hatal-（砍掉）、Negidal 语 pātị（拍手者）、Ulcha 语 pātị-čị-/pātị-la-（敲打）/pātị（拍手者）、Orok 语 pāt-čụ-（敲打）、Nanai 语 pāčị-čị-（敲打）/pačị（拍手者）（Starostin，Altaic etymology）。

现代朝鲜语：ttae-ri-da/tu-dǔri-da（敲打）（Jones & Rhie，1991：

---

[1] 朝鲜语中 tt 等表示"强化辅音"，因此不应该算作复辅音。虽然朝鲜语和通古斯语均有两个辅音相邻的情况，如朝鲜语 kimchi（辣白菜）中的 -mc-、鄂伦春语 gukda（高）中的 -kd-。但这种相邻的辅音被称为"塞音"或"收音"，也不能算作复辅音。

[2] V 表示元音。

333）；ttada（摘，拨）（Jones & Rhie，1991：49）。

原始音拟构：*pitga-/*patiS[①]。

解释：

通古斯语中的 f 来源于 p，中世朝鲜语中的 -th- 为送气音 t，我国境外通古斯语的首音节元音 a 与中世朝鲜语一致，但中世朝鲜语脱落第二个音节。李基文认为，满语 fithe- 与中世朝鲜语 *ptha- 有同一个词源，即 pVthV-，但我国境内通古斯语中的鄂温克语 ituga-、鄂伦春语 itga- 脱落了 f 或 p，在添加 g 后将 t 变为塞音。

现代朝鲜语 ttae-ri-da/tu-dǔri-da 脱落了词首音 p，第二个音节的元音 u 有所变化。

### 汉语意义：苋菜

中世朝鲜语：*pirim（菠菜）（Lee，1958：109）。

通古斯语：满语 fijələn、锡伯语 fiələn、鄂温克语 sabbaldʒi、鄂伦春语 sarbaldʒi、赫哲语 ahlaʃi solgi（朝克，2014a：106—107）；满语 fiyelen、女真语 fei-leng-(su-chi)（Lee，1958：109）；Ulcha 语 piragda、Nanai 语 piregdēn、满语口语 šogə/śogi（长叶蔬菜）、满语书面语 sogi/solo（嫩芽）、女真语 sol-ŋi（蔬菜）、Ulcha 语 solʒi（蔬菜）、Nanai 语 solgi（蔬菜）、Oroch 语 oggixa（蔬菜）、Udighe 语 sogühö（蔬菜）（Starostin，Altaic etymology）。

现代朝鲜语：si-gǔm-ch'i（菠菜）（Jones & Rhie，1991：323）；sikɛmʧi（宣德五、金祥元、赵习，1985：151）。

原始音拟构：*piriden/*saldʒi。

解释：

满语、锡伯语、女真语与中世朝鲜语具有明显的同源特征，l 与 r 对应。但现代朝鲜语有赫哲语、鄂温克语、鄂伦春语词首音节中的 s 或词尾音节 dʒi，我们可以推断出另一个原始形态 *saldʒi。如此，我们则可以拟构出两

---

① S 表示音节。

个通古斯语原始形态。

赫哲语中的 solgi 和女真语中的 su-chi 是汉语借词。现代朝鲜语中的 -ch'i 也是汉语借词。

### 汉语意义：柳

中世朝鲜语：*pętir（柳树）（Lee，1958：109）；petu（Lee & Ramsey，2011：153）。

通古斯语：满语 fodoho、锡伯语 botho/bərha/mimi helin、鄂温克语 botogoŋ、鄂伦春语 botgon、赫哲语 botoho、女真语 suhə（朝克，2014a：86—87）；满语 fodo（Lee，1958：109）；fodo（求福柳枝，佛花）（羽田 亨，1972：138）；Orok 语 potoqto、Nanai 语 fotoχa（Starostin，Altaic etymology）。

现代朝鲜语：pǒ-dǔl（Jones & Rhie，1991：379）。

原始音拟构：*potogo。

解释：

李基文给出的满语词项为 fodo（Lee，1958：109）和 petul（Lee & Ramsey，2011：162），这表现出不一致性，但如果通古斯语与朝鲜语中的 p、f、b 可以对应，那么可以判定它们具有同源性。除了几个不知来源的形态 bərha、mimi helin、suhə 以外，通古斯语中的其他形态均与李基文给出的例词一致，因此原始音可以拟构为 *potogo。

现代朝鲜语与中世朝鲜语、通古斯语具有明显的同源特征。

### 汉语意义：袜子

中世朝鲜语：*posyęn（Lee，1958：109）。

通古斯语：满语 fomotʂi/wasə、锡伯语 fomotʂi/vas、鄂温克语 dottoŋ、鄂伦春语 dokton、赫哲语 dokto/was、女真语 foʈʂi（朝克，2014a：176—177）；满语 foji（Lee，1958：109）；fomoci（袜）（羽田 亨，1972：

139）；fomoco（袜，毡袜）（胡增益，1994：281）；Evenki 语 dokton、Even 语 dōtṛn、Negidal 语 dokton、Ulcha 语 doqto(n)、Orok 语 doqto(n)、Nanai 语 doqto(n)（Starostin，Altaic etymology）。

现代朝鲜语：pǒ-sǒn（Jones & Rhie，1991：331）。

原始音拟构：*posi/*tokton。

**解释：**

李基文给出的满语词项为 foji，它与中世朝鲜语 *posyen 的音节结构对应，但中世朝鲜语、现代朝鲜语均脱落了满语、锡伯语的第二个音节 -mo-。因此，我们可以认为满语 fomotşi、锡伯语 fomotşi、女真语 fotʃi 与朝鲜语同源。

通古斯语还有另外一个词源，即 *tokon，其证据可以在鄂温克语、鄂伦春语、赫哲语和我国境外的通古斯语中找到。

满语 wasə、锡伯语 vas 和赫哲语 was 为汉语借词。

虽然现代朝鲜语 pǒ-sǒn 在第二个音节元音上发生变化，但通古斯语、中世朝鲜语具有比较工整的对应关系，可以视为同源。

## 汉语意义：（头）顶

中世朝鲜语：*puri（山峰，喙，花苞）（Lee，1958：110）。

通古斯语：满语 udʐui foron、锡伯语 udʐəji forun、鄂温克语 ureel、鄂伦春语 urkeel、赫哲语 furgeel（朝克，2014a：146—147）；Goldi 语 poron、Olcha 语 poroni、Evenki 语 horon（Lee，1958：110）；*porV（顶，头顶，上部）（力提甫·托乎提，2004：320）；满语 foron（Lee，1958：110）；Evenki 语 xoron（头顶，顶）、Negidal 语 xojo(n)（头顶，顶）、满语口语 forən/forun（头顶，顶）、满语书面语 foron（髭）、Ulcha 语 poro(n)（头顶，顶）、Orok 语 poro(n)（头顶，顶）、Nanai 语 porõ（头顶，顶）、Oroch 语 xō(n)（上面的空间）、Udighe 语 xō(n)（以上的）、Solon 语 orõ（山路）；Evenki 语 hur-（扎入水中，头倾斜）、Negidal 语 xuji-（扎入水中）、满语口语 fura-/furi-（扎入水中）、Ulcha 语 purin-（扎入水中）、Orok 语

purotči-（扎入水中）、Nanai 语 purin-（扎入水中）、Udighe 语 xuilen-（扎入水中）（Starostin，Altaic etymology）。

现代朝鲜语：pong-u-ri（山峰）（Jones & Rhie，1991：246）；poŋuri/poŋwuri（山峰）（宣德五、金祥元、赵习，1985：140）。

原始音拟构：*purin。

**解释：**

通古斯语显然脱落了另外的首辅音 p，第二个音节的首辅音 ʣ 来源不详。Negidal 语、Udighe 语中的 x 为 h 的另一种描写。我国境外通古斯语或许增加了第三个音节。

现代朝鲜语与中世朝鲜语同源，也与通古斯语同源。

## 汉语意义：锯（掉）

中世朝鲜语：*pupii-（揉，摩）（Lee，1958：110）。

通古斯语：满语 fufuda-、锡伯语 fœtkədə-、鄂温克语 hogda-/oogoŋdo-、鄂伦春语 hogda-/uugunda-、赫哲语 hogda-（朝克，2014a：428—429）；Goldi 语 po-、Olcha 语 pū-、Orok 语 pupula-（Lee，1958：110）；满语 fufu（Lee，1958：110）；Evenki 语 huwu-/hūwun、Even 语 hū-na-、Negidal 语 xo-、满语口语 fufu-/fufun、Ulcha 语 pū-/pu̧pu̧(n)、Orok 语 pu̧pū-la-/pūpu̧(n)、Nanai 语 pō-/popõ、Oroch 语 xū、Udighe 语 xu、Solon 语 ōgĭ/ūgĭ（Starostin，Altaic etymology）。

现代朝鲜语：pe-da（切）（Jones & Rhie，1991：82）；peta（割）（宣德五、金祥元、赵习，1985：172）。

原始音拟构：*pupu。

**解释：**

李基文给出的满语 fufu 与中世朝鲜语 *pupii- 对应，第二个音节的元音有所不同，其第二个音节与其他通古斯语第二个音节也形成对应关系。

通古斯语其他语言中的词首音 h、x 是 p 或不送气音 b 的变体。但第二个音节中的辅音，如 Evenki 语中的 -wu-、Even 语中的 -na-、Solon 语中的 -gī- 等，均是语言演化的结果。

Solon 语 ōgī/ūgī 脱落了词首辅音 p/h。

现代朝鲜语中的 pe-（切，割）来源于中世朝鲜语，但脱落了第二个音节。

## 汉语意义：面颊，脸蛋

中世朝鲜语：*por（Lee，1958：110）。

通古斯语：满语 fulʂin、锡伯语 vultʂin、鄂温克语 anʧiŋ、鄂伦春语 anʧin、赫哲语 ulʧin（朝克，2014a：150—151）；Goldi 语 polči、Olcha 语 pūli（Lee，1958：110）；满语 fuloin（Lee，1958：110）；Even 语 hulrp̣n（颧骨）、Negidal 语 xolịn（嘴角）、满语口语 fulʒin（面颊）、Ulcha 语 pūlị（牙床）/pu̜ltu̜(n)（面颊）、Orok 语 pu̜lči（颧骨）、Nanai 语 polp̃ĩ（颧骨）/felče（牙床）（Starostin，Altaic etymology）。

现代朝鲜语：por-chi（面颊）（Lee，1958：110）；ppyam（Jones & Rhie，1991：58）；ppjam/ppɛm（宣德五、金祥元、赵习，1985：142）。

原始音拟构：*porCi①。

**解释：**

李基文给出的满语 fuloin 与中世朝鲜语和现代朝鲜语对应，并呈现出同源特征。通古斯语内部有较好的对应关系，如满语 fulʂin、锡伯语 vultʂin、鄂温克语 anʧiŋ、鄂伦春语 anʧin、赫哲语 ulʧin 仅在词首辅音上存在差异。除鄂温克语 anʧiŋ、鄂伦春语 anʧin 外，其他通古斯语都与朝鲜语具有同源特征。

通古斯语第二个音节增加的形态目前难以解释。

从通古斯语的音节数量来看，原始形态至少应该有两个音节，因此，我们将原始音拟构为 *porCi。

现代朝鲜语 ppyam、ppjam/ppɛm 中 p 之后的形态难以解释。

---

① C 表示辅音。

## 汉语意义：（树）根

中世朝鲜语：*purhui（Lee，1958：110）。

通古斯语：满语 fuləhə、锡伯语 fulhə、鄂温克语 niintə、鄂伦春语 nimtə/təkən、赫哲语 uləhə/datʃin（朝克，2014a：82—83）；满语 fulehe（Lee，1958：110）；满语 fujuri（根，起源，由来）（力提甫·托乎提，2004：358）；满语口语 fuləxə/fuluxu、满语书面语 fulexe（Starostin, Altaic etymology）。

现代朝鲜语：ppu-ri（Jones & Rhie，1991：292）；ppuli（Ju-haeng Lee & Gyu-hang Lee，1998：375）。

原始音拟构：*pulhi/*ŋũŋte。

解释：

在中世朝鲜语与满语、锡伯语中，p 与 f 对应，r 与 l 为自由变体，其他部分均在可解释的范围内："塞音"间可以插入某些元音，如 -(l)ə/u(h/x)-；赫哲语 uləhə 脱落词首辅音 f。因此，通古斯语中的满语、锡伯语与中世朝鲜语、现代朝鲜语同源。

现代通古斯语的其他形态有另一个词源，即 *ŋũŋte，例如 Evenki 语 ŋīŋte/nīŋte、Even 语 ŋēŋtъ、Negidal 语 ŋiŋte、Ulcha 语 ŋuiqte、Orok 语 muikte、Nanai 语 muikte、Oroch 语 ŋiŋte、Udighe 语 ŋiŋte（Starostin, Altaic etymology）。其中，Orok 语 muikte、Nanai 语 muikte 的首辅音为 ŋ 的变形，其他语言第一个音节中的 i 为 u 的前化。

## 汉语意义：红

中世朝鲜语：*pirk-（变红）（Lee，1958：110）。

通古斯语：满语 fulgijan、锡伯语 fəlgian、鄂温克语 uliriŋ、鄂伦春语 ularin、赫哲语 fulgian、女真语 fulagen（朝克，2014a：356—357）；满语 fulgiyan（Lee，1958：110）；满语 fulgiyan（红）/fulaxʊn（粉红，浅红，赤身裸体）、赫哲语 fulgian（红）、鄂温克语 uliriŋ（力提甫·托乎提，

2004：467）；Evenki 语 xula-ma/-rin、Even 语 hǔlańā、Negidal 语 xolajin、满语口语 fələǵan/fulǵan、满语书面语 fulgan、女真语 fula-gian、Nanai 语 folgã(n)、Udighe 语 xulaligi、Solon 语 ụlã（Starostin，Altaic etymology）。

现代朝鲜语：ppal-gan（红）（Jones & Rhie，1991：279）；purkta/pukta（宣德五、金祥元、赵习，1985：164）；ppalgata/buktta（Ju-haeng Lee & Gyu-hang Lee，1998：373，365）。

原始音拟构：*pulka①。

**解释：**

除了中世朝鲜语与通古斯语中 p 与 f 的对应以外，Starostin 的拟构（*pula-）是合理的，显示出中世朝鲜语中的 i 与通古斯语中的 u 可以互为变体，或者前者元音后化，或者后者元音前化。

在通古斯语中，鄂温克语 uliriŋ、鄂伦春语 ularin、Solon 语 ụlã 的词首辅音 h 脱落。

现代朝鲜语与中世朝鲜语明显具有渊源关系。

### 汉语意义：吹

中世朝鲜语：*pir-（Lee，1958：110）。

通古斯语：满语 fulgijə-、锡伯语 filhi-、鄂温克语 puligi-/pulii-、鄂伦春语 puligi-/pulii-、赫哲语 fuligi-（朝克，2014a：394—395）；满语 fulgiye/üliye-（Lee，1958：110）；满语口语 filixi-、满语书面语 fulge-、Nanai 语 fulgi-（Starostin，Altaic etymology）。

现代朝鲜语：*pur-（Lee，1958：110）；pul-da（Jones & Rhie，1991：39）；purta（宣德五、金祥元、赵习，1985：167）。

原始音拟构：*pul(i)gi-②。

---

① 力提甫·托乎提（2004：467—468）拟构的原始音为 *pula (ga:n)。他同时给出了其他阿尔泰语同源词：维吾尔语 al ~ hal（räŋ）（红色，粉色的），yaliŋač（赤身裸体），书面蒙古语 ulagan < 中蒙 hula：n < *pulaga：n（红），达斡尔语 xula:n，土族语 fula:n，保安语 fulaŋ。他的拟构说明该词来源于阿尔泰语。

② 本书认为 Starostin 的拟构是合理的，因此采用其拟构形态。

解释：

中世朝鲜语中的 p 与通古斯语中的 f 对应，r 与 l 对应。据此，通古斯语与中世朝鲜语、现代朝鲜语具有明显的同源特征。

## 汉语意义：剩（足够分享）

中世朝鲜语：*pir-（长大）（Lee，1958：110）。

通古斯语：满语 funtʂə-、锡伯语 funtʂu-、鄂温克语 ɯlə-/ɯlɯ-、鄂伦春语 ɯlə-、赫哲语 hulə-、女真语 funtʃə-（朝克，2014a：504—505）；Negidal 语 huloxo（Lee，1958：110）；满语 fulu（Lee，1958：110）；Evenki 语 elī/ele（足够）/elekče-（满足）、Even 语 elʔkɯn（足够）、Negidal 语 ele（足够）、满语口语 ele-（满足）、女真语 o-le-he-huŋ（满足，高兴）、Ulcha 语 ele（足够）/ele-（满足）、Orok 语 ele（足够）/ele-（满足）、Nanai 语 elē（足够）/ele-（满足）、Oroch 语 ele（足够）/ele-（满足）、Udighe 语 ele（足够）/ele-（完成）、Solon 语 aĺe-ćau/eĺlećau（我吃饱了）（Starostin, Altaic etymology）。

现代朝鲜语：pirye（比例）（Jones & Rhie，1991：259）。

原始音拟构：*pir-。

解释：

李基文认为满语 fulu 与 ule- 有关，它来源于 hula-。从这个角度来看，通古斯语可以与中世朝鲜语对应，f 与 p、h/x 相关，l 与 r 相关。现代朝鲜语应该来源于 *pir-。

Starostin 给出的意义相同的词或许脱落了首辅音 p，其他音节的元音发生音变，但它们与中世朝鲜语、现代朝鲜语具有工整的对应关系。

## 汉语意义：屁

中世朝鲜语：*paŋkui（Lee，1958：110）。

通古斯语：满语 fijoo、锡伯语 fiu、鄂温克语 mɯhər、鄂伦春语

mʉkər、赫哲语 fewun（朝克，2014a：162—163）；满语 fuggšun（Lee，1958：110）；Evenki 语 mukē-（放屁）/mukēn（难闻的味）、Even 语 mukē-（难闻的味）、Negidal 语 muke-（放屁）、Nanai 语 moxan/mońi（年老的）、Oroch 语 moki（难闻的味）、Udighe 语 muakta-（放屁）（Starostin，Altaic etymology）。

现代朝鲜语：paŋgu、muh-。①

原始音拟构：*pankə。

**解释：**

李基文认为，鲍勃建立的对应关系是正确的，即朝鲜语 paŋkui 与满语 ungɣu、中世满语 hunqasun 均来源于 *punqasun。李基文给出的满语 fuggšun 能够与朝鲜语对应。鄂温克语、鄂伦春语的词尾音节能够与中世朝鲜语的音节 -kui 对应，满语和锡伯语的首音 f 能够与中世朝鲜语对应。

除了中世朝鲜语与通古斯语中 i、u 的对应以外，很难解释中世朝鲜语首音节中的 -a- 与满语 fijoo、锡伯语 fiu 中的 -i- 的对应。除此之外，通古斯语内部能否找到 j 与 h、w 的对应这一问题还需要进一步探讨。

鄂温克语 mʉhər、鄂伦春语 mʉkər 显然与我国境外的通古斯语同源，因此它们的原始音可以拟构为 *muh-。

## 汉语意义：切

中世朝鲜语：*pari-（Lee，1958：110）。

通古斯语：满语 furu-、锡伯语 furu-、鄂温克语 dʒigə-/dʒigi-、鄂伦春语 dʒigə-、赫哲语 dʒigi-/kərtʃi-（朝克，2014a：428—429）；满语 furu（Lee，1958：110）；Evenki 语 huru-/hurgu-/horo-、Even 语 huruŋ-/hor-ča-、满语口语 furu-（砍，劈开）、满语书面语 furu-、Ulcha 语 pori-、Nanai 语 purtu（压碎）（Starostin，Altaic etymology）。

现代朝鲜语：pa-da（切）（Jones & Rhie，1991：82）；peta-（割）（宣

---

① 这两个词为方香玉博士提供。

德五、金祥元、赵习，1985：172）。

原始音拟构：*puru[①]。

**解释：**

中世朝鲜语与通古斯语均保留了原始结构 pVrV[②]，中世朝鲜语中的元音 a 低化，Ulcha 语 pori- 中的 o 也是后元音低化的结果。通古斯语中的 -g、-t-、-ŋ- 来源不详。

鄂温克语 dʒigə-/dʒigi-、鄂伦春语 dʒigə-、赫哲语 dʒigi-/kərt͡ʃi- 来源于通古斯语 *ʒī-（切成丝 / 片），如 Evenki 语 ʒī-、Even 语 ʒi-、Negidal 语 ʒi（一片肉）、Ulcha 语 ʒū-、Nanai 语 ʒilaχa（小块）、Oroch 语 ʒī-、Udighe 语 ʒī-（Starostin，Altaic etymology）。

## 汉语意义：繁殖

中世朝鲜语：*psi-（种子）（Lee，1958：110）。

通古斯语：满语 fusənə-、锡伯语 fusənə-、鄂温克语 pʉsʉbʉ-、鄂伦春语 pʉsʉbʉ-、赫哲语 fusəbu-（朝克，2014a：472—473）；满语 fuse-、fuse-n/fise-n（繁殖）（Lee，1958：110）；满语 fursun（繁殖、后代）、鄂温克语 huril（孩子）（力提甫·托乎提，2004：385）[③]；Even 语 hese-n（种子，后代）、满语口语 fise-n（种子，后代）/fisi-ke（小米）、Ulcha 语 pikse（小米）、Nanai 语 pikse（种子，后代）/fisxe（小米）（Starostin，Altaic etymology）。

现代朝鲜语：pǒn-sik-ha-da（繁殖）（Jones & Rhie，1991：44）。

原始音拟构：*pisi-。

---

① 力提甫·托乎提认为"磨，切"可以拟构为 *pür'ü-，该词在阿尔泰语中具有同源特征，如蒙古语 ürü-（磨，锉）、中古蒙古语 hürü- < * pülegü-（使锐利，磨快）、满语 furu-（切成小块）/furuku（擦子，锉刀）、突厥语 üz-（切断，割断）（力提甫·托乎提，2004：320）。

② V 代表元音。

③ 力提甫·托乎提（2004：385）认为，在阿尔泰语系其他语言中也能找到同源词，并将原始音拟构为 *pürV（种子，果实，孩子），如蒙古语 üre、中古蒙古语 hüre、维吾尔语 ürän。

**解释：**

中世朝鲜语、现代朝鲜语的首音 p 与通古斯语的首音 f、h 对应。通古斯语其他音节中的元音 u、o 均发生变化，但整体音节结构对应工整。这可以看出它们共同来源于 *pisi-。

兰司铁的观点也可以作为证据，他认为朝鲜语 ssi（种子）与满语 fisi-he（小米）可以视为同源词。

中世朝鲜语的词首元音脱落，变成 ps-。现代朝鲜语词首音节的元音 o 的变化与通古斯语相同，第二个音节 -si 与中世朝鲜语和通古斯语一致。

## 汉语意义：扇

中世朝鲜语：*puch-（用扇子煽）/*puch-ęi（扇子）（Lee，1958：111）。

通古斯语：满语 fushəku、锡伯语 fushəku、鄂温克语 ushəhu/dəlhʉŋ、鄂伦春语 ushəku/dəlkuŋki、赫哲语 fushəhu、女真语 fusəŋgu（朝克，2014a：180—181）；满语 fushe-（Lee，1958：111）；Evenki 语 hus-（吹）、满语书面语 fusxe-/fisi(xi)-（吹灭）/fusxe-ku（扇）、女真语 fu-sxe-ŋu（扇）、Nanai 语 fexse-（摇动）/fexseŋku（风箱）（Starostin，Altaic etymology）。

现代朝鲜语：pu-ch'ae（扇）、pu-ch'ae-jil-ha-da（煽）（Jones & Rhie，1991：120）。

原始音拟构：*pushə-。

**解释：**

通古斯语与中世朝鲜语、现代朝鲜语具有明显的同源特征。

我国境内的鄂温克语 ushəhu、鄂伦春语 ushəku 脱落了词首辅音，鄂温克语 dəlhʉŋ 与鄂伦春语 dəlkuŋki 另有词源。[①]

---

[①]　鄂温克语和鄂伦春语或许来源于通古斯语 *deg-（飞，鸟），例如 Evenki 语 deg-（飞）/degi（鸟）、Even 语 dey-（飞）/deyi（鸟）、Negidal 语 dey-（飞）/deyī（鸟）、满语口语 dei-/dii-（飞）、满语书面语 deje-（飞）/dei（鸟）、Ulcha 语 degde-（飞）、Nanai 语 degde-（飞）、Oroch 语 deili-（飞）、Udighe 语 dieli-（飞）、Solon 语 degelī-（飞）/degī（鸟）（Starostin，Altaic etymology）。

## 汉语意义：锅台

中世朝鲜语：*pizęp/*pizęk（厨房）（Lee，1958：111）。

通古斯语：满语 fushu、锡伯语 fushu、鄂温克语 bosog、鄂伦春语 bosug、赫哲语 busəg、女真语 hirga（朝克，2014a：212—213）；满语 fushu（Lee，1958：111）。

现代朝鲜语：pu-ǒk（厨房）（Jones & Rhie，1991：185）。

原始音拟构：*pusug。

**解释：**

李基文认为，在中世朝鲜语中，当位于两个元音中间时，z 演变为 *s，例如朝鲜方言中有 pusak、pusęp、pusap（Lee，1958：111）。李基文解释了中世朝鲜语第二个辅音 z 与通古斯语相同位置的辅音 s 的对应关系。如果考虑 f 与 p、g 与 k 之间的对应，那么通古斯语与中世朝鲜语和现代朝鲜语具有明显的同源特征。

现代朝鲜语脱落了 s。鄂温克语、鄂伦春语来源不详。

## 汉语意义：喷

中世朝鲜语：*pis-（泼水）（Lee，1958：111）。

通古斯语：满语 fusu-、锡伯语 fusu-、鄂温克语 pusʉ-、鄂伦春语 pʉtʃʉ-、赫哲语 fusə-（朝克，2014a：454—455）；满语 fusu-（Lee，1958：111）；Evenki 语 husu-、Even 语 hus-、Negidal 语 xusi-、满语口语 fusu-、满语书面语 fisi-/fise-/fusu-、Ulcha 语 pisuri-、Orok 语 pisitči-/possoli-、Nanai 语 pisi-/fisi-/fuksu-（Starostin，Altaic etymology）。

现代朝鲜语：pus-（泼水）（Lee，1958：111）；p'ǒ-but-da（泼）（Jones & Rhie，1991：260）。

原始音拟构：*pusu-。

**解释：**

李基文认为，现代朝鲜语的另一个词 ppum-（喷射出）也来源于中世朝鲜语，中世朝鲜语为 *pisim- 或 *pisum-。ppum- 与中世朝鲜语 *pis- 同样相关。但现代朝鲜语 ppum- 和 pus- 或许有不同的词源（Lee，1958：111）。

从李基文的解释中可以发现，中世朝鲜语中的元音 i 与现代朝鲜语、通古斯语中的元音 i 具有对应关系。这样看来，通古斯语和中世朝鲜语、现代朝鲜语对应工整，同源特征明显。

### 汉语意义：拿

中世朝鲜语：*kaci-（拿）（Lee，1958：111）。

通古斯语：满语 gai-、锡伯语 gia-、鄂温克语 ʉjʉmʉ-、鄂伦春语 ʉjəmʉ-、赫哲语 dəlhu-（朝克，2014a：472—473）；满语 gai（Lee，1958：111）；Evenki 语 ga-、Even 语 ga-、Negidal 语 ga-、满语口语 Gia-、满语书面语 Gaj-、女真语 ga-gwa-i、Ulcha 语 Ga-、Orok 语 Ga-、Nanai 语 Ga-、Oroch 语 ga-、Udighe 语 ga-（Starostin，Altaic etymology）。

现代朝鲜语：ka-ji-go/ka-da（Jones & Rhie，1991：343）。

原始音拟构：*ka-。

解释：

通古斯语与中世朝鲜语、现代朝鲜语对应工整。但李基文认为应该探讨满语和朝鲜语中"拿走"和"拿来"的区别。"拿来"的满语词项为 ga-ji-，"拿走"的满语词项为 ga-na-，朝鲜语中的"拿走"为 ka-（Lee，1958：111）。从音形来看，"拿走""拿来"有同一词源。

鄂温克语 ʉjʉmʉ-、鄂伦春语 ʉjəmʉ- 来源于通古斯语 *(x)uč-（~ -š-）（报仇，错过，期望），如 Evenki 语 učin-（错过）、Even 语 ǔčaŋkat-（报仇）（Starostin，Altaic etymology）。

### 汉语意义：树枝杈，河支流

中世朝鲜语：*kara（枝杈，支流）（Lee，1958：111）。

通古斯语：满语 gargan、锡伯语 garhan、鄂温克语 ajaŋ、鄂伦春语 ajan、赫哲语 herge/garkan（朝克，2014a：26—27）；满语 gargan、锡伯语 gargan/garhən、鄂温克语 gara/garasuŋ、鄂伦春语 gara、赫哲语 garkən、女真语 har（朝克，2014a：80—81）；满语 gargan（Lee，1958：111）；Evenki 语 gara、Even 语 gar、Negidal 语 gaja、满语口语 Garəhən（树枝）、满语书面语 GarGa / Garin（刀刃）、女真语 gar、Ulcha 语 Gara、Orok 语 Gara、Nanai 语 Gara、Oroch 语 gā、Udighe 语 gā、Solon 语 gar / gara（Starostin，Altaic etymology）。

现代朝鲜语：ka-ji（树枝）（Jones & Rhie，1991：43）；katʃi（宣德五、金祥元、赵习，1985：149）。

原始音拟构：*kara。

**解释：**

通古斯语中的 g 与朝鲜语中的 k 对应工整，通古斯语第二个音节的后面有所变化，或增加或脱落辅音。通古斯语与朝鲜语具有明显的同源特征。

## 汉语意义：天鹅

中世朝鲜语：*kęyu（鹅）（Lee，1958：111）。

通古斯语：满语 garu、锡伯语 garu、鄂温克语 utʃʃe、鄂伦春语 urtʃe、赫哲语 urtʃe/hukʃa、女真语 garun（朝克，2014a：52—53）；满语 garu（Lee，1958：111）；Evenki 语 gāre（猫头鹰，天鹅）、Even 语 gār（神话中大鸟）、Negidal 语 gaja（猫头鹰）、满语口语 Garu（天鹅）、女真语 gawr-un（天鹅）、Ulcha 语 Goara(n)（猫头鹰）、Oroch 语 garua（猫头鹰）、Udighe 语 gā（猫头鹰）；Evenki 语 kuluk（鸥）、Even 语 kilarqa（鸟）/kụlar（鸥）、满语书面语 kilaχun（璐）、Ulcha 语 qīlala（灰雁）、Nanai 语 kulikte（天鹅）、Udighe 语 kilai（鸥）（Starostin，Altaic etymology）。

现代朝鲜语：kǒ-wi（鹅）/ki-rǒ-gi[1]（野鹅）（Jones & Rhie，1991：143）；paek-jo（天鹅）（Jones & Rhie，1991：340）；kesani（鹅）（宣德五、金祥元、赵习，1985：148）。

① 方香玉博士认为该词应该写为 kil-o-gi。因为这样划分，朝鲜语的音节结构才合理。

原始音拟构：*garu。

**解释：**

李基文认为，中世朝鲜语 *kẹyu 来自古朝鲜语 *kẹru。中世朝鲜语脱落了元音间辅音 r。本书在拟构原始音时也依据了李基文的观点。从 Starostin 给出的另一个词源 *kilu- 来看，中世朝鲜语与现代朝鲜语均来源于 *kilu-，而通古斯语 *garu 来源于 *gār(u)a，其中的 g 与 k 实际上为自由变体。因此，从音节结构和语音对应的角度来看，通古斯语与朝鲜语对应工整，具有同源特征。[①]

现代朝鲜语 kesani 中的 s 来源不详。

## 汉语意义：又，再次

中世朝鲜语：*kiru（第二茬庄稼）（Lee，1958：111）。

通古斯语：满语 gǝli、锡伯语 gǝl、鄂温克语 dahi、鄂伦春语 daki、赫哲语 dahi/na、女真语 gǝli（朝克，2014a：520—521）；满语 geli（Lee，1958：111）。

现代朝鲜语：kirŭda（抚养，繁殖，保持，生长，种植）（Jones & Rhie，1991：135）。

原始音拟构：*kili。

**解释：**

朝鲜语中的 k 与通古斯语中的 g 对应，朝鲜语中的 r 与通古斯语中的 l 对应。通古斯语与朝鲜语具有明显的同源特征。

鄂温克语 dahi、鄂伦春语 daki、赫哲语 dahi/na 来源于通古斯语 *ńān（再次，更多），例如 Evenki 语 ńān、Even 语 ńān、Negidal 语 ńān、Nanai 语 ńā、Oroch 语 ńa、Udighe 语 ńa、Solon 语 nã（Starostin，Altaic etymology）。

---

[①] 在通古斯语中，还有一些与"鹅""天鹅"相关的词，但读音与 garu 存在差异，例如 Evenki 语 gasa（鹤）、Negidal 语 gasa（天鹅）、满语口语 Gasǝhǝ（鸟）、满语书面语 Gasχa（鸟）、Ulcha 语 Gasa（鸭子）、Orok 语 Gasa（鸭子，鸟）/Gasawaqqu（水鸟）、Nanai 语 Gasa（鸭子）、Oroch 语 gasa（鸭子）、Udighe 语 gahä（鸟，鸭子）（Starostin, Altaic etymology）。本书认为这些词与 garu 具有同源关系。

### 汉语意义：河床

中世朝鲜语：*karam（河）（Lee，1958：111）。

通古斯语：满语 golo、锡伯语 gol、鄂温克语 doo、鄂伦春语 do、赫哲语 gol（朝克，2014a：24—25）；满语 golo（Lee，1958：111）；满语 golo（河身）（敖拉·毕力格、乌兰托亚，2013：382）；满语书面语 golo（Starostin，Altaic etymology）。

现代朝鲜语：kang/nae（河）（Jones & Rhie，1991：291）；kaŋ（河）（宣德五、金祥元、赵习，1985：140）。

原始音拟构：*kolo。

解释：

中世朝鲜语中的 k、a、r 分别与通古斯语中的 g、o、l 对应，并且中世朝鲜语与通古斯语意义相近，因此同源特征明显。现代朝鲜语来源于中世朝鲜语，只是将 r 变为 ŋ，因此，现代朝鲜语也与通古斯语同源。

Starostin 给出的相关词项为：Evenki 语 giri（岸）、Even 语 giṛi（岸）、Negidal 语 giji（岸）、满语口语 girin（分散在路边的小村）、满语书面语 girin（排）、Ulcha 语 giṛi(n)（河床）、Orok 语 giri（岸）、Nanai 语 giṛ（岸）、Oroch 语 gī（岸）、Udighe 语 gī-ma（岸）。这些词在音节结构和基础形态 kVrV[①] 方面与中世朝鲜语对应工整，因此，它们也与中世朝鲜语 *karam 同源。

### 汉语意义：腰带上的环扣

中世朝鲜语：*korhoi（金属环，腰带扣）（Lee，1958：111）。

通古斯语：满语 gorgi、锡伯语 gurgi、鄂温克语 gorhi、鄂伦春语 gorki、赫哲语 gurhi（朝克，2014a：174—175）；满语 gorgi（Lee，1958：111）；Evenki 语 goldi（环）、满语口语 Gulǯarχan（鞭子柄上的套）、Negidal 语 kejgeli（环）、满语口语 xergi-（捆）/xerči-（缠线）、Ulcha 语

---

① V 代表元音。

kergi（缠线）/kergin-（打成两个包）、Orok 语 kejgeli（环）、Nanai 语 kergi（捆）、Oroch 语 keže-（缠线）（Starostin，Altaic etymology）。

现代朝鲜语: ko-ri（环）（Jones & Rhie，1991：290）；mul-rim-soe（环）、hyŏk-dae-soe（带扣）、pŏk-k'u（腰带扣）（Jones & Rhie，1991：47）。

原始音拟构：*korhi。

解释：

通古斯语中的 g 为不送气音，与中世朝鲜语词首的 k 对应。通古斯语首音节中的元音在不同语言中稍有变化，但通古斯语仍然能够与中世朝鲜语对应。中世朝鲜语中的 h 与通古斯语第二个音节的辅音 h、k 对应。现代朝鲜语 ko-ri 与中世朝鲜语具有同源特征，但 ko-ki 脱落了 ho。因此，通古斯语与中世朝鲜语、现代朝鲜语具有明显的同源特征。

在现代朝鲜语中，mul-rim-soe、hyŏk-dae-soe 来源不详，pŏk-k'u 显然是英语 buckle 的音转。

### 汉语意义：玉

中世朝鲜语：*kusir（Lee，1958：111）。

通古斯语：满语 gu、锡伯语 gu、鄂温克语 has、鄂伦春语 kasar、赫哲语 has、女真语 gun（朝克，2014a：32—33）；满语 gu（Lee，1958：111）；gu（玉）（羽田 亨，1972：177）；鄂伦春语 paxtarin puur（玉石）（韩有峰、孟淑贤，1993：70）。

现代朝鲜语：pi-ch'wi（Jones & Rhie，1991：180）；po-sŏk（Jones & Rhie，1991：138）。

原始音拟构：*kusar。

解释：

Beckwith 给出的拟构为 *ku，但是他认为该词是汉语借词（Beckwith，2004：77）。如果是这样，那么通古斯语、朝鲜语一定很早就借入该词，否则它们不会如此相似。鄂温克语、鄂伦春语、赫哲语的元音发生变化，女真语添加 -n。

现代朝鲜语 pi-ch'wi 来自汉语"翡翠"，po-sŏk 来自汉语"宝石"。

## 汉语意义：山，小山

中世朝鲜语：*kkoktuki/*kkoktähi（顶，物体最高部分）（Lee，1958：111）。

通古斯语：满语 dən、锡伯语 dən、鄂温克语 goddo、鄂伦春语 gugdo、赫哲语 gugdo、女真语 dəgə（朝克，2014a：362—363）；Ulcha 语 gugda、Lamut 语 gud（Lee，1958：111）；满语 gukdu（Lee，1958：111）；满语口语 gukdu（顶）、Nanai 语 gukū（低头）；Evenki 语 gugda、Even 语 gūd、Negidal 语 gogda、满语书面语 Godo-χon、Ulcha 语 GụGda、Orok 语 GụGda、Nanai 语 GoGda、Oroch 语 gugda、Udighe 语 gugda、Solon 语 gugda（Starostin，Altaic etymology）。

现代朝鲜语：kkok-dae-gi（顶）（Jones & Rhie，1991：353）。

原始音拟构：*kogodo。

**解释：**

通古斯语与朝鲜语在音节结构、元音对应、辅音对应等方面均表现出明显的同源特征。

满语 dən、锡伯语 dən、女真语 dəgə 来源于 *dū-（～ *düb-）（顶，山顶，针叶林带），如 Evenki 语 dī-（山顶）、Even 语 dī-（山顶）、满语口语 den（高）、满语书面语 de-n/de-le（山顶）、Ulcha 语 duwu（针叶林带）、Orok 语 duwwē（针叶林带）、Nanai 语 duje（针叶林带）、Oroch 语 di-xi（针叶林带）、Udighe 语 dī-（针叶林带）（Starostin，Altaic etymology）。

## 汉语意义：狍，鹿

中世朝鲜语：*korani（大鹿）（Lee，1958：112）。

通古斯语：满语 gɔran、锡伯语 guran、鄂温克语 guraŋ、鄂伦春语 guran、赫哲语 guran（朝克，2014a：38—39）；满语 gūran（Lee，1958：

112）；Evenki 语 gulkačān、Even 语 gulkъ、Orok 语 gulu、Udighe 语 gulugese（Starostin，Altaic etymology）。

现代朝鲜语：noru（狍子）（宣德五、金祥元、赵习，1985：147）。

原始音拟构：*koran。

解释：

中世朝鲜语中的 k 在通古斯语中变为不送气音 g，r 变为舌侧音 l。同源特征明显。

现代朝鲜语用 n 替代 k，并脱落了第三个音节。

## 汉语意义：绳，带子

中世朝鲜语：*korhom（衣服带）（Lee，1958：112）。

通古斯语：满语 gɔran、锡伯语 guran、鄂温克语 gurha、鄂伦春语 gurka、赫哲语 gurha（朝克，2014a：180—181）；满语 gūran（Lee，1958：112）；Evenki 语 gurē-（解开）/gurewu-（系上）/guren（绳）、Even 语 gurelge（解开）/gurьn（绳）、满语书面语 Guran（绳）、Ulcha 语 gure-li-（解开）、Orok 语 gure-li-（解开）、Nanai 语 gure-li-（解开）/gori（系上）、Oroch 语 guǯe（绳子）、Udighe 语 gue-（系上）（Starostin，Altaic etymology）。

现代朝鲜语：kkün（绳）（Jones & Rhie，1991：333）；kkum（宣德五、金祥元、赵习，1985：153）。

原始音拟构：*kure。

解释：

通古斯语与中世朝鲜语、现代朝鲜语具有明显的同源特征。朝鲜语 pa[1]另有来源。

---

[1] 力提甫·托乎提（2004：328）认为该词与其他阿尔泰语中意义相近的词有着共同的来源：原始蒙古语 *ba-，原始突厥语 *ba-（捆，绑），突厥语 baɣ-（捆，量词）、baɣla-（捆起来，绑起来），西部裕固语 paɣla- ~ palɣa-（拴牲口），鄂温克语 ba-（结婚，向一个姑娘求爱）。

## 汉语意义：类

中世朝鲜语：*kaci（Lee，1958：112）。

通古斯语：满语 hacin（Lee，1958：112）；满语口语 hačin（类）、满语书面语 χačin（类）、女真语 ha-če-jin（东西）、Ulcha 语 χačị(n)（类）、Orok 语 χatčị(n)（多样的）、Nanai 语 χačị̌（多样的）（Starostin，Altaic etymology）。

现代朝鲜语：kye-gǔp（Jones & Rhie，1991：62）。

原始音拟构：*kaci。

**解释：**

通古斯语与中世朝鲜语、现代朝鲜语对应工整。k、h、χ 为自由变体。朝鲜语早期形态也具有类似的特征，如李基文认为 hala 中的 h 可以与朝鲜语中的 k 对应（Lee，1958：112）。

## 汉语意义：姻亲

现代朝鲜语：*kẹyari（亲属）（Lee，1958：112）。

通古斯语：满语 kəli、锡伯语 kəli、鄂温克语 badʒi、鄂伦春语 badʒa/badʒale、赫哲语 badʒa/badʒale（朝克，2014a：118—119）；满语 hala（亲属）（Lee，1958：112）；Evenki 语 keli(n)（亲属）/kiliwlī（女孩，姐妹）、Even 语 keli（亲属）、Negidal 语 keli（亲属）/kelewlị（姐妹）、满语书面语 keli（亲属）、Ulcha 语 keli(n)（亲属）、Orok 语 keli(n)（亲属）、Nanai 语 keli（亲属）、Oroch 语 keli（亲属）（Starostin，Altaic etymology）。

现代朝鲜语：ch'in-ch'ŏk（Jones & Rhie，1991：282）。

原始音拟构：*keli。

**解释：**

中世朝鲜语在音节结构方面与通古斯语对应工整，通古斯语中个别语言出现元音 a。李基文给出的 hala 在我国境内通古斯语中的意义为

"氏""姓",如满语 hala、锡伯语 hal、鄂温克语 hal、鄂伦春语 kala、赫哲语 hala(朝克,2014a:300—301),因此,这些词的意义与通过婚姻而非血缘形成的"亲属"的意义不符。

现代朝鲜语 ch'in-ch'ŏk 为汉语中"亲属"一词的音转,因此其词源为汉语。

## 汉语意义:改

中世朝鲜语:*kar-(Lee,1958:112)。

通古斯语:满语 hala-、锡伯语 halə-、鄂温克语 haala-、鄂伦春语 kaala-、赫哲语 hala-/gaila-、女真语 hala-(朝克,2014a:496—497);满语 hala(Lee,1958:112);Ulcha 语 kečeri-mbuči-、Nanai 语 kečeri-(Starostin,Altaic etymology)。

现代朝鲜语:kyo-jŏng-ha-da(修理)(Jones & Rhie,1991:12);koʧʰita(修理,改)(宣德五、金祥元、赵习,1985:172)。

原始音拟构:*kala。

解释:

李基文认为,hala 中的 h 可以与朝鲜语中的 k 相对应(Lee,1958:112)。本书同意他的观点,通古斯语与中世朝鲜语、现代朝鲜语同源。我国境外通古斯语 keč- 或许与中世朝鲜语同源,因为词首音节相同,但 -č- 来源不详。

中世朝鲜语脱落了第二个音节,现代朝鲜语中的 kyo-、koʧʰi- 也出现音变现象。

## 汉语意义:狗尾巴草,稗草

中世朝鲜语:*karas(稗草)(Lee,1958:112)。

通古斯语:满语 hara、锡伯语 har、鄂温克语 hari、鄂伦春语 kari、赫哲语 har(朝克,2014a:94—95);满语 hara(Lee,1958:112);满语 hara

（莠子）、haranambi-（生莠）（敖拉·毕力格、乌兰托亚，2013：424—425）；满语书面语χara（Starostin，Altaic etymology）。

现代朝鲜语：kal-dae（芦苇）（Jones & Rhie，1991：279）；kartɛ（芦苇）（宣德五、金祥元、赵习，1985：149）。

原始音拟构：*kari。

解释：

通古斯语明显与中世朝鲜语、现代朝鲜语同源：k、h、r、l 及元音 a 对应工整。

## 汉语意义：剪刀

中世朝鲜语：*kazai（Lee，1958：112）。

通古斯语：满语 hasaha、锡伯语 hashə、鄂温克语 kajʧi/heeʃi、鄂伦春语 kajʧi、赫哲语 hajʧi、女真语 hadʒiha（朝克，2014a：220—221）；Goldi 语 xaʒa、Olcha 语 haʒa（Lee，1958：112）；满语 hasa-ha（Lee，1958：112）；Negidal 语 akị-/kakị-（切开）、Ulcha 语 χaqpa-lụ-（撕开）、Orok 语 χaqpa-（撕开）、Nanai 语 χāGa-（切开）/χaqpā-（撕开）、Udighe 语 akpinda-（切开）/kakpaligi-（撕开）（Starostin，Altaic etymology）。

现代朝鲜语：kawi（Lee，1958：112）；ka-wi（Jones & Rhie，1991：299）；kay/kauy（宣德五、金祥元、赵习，1985：153）。

原始音拟构：*kasha。

解释：

李基文认为，现代朝鲜语 kawi 来源于中世朝鲜语 *kazai，来源于古朝鲜语 kasigai，因此满语 hasa-ha 并不是来源于中世朝鲜语 *kasi-gai，不可能是朝鲜语借词（Lee，1958：112）。

如果从同源的角度来看，中世朝鲜语中的 k- 可以对应通古斯语中的 h-、χ-，-z- 对应通古斯语中的 -s-、-ʧ-、-dʒ-、-ʒ-，这些对应呈现出通古斯语的原始特征。因此，中世朝鲜语、通古斯语都有一个更古老的词源。

## 汉语意义：影子

中世朝鲜语：*kirimęi（Lee，1958：112）。

通古斯语：满语 həlmən、锡伯语 həlmən、鄂温克语 anaŋ、鄂伦春语 anan、赫哲语 anan（朝克，2014a：298—299）；满语 helmen（Lee，1958：112）；满语口语 xeləmən、满语书面语 xelme（Starostin，Altaic etymology）。

现代朝鲜语：kǔ-rim-ja（Jones & Rhie，1991：306）。

原始音拟构：*kilme。

解释：

通古斯语中的 h 与朝鲜语中的 k 对应，通古斯语与中世朝鲜语、现代朝鲜语具有明显的同源特征。

在现代朝鲜语中，kǔrim- 的意义为"画"，-ja 的意义为"人"，kǔrim-ja 的意义为"画中的人"，引申为"影子"[1]。

鄂温克语 anaŋ、鄂伦春语 anan、赫哲语 anan 有另一个词源，即 *paṅa-n（影子），但脱落了词首辅音 p、h/x 或 f。Starostin 列出了以下词项：Evenki 语 haṅan、Even 语 hịṅān、Negidal 语 xaṅan、满语口语 faiŋə（灵魂）、满语书面语 fajaŋGa（灵魂）、Ulcha 语 paṅa(n)、Orok 语 pana(n)、Nanai 语 paṅã、Oroch 语 xaṅa(n)、Udighe 语 xaṅa(n)（Starostin，Altaic etymology）。

## 汉语意义：捞

中世朝鲜语：*kęiri-（Lee，1958：112）。

通古斯语：满语 hərə-、锡伯语 hərə-、鄂温克语 ʃiwʉ、鄂伦春语 ʃigʉ-、赫哲语 ʃigu-/abugu-（朝克，2014a：454—455）；满语 here-（Lee，1958：112）；Evenki 语 gelē-、Even 语 gelē-、Negidal 语 gelē-、Ulcha 语 gele-、Orok 语 gele-、Nanai 语 gele-、Oroch 语 gele-、Udighe 语 gele-、

---

① 本解释为方香玉博士提供。

Solon 语 gelē-（Starostin，Altaic etymology）。

现代朝鲜语：kǒ-rǔ-da（Jones & Rhie，1991：125）；kənʧita（宣德五、金祥元、赵习，1985：168）。

原始音拟构：*kərʧi。

**解释：**

从音节结构来看，满语、锡伯语、我国境外通古斯语与中世朝鲜语、现代朝鲜语同源，h、g 与 k，以及 -r-、-l- 对应工整。

鄂温克语、鄂伦春语和赫哲语出现音变现象的原因不详，现代朝鲜语的最后一个音节来源不详。

## 汉语意义：字

中世朝鲜语：*kir（Lee，1958：112）。

通古斯语：满语 hərgən、锡伯语 hərhən、鄂温克语 həggəŋ、鄂伦春语 kərgən、赫哲语 hərgən/bithə、女真语 bithə（朝克，2014a：278—279）；满语 her-gan（Lee，1958：112）。

现代朝鲜语：kɯrʧa（宣德五、金祥元、赵习，1985：158）。

原始音拟构：*kirgən。

**解释：**

在通古斯语、中世朝鲜语与现代朝鲜语中，h 与 k 对应，它们均有 r。中世朝鲜语脱落了词尾音节。赫哲语 bithə、女真语 bithə 为汉语借词。现代朝鲜语中的 ʧ 来源不详。

## 汉语意义：卷起

中世朝鲜语：*kęt-（折叠，卷起）（Lee，1958：112）。

通古斯语：满语 hətə-、锡伯语 hətə-、鄂温克语 ʃima-、鄂伦春语 ʃima-、赫哲语 ʃima-/koŋələ-（朝克，2014a：418—419）；满语 hete-（Lee，1958：112）；满语 fuhəʂə-、锡伯语 fuhəʂə-、鄂温克语 ɯmpɯri-、鄂伦春语

ʉmpʉri-/ʉkəl-、赫哲语 bumburi-/fuhəʃə-（朝克，2014a：418—419）。

现代朝鲜语：kul-ri-da（Jones & Rhie，1991：291）；ča- ~ za-（躺下，睡觉）（力提甫·托乎提，2004：337）。

原始音拟构：\*kərəŋ。

解释：

满语、锡伯语与朝鲜语具有明显的同源特征。满语、锡伯语中表示"卷起袖子"意义的词与表示"滚动、碾压"意义的词是由同一词根演变而来的。

现代朝鲜语词根 kul-ri 与中世朝鲜语、通古斯语意义相同。

## 汉语意义：宽度

中世朝鲜语：\*kęyt（宽，边）（Lee，1958：112）。

通古斯语：满语 hətu、锡伯语 hətu/hətə、鄂温克语 hətʉ/sʉldʉ、鄂伦春语 kətʉ/sʉldʉ、赫哲语 hətu/suldu、女真语 hətun（朝克，2014a：368—369）；满语 hetu（Lee，1958：112）。

现代朝鲜语：kyŏ-t'e（旁边）（Jones & Rhie，1991：35）；kjət'/kjət（旁边）（宣德五、金祥元、赵习，1985：142）。

原始音拟构：\*keitu。

解释：

李基文认为，满语 hetu 与中世朝鲜语 \*kęyt 同源，因为它们的音节结构对应，h、k 对应，语义对应（Lee，1958：112）。

现代朝鲜语与通古斯语和中世朝鲜语也具有对应关系。

## 汉语意义：棺材

中世朝鲜语：\*kor（Lee，1958：112）。

通古斯语：满语 hobo/tətun、锡伯语 tətun、鄂温克语 baʧʧi、鄂伦春语 baksa、赫哲语 giran（朝克，2014a：214—215）；满语 hobo（Lee，

1958：112）；满语口语 hovə、满语书面语 χobo、Ulcha 语 xeuli、Nanai 语 xeur/xewur、Udighe 语 xau（Starostin，Altaic etymology）。

现代朝鲜语：kwan（Jones & Rhie，1991：65）。

原始音拟构：*koboro。

**解释：**

李基文认为，满语与朝鲜语的同源特征明显，但他没有解释 r 在满语中不存在的理据。本书认为，中世朝鲜语、现代朝鲜语均脱落了通古斯语的第二个音节（-bo/u-）和第三个音节的元音（-a-），因此 r 得以保留。r 的特征可以在赫哲语 giran 和 Starostin 给出的拟构词 *xobu-r/*xebu-r 中看到。我国境外通古斯语中的 x 与 h 为自由变体。据此，本书根据元音和谐特征，拟构出原始音 *koboro。

我国境内其他通古斯语来源不详，但我国境外通古斯语与满语、中世朝鲜语保持一致。通古斯语与朝鲜语对应工整。


## 汉语意义：结合

中世朝鲜语：*karp-（并肩站）（Lee，1958：112）。

通古斯语：满语 holbo-、锡伯语 holvu-、鄂温克语 hobbo-、鄂伦春语 kolbo-、赫哲语 holbo-（朝克，2014a：430—431）；满语 holbo-（Lee，1958：112）；Evenki 语 kapkal-（压）、Negidal 语 kap（一起）/kapel（陷阱）、满语口语 havirəhun/havirəhun（窄，紧）、满语书面语 qab(a)（双）/χafira-（压）/χafiraqu（抓）、Ulcha 语 qap（一起）/qapụra-（压）/qapụraqụ（抓）/qapalị（陷阱）、Orok 语 qap（一起）/qapịra（抓）、Nanai 语 qap（一起）/qapira-（压）/qapịraqo（抓）/qapalị（陷阱）、Oroch 语 kapali（一起）、Udighe 语 käfi-（压）/kabau（双）（Starostin，Altaic etymology）。

现代朝鲜语：kyŏl-hon-ha-da/kyŏl-hon-si-k'i-da（结婚）（Jones & Rhie，1991：206）。

原始音拟构：*karpa。

解释：

中世朝鲜语中的 k、r、p 分别与通古斯语中的 h/q、l、b 对应，a 分别对应 a、o/e/i，且它们的音节结构相同。我们能够确定它们的同源性。

中世朝鲜语中的 a 在现代朝鲜语中变为 -yǒ-。现代朝鲜语将中世朝鲜语中的 r 变为舌侧音 l。中世朝鲜语、现代朝鲜语和部分通古斯语均脱落了第二个音节及其后面的音节。

## 汉语意义：说谎，假

中世朝鲜语：*kur-（Lee，1958：112）。

通古斯语：满语 holo、锡伯语 holo/hol、鄂温克语 ɵlɵɵhɵ、鄂伦春语 ɵlɵɵk、赫哲语 holo（朝克，2014a：360—361）；满语 holo（Lee，1958：112）；Evenki 语 kolo（狡猾）、满语口语 holə（谎言）、满语书面语 χolo（欺骗）/χolto-（说谎）/χužǎ-či-（捉贼）（Starostin, Altaic etymology）。

现代朝鲜语：kǒ-jit-mal（谎话）、kǒ-jit-mal-ha-da（说谎）（Jones & Rhie，1991：194）。

原始音拟构：*kolo。

解释：

中世朝鲜语、现代朝鲜语中的 k 与通古斯语中的 h/χ 对应工整，中世朝鲜语中的 u 为通古斯语中元音 o 的高化，现代朝鲜语保留了 ǒ。中世朝鲜语、现代朝鲜语、通古斯语具有同源特征。

通古斯语中的另一些词也与 *kur- 为同源词，如满语 holto-/əitərə-、锡伯语 holtu-、鄂温克语 ɵlɵhɵʃi-/ɵlɵɵhɵʃi-、鄂伦春语 ələkətʃi-、赫哲语 holtu-（朝克，2014a：478—479）。

## 汉语意义：山谷

中世朝鲜语：*kor（山谷）（Lee，1958：112）。

通古斯语：满语 holo、锡伯语 holə/hol、鄂温克语 dʒalar、鄂伦春语

dʒalar、赫哲语 jofukan、女真语 hulo（朝克，2014a：22—23）；满语 holo（Lee，1958：112）；满语书面语 golo（Starostin，Altaic etymology）。

现代朝鲜语：kol-jja-gi/kye-gok（Jones & Rhie，1991：367）；kortʃʃaki/kortʃʃɛki（宣德五、金祥元、赵习，1985：140）。

原始音拟构：*kolo①。

**解释：**

通古斯语与朝鲜语的语音形态和语义对应工整。

Starostin 做出了如下解释：满语 golo 也有"两河之间的地"和"管辖地区"的意义。"管辖地区"这个意义借自乌德盖语 golo、那乃语 Golo 的意义，即"地区，当地"（Starostin，Altaic etymology）。

### 汉语意义：角落

中世朝鲜语：*kus/*kus-ęk（Lee，1958：112）。

通古斯语：满语 hoʂo、锡伯语 hoʂə/odʑu、鄂温克语 huŋʧug/uŋʧug、鄂伦春语 kuŋʧug/kuŋʧu、赫哲语 huŋʧu/huʧu（朝克，2014a：326—327）；满语 hošo（Lee，1958：112）；Evenki 语 hūskī、Even 语 huwuski、Negidal 语 hoskī（Starostin，Altaic etymology）。

现代朝鲜语：k'o-o-no（角落）（Jones & Rhie，1991：75）；kusək（宣德五、金祥元、赵习，1985：142）。

原始音拟构：*kusu。

**解释：**

通古斯语与中世朝鲜语、现代朝鲜语对应工整：k 与 h 对应，s 与 s/ʧ 对应。现代朝鲜语脱落了 s 及其后面的音节。

---

① 另外，Starostin 给出了另一个拟构音 *gola（木块，燃烧过的木头，柴火），如 Evenki 语 golo（木块）、Even 语 gol（燃烧后的木头）、Negidal 语 golo（木块）、满语书面语 Goldon（燃烧过的木头）、Ulcha 语 Goloŋqo（燃烧后的木头）、Orok 语 Golo（木块，燃烧后的木头）、Nanai 语 Goloŋqo（燃烧后的木头）、Oroch 语 golo、Udighe 语 golo。但该网站没有给出拟构的理据。这一点可以解释为原始通古斯语中的同音异义现象。

## 汉语意义：城

中世朝鲜语：*kot（地方）（Lee，1958：113）。

通古斯语：满语 hoton、锡伯语 hotun、鄂温克语 hoton、鄂伦春语 koton/kuun、赫哲语 hoton、女真语 hoton（朝克，2014a：260—261）；满语 hoton（Lee，1958：113）；Evenki 语 koto-kon（凹）、Even 语 qotańa（凹）、满语书面语 χotoro-（翘起）、Ulcha 语 qotom-（翘起）、Nanai 语 qotajgã（翘起）（Starostin，Altaic etymology）。

现代朝鲜语：to-si（城市）（Jones & Rhie，1991：61）；tosi（宣德五、金祥元、赵习，1985：158）。

原始音拟构：*koto。

解释：

通古斯语与中世朝鲜语在音节结构和语音方面对应工整。现代朝鲜语显然是汉语借词。

"城市"一词无法在阿尔泰语同源词网站中找到，但它与表示"凹""翘"意义的词在音形和语义场方面相吻合。

## 汉语意义：马槽

中世朝鲜语：*kuzi（Lee，1958：113）。

通古斯语：满语 hudʐu、锡伯语 hudʐu、鄂温克语 hʉdʒʉr/moŋgoloŋ、鄂伦春语 kʉdʒʉr/moŋgolon、赫哲语 hudʒur（朝克，2014a：226—227）；满语 huju（Lee，1958：113）；Evenki 语 husu-、Even 语 hus-、Negidal 语 xusi-、满语口语 fusu-、满语书面语 fisi-/fise-/fusu-、Ulcha 语 pisuri-、Orok 语 pisitči-/possoli-、Nanai 语 pisi-/fisi-/fuksu-（Starostin，Altaic etymology）。

现代朝鲜语：ku-yu（Jones & Rhie，1991：204）。

原始音拟构：*kusu。

**解释：**

李基文说明了 kuzi 的来源情况，它来源于古朝鲜语 *kusi。在不同方言中，它的形态分别为 kusi 和 kusu（Lee，1958：113）。

中世朝鲜语、现代朝鲜语中的 k 与多数通古斯语中的 k、h、p、f 对应工整，且音节结构一致。

"马槽"为鄂温克语 moŋgoloŋ 的衍生意义，其原义为"脖子形状的东西"。它来源于通古斯语 *moń-ga-n/*moń-pen（脖子），如 Evenki 语 moŋon/meŋun/meŋer（对面）、Negidal 语 moŋon、满语口语 muŋan（喉咙）、满语书面语 moŋgon、女真语 mei-fen（脖子，喉咙）、Ulcha 语 moŋgo(n)、Orok 语 moŋo(n)、Nanai 语 moŋo(n)、Oroch 语 moŋo(n)、Udighe 语 müö/moŋoli（领子）（Starostin，Altaic etymology）。

## 汉语意义：烟囱

中世朝鲜语：*kur（Lee，1958：113）。

通古斯语：满语 hʊlan、锡伯语 hulan、鄂温克语 hula/holdi、鄂伦春语 kula/kuril、赫哲语 hulan（朝克，2014a：198—199）；Goldi 语 kolan、Olcha 语 hula/kola、满语 hūlan（Lee，1958：113）；Negidal 语 kolan、满语口语 hulan、满语书面语 χulan、Ulcha 语 qʊla(n)、Nanai 语 qolã、Oroch 语 kula(n)、Udighe 语 kula(n)、Solon 语 kulan（Starostin，Altaic etymology）。

现代朝鲜语：kur-ttuk（Lee，1958：113）；kul-dduk（Jones & Rhie，1991：59）；kurttuk（宣德五、金祥元、赵习，1985：157）。

原始音拟构：*kuran。

**解释：**

中世朝鲜语、现代朝鲜语与通古斯语对应工整：k 对应 h，r 对应 l。中世朝鲜语、现代朝鲜语脱落了第二个音节。

## 汉语意义：缝

中世朝鲜语：*nupi-（绗被子）（Lee，1958：113）。

通古斯语：满语 ufi-、锡伯语 ivi-、鄂温克语 ɯldi-、鄂伦春语 ɯldi-、赫哲语 ulədi-/uləʃi-（朝克，2014a：494—495）；满语 ifi-/ufi（Lee，1958：113）；Evenki 语 ullī-、Negidal 语 uli-、满语口语 ifi-、满语书面语 ufi-/ifi-、Ulcha 语 urpi-、Orok 语 ulpi-、Nanai 语 ulpi-、Oroch 语 ippi-/uppi-、Udighe 语 ulihi-、Solon 语 uldi-（Starostin，Altaic etymology）。

现代朝鲜语：upi-[①]（缝）。

原始音拟构：*(n)ulpi。

解释：

除了个别形态（如 -l-、-lə-、-ʃi-、-r-、-i-）以外，通古斯语与中世朝鲜语、现代朝鲜语具有明显的对应关系。通古斯语脱落了词首辅音 n。中世朝鲜语、现代朝鲜语中的 p 对应通古斯语中的 f 或 b。

## 汉语意义：站，起来

中世朝鲜语：*nir-（起，站起）（Lee，1958：113）。

通古斯语：满语 ili-、锡伯语 ili-、鄂温克语 ili-、鄂伦春语 ili-、赫哲语 ili-、女真语 ili-（朝克，2014a：414—415）；Solon 语 iliši-、满语 ili-（Lee，1958：113）；Evenki 语 il-、Even 语 iḷ-、Negidal 语 iḷịt-、满语口语 ila-/ili-、满语书面语 ili-、女真语 ili-buŋ、Ulcha 语 iḷsụwụ、Orok 语 ili-、Nanai 语 ilGo-、Oroch 语 ili-、Udighe 语 ili-、Solon 语 il-（Starostin，Altaic etymology）。

现代朝鲜语：i-rǒ-na-da（升）（Jones & Rhie，1991：291）。

原始音拟构：*nili-。

解释：

中世朝鲜语、现代朝鲜语与通古斯语在形态和意义方面对应工整。

---

① 本词为方香玉博士提供。

李基文认为，朝鲜语中 n 的消失是近代才出现的现象，例如，中世朝鲜语 nir 演变为现代朝鲜语 ir-，中世朝鲜语 ni（牙）演变为现代朝鲜语 i（Lee，1958：113）。Sohn 也持有同样的观点，例如现代朝鲜语仅剩词首音 i-（Sohn，1999：49）。事实上，通古斯语也同样出现了 n 脱落的现象，如现代通古斯语中表示"牙"的意义的词为 *it，具体参见"牙"的同源比较。

## 汉语意义：脊

中世朝鲜语：*iręm（Lee，1958：113）。

通古斯语：满语 irun、锡伯语 irun、鄂温克语 iruŋ/dəl、鄂伦春语 irun/dələr、赫哲语 irun（朝克，2014a：198—199）；满语 irun（Lee，1958：113）；满语书面语 irun/jurun、Nanai 语 irũ（Starostin，Altaic etymology）[1]。

现代朝鲜语：irang（脊与沟）（Jones & Rhie，1991：105）。

原始音拟构：*irun。

解释：

通古斯语与朝鲜语对应工整。李基文给出了另一个词 irun（脊），其意义与现代朝鲜语 irang 稍有区别（Lee，1958：113）。

## 汉语意义：抓

中世朝鲜语：*cap-（抓）（Lee，1958：113）。

通古斯语：满语 dʒafa-、锡伯语 dʒava-、鄂温克语 dʒawa-、鄂伦春语 dʒawa-、赫哲语 dʒafa-、女真语 dʒafa-（朝克，2014a：408—409）；满语 jafa-（Lee，1958：113）；满语 jafa-（抓住）、鄂温克语 jawa-（捉住）（力提甫·托乎提，2004：336）；Evenki 语 ʒawa-、Even 语 ʒaw-、Negidal 语 ʒawa-、满语口语 ʒafə-/ʒavə-、满语书面语 ʒafa-、女真语 ʒafa-biar、Ulcha 语 ʒapa-、Orok 语 dapa-、Nanai 语 ʒapa-、Oroch 语 ʒawa-、Udighe 语 ʒawa-、Solon 语 ʒawa-（Starostin，Altaic etymology）。

现代朝鲜语：chap-da（抓）、chu-ǔi-rǔl kkǔl-da（逮捕）（Jones &

[1] Starostin 注释：词根 *ir- 原来的含义或许为"拉扯""痕迹""留下痕迹"。

Rhie，1991：55）；čap-（拿，抓）（力提甫·托乎提，2004：336）。

原始音拟构：*dʑ/japa-[①]。

解释：

通古斯语与朝鲜语对应工整：f 对应 p，dʑ/dʒ/ʒ 对应 c。它们音节结构相同，具有同源特征。

## 汉语意义：石

现代朝鲜语：*cakari（碎石，石）（Lee，1958：113）。

通古斯语：满语 dʑahari、锡伯语 dʑahri、鄂温克语 dʒagar、鄂伦春语 dʒagar、赫哲语 dʒagari（朝克，2014a：18—19）；满语 jahari（Lee，1958：113）；满语书面语 ʒaχara/ʒaχari、Nanai 语 ʒaχar（Starostin，Altaic etymology）。

现代朝鲜语：cha-gal（Jones & Rhie，1991：145）；ʧakar（宣德五、金祥元、赵习，1985：156）；dol（Ju-haeng Lee & Gyu-hang Lee，1998：224）。

原始音拟构：*cahari。

解释：

朝鲜语与通古斯语对应工整。中世朝鲜语中的 c、a 及现代朝鲜语中的 ch、a 分别对应通古斯语中的 dʑ/dʒ/ʒ、a。这些词音节结构相同，可以判定为同源词。

现代朝鲜语脱落第二个音节、第三个音节。

## 汉语意义：米

中世朝鲜语：*co（Lee，1958：113）。

通古斯语：满语 dʑə、锡伯语 dʑə、鄂温克语 narimu/dʒəəttə、鄂伦春语 naremu、赫哲语 narim（朝克，2014a：100—101）；je（满语）（Lee，

---

[①]　力提甫·托乎提将原始音拟构为 *japa-（力提甫·托乎提，2004：336）。

1958：113）；Negidal 语 ǯākta（小米）、满语口语 ǯēbelə（小米）、满语书面语 ǯe（小米）、女真语 che-(po-le)（小米）、Nanai 语 ǯiekte（小米）、Oroch 语 ǯiekte/ǯekte（小米）、Udighe 语 ǯakta（小米）、Solon 语 ǯakta（粥）（Starostin，Altaic etymology）。

现代朝鲜语：ʧopssar（宣德五、金祥元、赵习，1985：151）。

原始音拟构：*ca(kte)。

解释：

朝鲜语与通古斯语对应工整。中世朝鲜语中的 c、o 及现代朝鲜语中的 ʧ、o 分别对应通古斯语中的 ʣ/ʤ/ʒ、ə。这些词具有相同的音节结构，可以判定为同源词。

## 汉语意义：吃

中世朝鲜语：*coa-si-（Lee，1958：113）。

通古斯语：满语 ʣə-、锡伯语 ʣi-、鄂温克语 dʒib-/dʒəb-、鄂伦春语 dʒəb-、赫哲语 dʒəfu-、女真语 dʒəfu-（朝克，2014a：392—393）；满语 je-（Lee，1958：113）；Evenki 语 ǯep-/ǯeb-、Even 语 ǯeb-/ǯep-、Negidal 语 ǯep-、满语口语 ǯe-、满语书面语 ǯe-、女真语 ǯe-fu、Ulcha 语 ǯepuwu、Orok 语 deptu-、Nanai 语 ǯeb-/ǯep-、Oroch 语 ǯepte-、Udighe 语 ǯo-/ǯe-/ǯepte-、Solon 语 ǯeg-/ǯeb-（Starostin，Altaic etymology）。

现代朝鲜语：chap-su-si-da（吃）（Jones & Rhie，1991：104）；ʧapsuta（吃）（宣德五、金祥元、赵习，1985：167）；čapsuda（力提甫·托乎提，2004：336）。

原始音拟构：*dʒəp-。

解释：

朝鲜语与通古斯语对应工整。中世朝鲜语中的 c、现代朝鲜语中的 ch 与通古斯语中的 ʣ、dʒ、ʒ 对应，它们具有同源特征。

**汉语意义：山脊**

中世朝鲜语：*tutẹn（突出，高度）（Lee，1958：113）。

通古斯语：满语 dʑidun、锡伯语 dʑidun、鄂温克语 dʒidəŋ、鄂伦春语 dʒidən、赫哲语 dʒidun（朝克，2014a：20—21）；满语 jidun（Lee，1958：113）；Evenki 语 ǯīdi/dial/didi、Even 语 gidan、满语书面语 ǯidun、Ulcha 语 ǯidụ、Orok 语 ǯidụ(n)、Oroch 语 ǯidi（Starostin，Altaic etymology）。

现代朝鲜语：t'ak-wǒl（权威）（Jones & Rhie，1991：290）；ttu-ryǒt-han（突出的，杰出的）（Jones & Rhie，1991：238）。

原始音拟构：*titun。

解释：

李基文认为，满语 jidun 来源于 *didun/judun，满语和通古斯语中 *d 变为 j 的现象十分常见（Lee，1958：113）。根据李基文给出的其他词条的相同形态可以看出，j 的读音大致相当于通古斯语中 dz、dʒ 的读音。根据通古斯语内部演变规律，d 变为 j，那么朝鲜语中的 t 便有了与通古斯语中的 d、dz、dʒ 对应的可能。因此，通古斯语与中世朝鲜语同源。

现代朝鲜语 t'ak-wǒl（权威）或许来源于中世朝鲜语 *tutẹn，但本书难以进行解释。现代朝鲜语 ttu-ryǒt-han（突出的，杰出的）更加接近中世朝鲜语的读音，只是 tt 变为强化辅音，并且现代朝鲜语插入了第二个音节。


**汉语意义：捏**

中世朝鲜语：*cip（Lee，1958：113）。

通古斯语：满语 simhu-/fata-、锡伯语 şimkə-/fatə-、鄂温克语 ʃimki-/himki-、鄂伦春语 ʧimku-/kimʧigla-、赫哲语 ʃimku-/kimki-/ʧofurə-（朝克，2014a：408—409）；满语 jifu-（Lee，1958：113）；Evenki 语 is-、Even 语 is-、Negidal 语 īs-、满语书面语 isi-、Ulcha 语 isī-、Orok 语 isi-、Nanai 语 isō-、Oroch 语 isi-（Starostin，Altaic etymology）。

现代朝鲜语：choe-da（Jones & Rhie，1991：252）；ʧyta（握）（宣德五、

金祥元、赵习，1985：168）。

原始音拟构：*simi-。

解释：

在我国境内通古斯语中可以看到，ʧ 与 c、s 具有同源特征，因此我们可以推断阿尔泰语内部的 s 与中世朝鲜语中的 c、现代朝鲜语中的 ch 也可以对应。Starostin 提供的词脱落了首音 s/c/j。朝鲜语与通古斯语具有明显的同源特征。

我国境内通古斯语中有 -m-，而通古斯语也有另一个词源 *č[i]m-（用爪抓，用牙齿咬住，捏），如 Evenki 语 čomdokolō-（捏）、Negidal 语 čimŋet-（用牙齿咬住）、满语书面语 čamna-（用爪抓）。因此，我们认为含有 m 的词有另一个词源。

## 汉语意义：草席

中世朝鲜语：*cicirk（Lee，1958：113）。

通古斯语：满语 dʑidʑiri、锡伯语 dʑidʑir、鄂温克语 ʃiʃig、鄂伦春语 ʃidʒig、赫哲语 ʃidʒig（朝克，2014a：180—181）；满语 jiriri（草席）（Lee，1958：113）。

现代朝鲜语：tot-ja-ri（草垫）（Jones & Rhie，1991：207）；ch'im-dae-yong（垫）（Jones & Rhie，1991：208）；kiʧəky/kiʧəki（席子）（宣德五、金祥元、赵习，1985：153）。

原始音拟构：*ʧiʧirk。

解释：

通古斯语在音节结构、音形方面与中世朝鲜语对应工整。现代朝鲜语 kiʧəky/kiʧəki（席子）最为贴近拟构形态 *ʧiʧirk。

## 汉语意义：享受

中世朝鲜语：*cirkǝp-（幸福，高兴）（Lee，1958：113）。

通古斯语：满语 dʑirga-、锡伯语 dʑirha-、鄂温克语 dʒigga-、鄂伦春语 dʒirga-、赫哲语 dʒirga-（朝克，2014a：434—435）；满语 jirga-（安静地生活，幸福）（Lee，1958：113）。

现代朝鲜语：chǔl-gǒp-ge ha-da（高兴，愉快）（Jones & Rhie，1991：87）；ʧurkpǝta/ʧirkpǝta（宣德五、金祥元、赵习，1985：165）。

原始音拟构：*ʧirka-。

解释：

通古斯语与中世朝鲜语、现代朝鲜语具有明显的同源特征。

## 汉语意义：灶（台）

中世朝鲜语：*tumark（Lee，1958：113）。

通古斯语：满语 dʑun、锡伯语 dʑun、鄂温克语 dʒooho、鄂伦春语 dʒooko、赫哲语 nǝrǝ（朝克，2014a：212—213）；赫哲语 pirta（炉子）（何学娟，2005：212）；满语 juman（Lee，1958：113）；Even 语 dur-（烧）、满语书面语 dobu-（点火）、Ulcha 语 durʒegdeli-（烧）（Starostin，Altaic etymology）。

现代朝鲜语：nal-lo（炉，灶）（Jones & Rhie，1991：153）；put'umak[①]。

原始音拟构：*tunman。

解释：

李基文认为，满语 juman 来源于 *duman 和 *dumak（Lee，1958：113）。中世朝鲜语中的 t 可以与通古斯语中的 dʑ、j 对应，因此，通古斯语与朝鲜语具有同源特征。

满语 dʑun/juman、锡伯语 dʑun、鄂温克语 dʒooho、鄂伦春语 dʒooko 均来源于 *ʒian-（烧，火焰，灭火，加热，火炬，烧红的煤），如 Evenki 语 ʒānŋe-（烧）、满语书面语 jaŋGa（加热）、Orok 语 dandallị-（灭火）、Nanai 语 jaŋGora-（加热）、Udighe 语 ʒaŋa（烧红的煤）（Starostin，Altaic etymology）。

① 本词由方香玉博士提供。

赫哲语 nərə、pirta 来源不详。

现代朝鲜语 put'umak 与中世朝鲜语具有同源特征，但现代朝鲜语 nal-lo 借自汉语中"暖炉"一词。

## 汉语意义：口袋，钱包

中世朝鲜语：*cumẹni（钱包）（Lee，1958：113）。

通古斯语：满语 dʐumaŋgi/dʐumaɲi、锡伯语 dʐuman/dʐumaɲi、鄂温克语 dʒumaŋ、鄂伦春语 dʒuman、赫哲语 dʒuman（朝克，2014a：256—257）；满语 jumanggi（Lee，1958：113）；Evenki 语 čēmpu/čemtu/čempuli/čompuli、满语口语 šuma/šuman[①]（Starostin，Altaic etymology）。

现代朝鲜语：chigap（钱包）（Jones & Rhie，1991：270）；charu（包）（Jones & Rhie，1991：28）；kap（外壳）（力提甫·托乎提，2004：349）。

原始音拟构：*ʧumanggi。

解释：

通古斯语中的 dʐ 与中世朝鲜语中的 c 对应，我们可以判断出通古斯语与朝鲜语具有同源特性。

现代朝鲜语 kap 另有词源。[②]

## 汉语意义：刮

中世朝鲜语：*kirk-（刮）（Lee，1958：113）。

通古斯语：满语 kang(ga)-（刘厚生、李乐营，2005：189）；满语 karka-（用筷子划）（Lee，1958：113）；满语 giri-（切）、那乃语 geri-（剪下）（力提甫·托乎提，2004：385）；Evenki 语 kiramkī/kīrke（鱼叉）/kirur（刮器）（Starostin，Altaic etymology）。

---

① Starostin 注：满语 šuma(n) 应该来自满语 sumala(n)＜蒙古语、满语＞现代朝鲜语与 čùmèní（包、袋）。但满语出现 ʒ，如满语 ʒumaŋɡi。

② 力提甫·托乎提（2004：349）认为，该词来源于原始阿尔泰语 *kap。

现代朝鲜语：kǔk-da（刮）（Jones & Rhie，1991：300）；kark-（刮）（Lee，1958：113）。

原始音拟构：\*kir(k)-。

现有证据已经表明通古斯语与朝鲜语具有同源特征。

力提甫·托乎提（2004：385）将原始音拟构为 \*kïr，并给出其他阿尔泰语例子，如蒙古语 kirɢa- < \*kïrka-（剪）、卡尔梅克语 kirɣa-（剪）、拉穆特语 gər-（剪）、雅库特语 kïrïy-（裁剪）、维吾尔语 qïr-（刮）、qïqï-（剪羊毛等）。

### 汉语意义：画画，划线

中世朝鲜语：\*cur（线条）（Lee，1958：113）。

通古斯语：满语 dʑidʑun、锡伯语 dʑudʑun、鄂温克语 dʒisʉn、鄂伦春语 dʒisʉn、赫哲语 dʒusun（朝克，2014a：288—289）；满语 jur-gan（Lee，1958：113）；Evenki 语 ǯurū-（画）、Negidal 语 ǯojan（划线）、满语口语 ǯuǯu-/ǯuǯi-（画）、满语书面语 ǯiǯu-（画）、Ulcha 语 ǯura(n)（划线）、Nanai 语 ǯorã（划线）、Oroch 语 ǯurara（加条纹）、Udighe 语 ǯūnda-（画）、Solon 语 ǯurī-（画）（Starostin，Altaic etymology）。

现代朝鲜语：kǔ-ri-da（画画）（Jones & Rhie，1991：100）；kǔ-rim-ja（Jones & Rhie，1991：306）。

原始音拟构：\*dʒuru。

解释：

通古斯语和朝鲜语对应工整。兰司铁曾经比较过蒙古语 cur 与满语 niru- < \*jiru（画、涂）的形态，但没有考虑语义。从语音和语义的角度同时进行比较更为妥当（Lee，1958：113）。

李基文给出的"影子"一词的形态为 \*kirimẹi（Lee，1958：112）。该词与中世朝鲜语 \*cur 和现代朝鲜语 kǔ-rim-ja 具有相同的来源，现代朝鲜语中 m 后面的 j 发生音变。因此，朝鲜语 \*kirimẹi 与现代朝鲜语 kǔ-ri-da

同源。通古斯语则在演进过程中分化为两个形态差异较大的词。

李基文给出的 *cur 和 *kirimęi 说明这两个词在中世朝鲜语中已经具有不同的读音，其意义已经从中世朝鲜语时代开始分化。

## 汉语意义：二

中世朝鲜语：*turi/*tur（Lee，1958：113）。

通古斯语：满语 dʐuwə、锡伯语 dʐu、鄂温克语 dʒɯɯr、鄂伦春语 dʒɯɯr、赫哲语 dʒuru、女真语 dʒo（朝克，2014a：344—345）；满语 juwe（Lee，1958：113）；Evenki 语 ʒūr、Even 语 ǰȫr、Negidal 语 ǰūl、满语口语 ǰū、满语书面语 ǰuwe、女真语 ǰuwe、Ulcha 语 ǰuel(i)、Orok 语 dū、Nanai 语 ǰū/ǰuer、Oroch 语 ǰū、Udighe 语 ǰū、Solon 语 ǰūr（Starostin，Altaic etymology）。

现代朝鲜语：tul/i（Jones & Rhie，1991：360）；tul/i（宣德五、金祥元、赵习，1985：161）；dul/i（Ju-haeng Lee & Gyu-hang Lee，1998：235，557）。

原始音拟构：*dʒube。

解释：

通古斯语与朝鲜语对应工整。李基文提供的满语为 juwe。他认为，满语 juwe 来源于 *duwe，中世朝鲜语 *turi/*tur 来源于 *tubur（Lee，1958：113）。

## 汉语意义：缠头布

中世朝鲜语：*kamtho（带有马尾装饰的官帽）（Lee，1958：113）。

通古斯语：满语 kamtu、锡伯语 kamtu、鄂温克语 hamtu、鄂伦春语 kamtu、赫哲语 hamtu（朝克，2014a：170—171）；满语 kamtun（Lee，1958：113）；kat/kas（Ramstedt，1926：27）；Evenki 语 kurmu、Even 语 kummēs、满语书面语 kurume、Nanai 语 kurme（Starostin，Altaic etymology）。

现代朝鲜语：kamtu（职位）（Jones & Rhie，1991：121）。

原始音拟构：*kamtu。

解释：

通古斯语与中世朝鲜语和现代朝鲜语对应工整。

## 汉语意义：保护，保留

中世朝鲜语：*karm-（保持）（Lee，1958：114）。

通古斯语：满语 karma-、锡伯语 karmə-、鄂温克语 hoomoʧʃilo-/harma-、鄂伦春语 koomoʧʃilo-/karma-、赫哲语 harma-（朝克，2014a：502—503）；满语 karma-（Lee，1958：114）；Evenki 语 karama-/karma-（保卫，防卫，防）/kara-m-na-（嫉妒）、Even 语 qarɣụs-（保卫，防）/qarqị-（等待）、满语口语 qarmə-（保卫，防）、满语书面语 qarma-（保卫，防）（或许为 χarša-）、Ulcha 语 qarGa-čụ-（监视）、Orok 语 qarGa-（监视）、Nanai 语 qarGa-čị-（监视）（Starostin，Altaic etymology）。

现代朝鲜语：kam-ch'u-da（藏起来）（Jones & Rhie，1991：156）。

原始音拟构：*karma-。

解释：

中世朝鲜语中的 k 与通古斯语中的 q 为自由变体。

通古斯语与朝鲜语具有明显的同源特征。

## 汉语意义：硬

中世朝鲜语：*kut-（变硬）（Lee，1958：114）。

通古斯语：满语 hatan/maŋga、锡伯语 katun/hatan/maŋ、鄂温克语 hatan/hata、鄂伦春语 katan、赫哲语 hatan/takta、女真语 hatan（朝克，2014a：364—365）；满语 katun（Lee，1958：114）；Evenki 语 kululi（僵硬）、Even 语 qụldam-（傻）/qụlụńa（僵硬）、Negidal 语 kolo-kolo（僵硬）、满语口语 quli-（害怕）、Ulcha 语 qol-qol（僵硬）、Nanai 语 qol-qol（僵硬）

（Starostin，Altaic etymology）。

现代朝鲜语：kang-han/kǒn-gang-han（壮，硬）（Jones & Rhie，1991：333）。

原始音拟构：*katan。

解释：

李基文给出的满语为 katun，该词与朝克给出的锡伯语 katun 形态一致。除此之外，通古斯语中的 k、h 互为变体，朝鲜语中的 k 与通古斯语中的 h/k/q 对应。我们在通古斯语中还可以看到表示该意义的另一个形态 maŋga，这表明通古斯语中至少还有一个同义词。

Negidal 语 kolo-kolo、Ulcha 语 qol-qol、Nanai 语 qol-qol 中的元音发生变化。

Starostin 给出的意义相近的词项为：Evenki 语 maŋa、Even 语 maŋ、Negidal 语 maŋga、满语口语 maŋGa/meŋge、女真语 maŋ-ga、Ulcha 语 maŋGa、Orok 语 maŋGa、Nanai 语 maŋGa、Oroch 语 maŋga/maŋasi、Udighe 语 maŋga/maŋahi、Solon 语 mandē/mandī。这些词具有同源特征，另有词源。

## 汉语意义：海鸥

中世朝鲜语：*kiryęki/*kiryęk/*kiryęki（野鹅）（Lee，1958：114）。

通古斯语：满语 kilahʊn、锡伯语 kilahun、鄂温克语 hilahun/osholoŋko、鄂伦春语 kilakun/ʧinakun、赫哲语 kilahun（朝克，2014a：48—49）；满语 kilahūn（Lee，1958：114）；Ulcha 语 qēwara、Orok 语 qēwu（Starostin，Altaic etymology）。

现代朝鲜语：kal-mae-gi（Jones & Rhie，1991：301）。

原始音拟构：*kia。

解释：

李基文给出的满语词项为 kilahūn，它与通古斯语的所有音节均可以形成对应关系，同源特征明显。

## 汉语意义：狐臭

中世朝鲜语：*kuri/*kori（难闻的味道）（Lee，1958：114）。

通古斯语：满语 koloŋso、锡伯语 koləŋsə、鄂温克语 holoŋ/əʊ ŋ、鄂伦春语 koloŋ、赫哲语 holoŋ（朝克，2014a：320—321）；满语 kolongso（Lee，1958：114）。

现代朝鲜语：kurin-ne[①]（臭）。

原始音拟构：*kolo。

解释：

通古斯语与朝鲜语对应工整。

## 汉语意义：打鼾

中世朝鲜语：*kor-（打鼾）（Lee，1958：114）。

通古斯语：满语 hor hor、锡伯语 hor hor、鄂温克语 hor hor、鄂伦春语 kor kor、赫哲语 hor hor（朝克，2014a：526—527）；满语 kor（Lee，1958：114）。

现代朝鲜语：k'o-go-nǔm（鼾）、k'o-rǔl kol-da（打鼾）（Jones & Rhie，1991：317）。

原始音拟构：*kor[②]。

解释：

中世朝鲜语、现代朝鲜语中的 k 与通古斯语中的 h 对应，同源特征明显。

---

① 本词为方香玉博士提供。

② 我国境外通古斯语"打鼾"（*ligi-）另有来源，如 Evenki 语 liɣirī-、Even 语 nīɣrị-、Negidal 语 liɣī-、Orok 语 lị̄-（Starostin，Altaic etymology）。

## 汉语意义：鞋楦

中世朝鲜语：*kor-（Lee，1958：114）。

通古斯语：满语 gultəku、锡伯语 gultəku、鄂温克语 gʉltəhʉ、鄂伦春语 gʉltəkʉ、赫哲语 gultəku（朝克，2014a：176—177）；满语 kuri（Lee，1958：114）。

现代朝鲜语：ku-du（鞋）（Jones & Rhie，1991：308）。

原始音拟构：*kul(təku)。

**解释：**

通古斯语中的 g 与中世朝鲜语中的 k 对应工整，l 与 r 对应工整。中世朝鲜语脱落第二个音节、第三个音节，现代朝鲜语与中世朝鲜语同源，但脱落 r。

## 汉语意义：空虚的

中世朝鲜语：*kumu（洞）（Lee，1958：114）。

通古斯语：满语 kumdu、锡伯语 kumdə、鄂温克语 ottug、鄂伦春语 oktug、赫哲语 unthun、女真语 wanduhun（朝克，2014a：362—363）；鄂伦春语 k'ɔɔxun（空的）（韩有峰、孟淑贤，1993：267）；满语 kumdu（Lee，1958：114）；Evenki 语 kumdika（边）/kumŋa（空虚）、Even 语 kumtutti（洞）、满语书面语 kumdu（空虚）（Starostin，Altaic etymology）。

现代朝鲜语：ku-ŏmng（洞）（Jones & Rhie，1991：158）；kur（洞）/kumən（宣德五、金祥元、赵习，1985：140）。

原始音拟构：*kumdu。

**解释：**

除了满语 kumdu 之外，李基文也给出了其他通古斯语的形态：koŋde、koŋdu、koŋdi（Lee，1958：114）。在朝克列出的通古斯语词汇中，满语、锡伯语显然与中世朝鲜语和现代朝鲜语具有同源特征。

鄂温克语 ottug、鄂伦春语 oktug 来源不详。

## 汉语意义：天花

中世朝鲜语：*mama（Lee，1958：114）。

通古斯语：满语 mama、锡伯语 mama、鄂温克语 mama、鄂伦春语 mama、赫哲语 mama（朝克，2014a：318—319）；满语 mama（Lee，1958：114）。

现代朝鲜语：mama（Jones & Rhie，1991：316）。

原始音拟构：*malma。

解释：

通古斯语与朝鲜语具有明显的同源特征。

## 汉语意义：只是，就是

中世朝鲜语：*man（Lee，1958：114）。

通古斯语：满语 əmhun、锡伯语 əmhun、鄂温克语 əmhəŋ、鄂伦春语 əmkʉn、赫哲语 əmuhun（朝克，2014a：514—515）；满语 manggi（Lee，1958：114）；Evenki 语 dāmukte、满语口语 damə、满语书面语 damu（Starostin，Altaic etymology）。

现代朝鲜语：ta-man（Jones & Rhie，1991：235）。

原始音拟构：*təmən。

解释：

从我国境外通古斯语 *dāmu- 与中世朝鲜语、现代朝鲜语、我国境内通古斯语的对应情况来看，中世朝鲜语脱落了词首音节 *tə-，而部分通古斯语脱落了 *t，并添加了其他音节。

## 汉语意义：拒绝

中世朝鲜语：*mar（停止，拒绝）（Lee，1958：114）。

通古斯语：满语 mara-、锡伯语 marə-、鄂温克语 anahi-、鄂伦春语 anaki-、赫哲语 anahi-（朝克，2014a：444—445）；满语 mara（Lee，

1958：114）；满语书面语 mara-（拒绝）、Ulcha 语 moriqu（固执）、Nanai 语 maria-（争执，固执）、Oroch 语 mari-（争执）、Udighe 语 malea-（争执）（Starostin，Altaic etymology）。

现代朝鲜语：mal①（制止）、mal（语言）（Jones & Rhie，1991：199）；maldaekee（顶嘴）、maldat'un（争吵，争议）（Jones & Rhie，1991：200）。

原始音拟构：*mari。

**解释：**

通古斯语与朝鲜语对应。音节结构对应。r、l 对应。有的语言增加第三个音节。有的语言第二个音节中的 a 变为 i 或 ea。因此，它们的同源特征明显。

我国境内通古斯语其他语言（除满语和锡伯语之外）词源不详。

## 汉语意义：回转

中世朝鲜语：*miri-（回转，转身）（Lee，1958：114）。

通古斯语：满语 mari-、锡伯语 mari-、鄂温克语 oggi-/əggi-、鄂伦春语 orgi-/ətəə-、赫哲语 mari-/hijogi-、女真语 muta-（朝克，2014a：416—417）；满语 mari-（Lee，1958：114）；Evenki 语 mariw-（俯身）、Even 语 marlu-（俯身）、满语口语 mari-（回转）、满语书面语 mari-（回转）（Starostin，Altaic etymology）。

现代朝鲜语：miri②（先）、mirε（将来，未来）（宣德五、金祥元、赵习，1985：141）。

原始音拟构：*mari-。

**解释：**

在音节结构和音形方面，通古斯语与中世朝鲜语对应。本书认为，中世朝鲜语方言含有 i，而通古斯语保留着原始形态 a。

---

① 本词为方香玉博士提供。

② 本词为方香玉博士提供。

现代朝鲜语显然发生了变化。

## 汉语意义：（用肩）担

中世朝鲜语：*mẹi-（用肩担）（Lee，1958：114）。

通古斯语：满语 məirən、锡伯语 mirin、鄂温克语 miir、鄂伦春语 miirə、赫哲语 mirə（朝克，2014a：150—151）；满语 meiren/meihere-（肩，担负）（Lee，1958：114）；满语 meiren（肩膀）、鄂温克语 mi:ri、赫哲语 mirin（力提甫·托乎提，2004：465）；Evenki 语 mīre、Even 语 mīr、Negidal 语 mīje、满语口语 mirin、满语书面语 meiren、Ulcha 语 ŋujre、Orok 语 mujre、Nanai 语 mejre、Oroch 语 mije、Solon 语 mīri/mīre（Starostin，Altaic etymology）。

现代朝鲜语：me-da（担负）（Jones & Rhie，1991：209）；meta/mita（抬，扛）（宣德五、金祥元、赵习，1985：168）。

原始音拟构：*məjrə[1]。

**解释：**

中世朝鲜语、现代朝鲜语脱落第二个音节，其他部分对应工整。这显示出通古斯语与朝鲜语具有明显的同源特征。

## 汉语意义：愚

中世朝鲜语：*meŋthẹŋ-i（Lee，1958：114）。

通古斯语：满语 mənəhun、锡伯语 mənəhun、鄂温克语 mənəŋ、鄂伦春语 mənən/mənəkir、赫哲语 mənən/ətən（朝克，2014a：132—133）；满语 mentuhun（Lee，1958：114）；Evenki 语 moŋnon（愚）、Ulcha 语 moni（不方便）、Nanai 语 moniã（不方便）（Starostin，Altaic etymology）。

现代朝鲜语：mŏng-ch'ŏng-i（Jones & Rhie，1991：130）。

---

① 力提甫·托乎提（2004：465）将原始音拟构为 *murö，并列出了阿尔泰语系其他语言的同源词：维吾尔语 mürä（肩膀）、柯尔克孜语 mürö（同）、蒙古语 mürö（同）。本书认为，通古斯语与朝鲜语从阿尔泰语系分离后，逐渐将后元音演化成央元音，因此具有相近的特征，而与突厥语和蒙古语产生了较大的差异。

原始音拟构：*mənəŋi。

解释：

李基文给出的满语词项为 mentuhun，这与朝克给出的词项稍有区别。中世朝鲜语第一个音节的辅音 ŋ、现代朝鲜语同样位置的 -ng 与通古斯语相同位置的 n 互为自由变体。中世朝鲜语中 -t- 的存在表明当时朝鲜语中的 t 为送气音，但后来连同第二个音节脱落了，如现代朝鲜语仅保留 mŏng-。

通古斯语与朝鲜语的同源特征明显。

## 汉语意义：荞麦

中世朝鲜语：*mir（Lee，1958：114）。

通古斯语：满语 mərə、锡伯语 mər、鄂温克语 məl/niggə、鄂伦春语 məl/nirgə、赫哲语 mələ（朝克，2014a：98—99）；满语 mere（Lee，1958：114）；满语书面语 muʒi、女真语 mir-ɣe-i、Ulcha 语 muʒi、Nanai 语 muʒi、Solon 语 murgil（Starostin，Altaic etymology）。

现代朝鲜语: me-mil（Jones & Rhie，1991：47）；memir/memur（宣德五、金祥元、赵习，1985：150）。

原始音拟构：*mərə。

解释：

从朝克列出的词项来看，我国境内通古斯语与朝鲜语具有同源特征。从 Starostin 列出的词项来看，它们具有另一个来源。这明确显示出它们具有不同的来源。满语书面语 muʒi、女真语 mir-ɣe-i、Ulcha 语 muʒi、Nanai 语 muʒi 显然为汉语借词。

## 汉语意义：钝

中世朝鲜语：*mutui-（钝）（Lee，1958：114）。

通古斯语：满语 mumuri、锡伯语 mumri/mohur、鄂温克语 mumur/molgor、鄂伦春语 mumurin/molgor、赫哲语 mumri/tuhuru（朝克，2014a：

372—373）；满语 modo（Lee，1958：114）；Even 语 mele-（无齿）、Negidal 语 melu-melu（钝）/melmetu（无齿）、满语口语 mentexe（无齿）、Ulcha 语 muluptu-（钝）、Orok 语 melli-melli（钝）、Nanai 语 mulup-（钝）（Starostin，Altaic etymology）。

现代朝鲜语：mu-din/mu-dduk-dukk-han（Jones & Rhie，1991：39）。

原始音拟构：*mut/lu。

解释：

从 Starostin 列出的词项来看，第二个音节开头应该含有 l，因此，本书将原始音拟构为 *mut/lu。虽然通古斯语中的 t 消失，但是总体的音节结构和元音能够对应。因此，中世朝鲜语与现代朝鲜语具有明显的同源特征。

## 汉语意义：保持不动

中世朝鲜语：*memir（停，保持）（Lee，1958：114）。

通古斯语：满语 momoro-、锡伯语 momuru-、鄂温克语 monoro-/dʒɐnt-、鄂伦春语 monoro-、赫哲语 monoro-/ʃirkə-（朝克，2014a：468—469）；满语 momoro-（Lee，1958：114）；Evenki 语 mēnē-/mēnē（安顿）、Even 语 mene（停留）、Negidal 语 meneže-（停留）、Orok 语 meneʒi-（停留）、Udighe 语 menže-（停留）（Starostin，Altaic etymology）。

现代朝鲜语：mǒ-mu-rǔ-da（Jones & Rhie，1991：328）。

原始音拟构：*momoro-。

解释：

李基文给出的满语词项为 momoro-，它与朝鲜语的音节结构相同。我国境外通古斯语其他语言中的元音有所变化：后元音前移，变为 e。

## 汉语意义：脖子，喉咙

中世朝鲜语：*mok（脖子）（Lee，1958：114）。

通古斯语：满语 moŋgon/moŋon、锡伯语 moŋgon/moŋon、鄂温克语 hoomo、鄂伦春语 koomo、赫哲语 moŋgon/kota（朝克，2014a：150—151）；Ulcha 语 moŋgo、Oroch 语 moŋo ~ moo（Lee，1958：114）；满语 monggon（Lee，1958：114）；Evenki 语 moŋon/meŋun/meŋer、Negidal 语 moŋon、满语口语 muŋan（喉咙）/mifin、满语书面语 moŋgon/meifen、女真语 mei-fen（脖子，喉咙）、Ulcha 语 moŋgo(n)、Orok 语 moŋo(n)、Nanai 语 moŋo(n)、Oroch 语 moŋo(n)、Udighe 语 müö/ moŋoli（项链，领子）（Starostin，Altaic etymology）。

现代朝鲜语：mok（Jones & Rhie，1991：225）；mok（宣德五、金祥元、赵习，1985：143）；mok（Ju-haeng Lee & Gyu-hang Lee，1998：280）。

原始音拟构：*moŋo。

*解释：*

通古斯语在语义、语音方面与朝鲜语具有明显的同源特征。中世朝鲜语中的 -k 与通古斯语中的 -ŋ-、-ŋg-、-f- 对应工整。本书认为，中世朝鲜语中的 -k- 是由 -m- 演变而来的。

力提甫·托乎提（2004：465）给出了另一个阿尔泰语同源词 *gedi（脖子，头的后下部），如维吾尔语 gädän（头的后下部）、keyin（后面，后来）、gedäy-（昂头，后仰），古突厥语 kin（后面，后来），蒙古语 gede（脖子）、gedeyi-（后仰，昂头），鄂温克语 gədimək（脖子，头的后下部），乌德盖语 gədikə（脖子，头的后下部）。

## 汉语意义：搓手

中世朝鲜语：*manci-（用手或手指摸）（Lee，1958：114）。

通古斯语：满语 mondʑi-、锡伯语 mondʑi-、鄂温克语 toŋko-/tomo-、鄂伦春语 tomu-、赫哲语 tomu-（朝克，2014a：450—451）；满语 monji-（Lee，

1958：114）；Evenki 语 moni-/moɲi-（挤压，弄乱）、Even 语 monŋɓ-（挤压，弄乱）、Negidal 语 moɲɲi-/monɲi-（挤压，弄乱）/moɲi（槌）、满语口语 m̃onʒi-（用手搓，按摩）、满语书面语 monʒi-（挤压，弄乱）、Ulcha 语 monʒiči-（挤压，弄乱）、Orok 语 monʒi-（挤压，弄乱）/mōničụ(n)（槌）、Nanai 语 moŋgiči-（挤压，弄乱）/meŋki（勺）、Oroch 语 moɲiči-（挤压，弄乱）、Udighe 语 muŋgi（槌）（Starostin, Altaic etymology）。

现代朝鲜语：man-ji-da（搓）（Jones & Rhie，1991：353）。

原始音拟构：*matʃi-。

解释：

虽然该词项是一个语义较多的词项，但其意义仍然为相近动作的描述，其语音结构在两种语言中没有变化。中世朝鲜语中的 c 与通古斯语中的 dz 和 j 对应。

鄂温克语 toŋko-/tomo-、鄂伦春语 tomu-、赫哲语 tomu- 来源于通古斯语 *tomka-（纺，线），如 Evenki 语 tomko-（纺）、Even 语 tomko-（纺）、Negidal 语 tomko-（线）、满语书面语 toŋGo（纺）、女真语 to-ŋo（纺）、Ulcha 语 toŋpi-（纺）、Orok 语 toqpo-（纺）、Nanai 语 tompo-（纺）、Oroch 语 tompo-（纺）、Udighe 语 tompo-（纺）、Solon 语 toŋxo-（纺）（Starostin, Altaic etymology）。

## 汉语意义：马

中世朝鲜语：*mar（Lee，1958：114）；mórV、meru（驹）（Blažek，2006：6）；merʋ（Beckwith，2004：71）。

通古斯语：满语 morin、锡伯语 morin、鄂温克语 moriŋ、鄂伦春语 morin、赫哲语 morin、女真语 morin（朝克，2014a：56—57）；满语 morin（Lee，1958：114）；Evenki 语 murin、Even 语 mụrẹn、Negidal 语 mojin、满语口语 morin、满语书面语 morin、女真语 mu-rin、Ulcha 语 mụri(n)、Orok 语 mụri(n)、Nanai 语 moɽi、Oroch 语 muri(n)、Udighe 语 mui、Solon 语 morĩ（Starostin, Altaic etymology）。

现代朝鲜语：mal（Jones & Rhie，1991：159）；mar（宣德五、金祥元、赵习，1985：147）。

原始音拟构：*morin。

解释：

通古斯语与朝鲜语对应工整。[1]

## 汉语意义：思想，心灵

中世朝鲜语：*mazam（心理，思想）（Lee，1958：114）。

通古斯语：满语 muʤʑilən、锡伯语 muʤʑilən、鄂温克语 doolo、鄂伦春语 doolo、赫哲语 muʤʑilən（朝克，2014a：270—271）；满语 muji-len（Lee，1958：114）；Evenki 语 murač（精神力量，运气）、满语口语 muʒin（思想，决定，决心）/muru（格式，大纲）、满语书面语 muʒin（思想，决定，决心）/muʒilen（思想，决定，决心，爱，关照）/muru（形状）、女真语 miuʒil[e]n-（有心）、Ulcha 语 muru(n)（思想，决定，决心）/muruči-（思考）、Orok 语 muru(n)（思想，决定，决心）/murutči-（思考）、Nanai 语 muru（思想，决定，决心）/muruči-（思考）、Oroch 语 muiči-（思考）（Starostin，Altaic etymology）。

现代朝鲜语：ma-ǔm（Jones & Rhie，1991：213）；maɯm/maɣɯm（宣德五、金祥元、赵习，1985：143）。

原始音拟构：*marʧi。

解释：

根据李基文的解释，朝鲜语中的 z 后来演变为 c。通古斯语与朝鲜语具有明显的同源特征。

---

[1] 本书认为，该词项在阿尔泰语中具有同源性，但现代朝鲜语借自汉语，因为现代朝鲜语舍弃了高句丽语的 merʊ。该词项在世界范围内均有很多类似的语音形态，因此该词项或许同出一源。具体讨论参见尹铁超的解释。

## 汉语意义：（口中）含（水）

中世朝鲜语：\*męk-（吃）/\*męk-um-（含着水）（Lee，1958：115）。

通古斯语：满语 mu-ke、女真语 nuh（Lee，1958：145）；Evenki 语 muku-、Even 语 muq-、Negidal 语 moxon- ~ mokun-、满语书面语 muku-、Udighe 语 mukun-、Solon 语 moxo-（Starostin，Altaic etymology）。

现代朝鲜：mǒk-da（吃）（Jones & Rhie，1991：104）；məkta（吃）（宣德五、金祥元、赵习，1985：167）。

原始音拟构：\*moku-。

解释：

通古斯语与朝鲜语具有明显的同源特征。

## 汉语意义：凳子

中世朝鲜语：\*moru/\*mori（铁砧）（Lee，1958：115）。

通古斯语：满语 mulan、锡伯语 mulan、鄂温克语 saral、鄂伦春语 təgəŋkə、赫哲语 təŋku（朝克，2014a：202—203）；满语 mulan（铁砧）（Lee，1958：115）；Negidal 语 mulu（屋檐）、满语口语 mulə/mulu（脊）、满语书面语 mulu（屋檐）/mulan（凳子）、女真语 mul-an（凳子）、Nanai 语 mulu（屋檐）（Starostin，Altaic etymology）。

现代朝鲜语：moru/mori（砧）[①]。

原始音拟构：\*mulu。

解释：

通过对比可以看出，我国境外的通古斯语与中世朝鲜语、现代朝鲜语同源。

鄂温克语 saral 来源于通古斯语 \*seri（架子），如满语书面语 sarχu、Ulcha 语 seri、Nanai 语 seri（Starostin，Altaic etymology）。

鄂伦春语 təgəŋkə、赫哲语 təŋku 来源不详。

---

① 本词为方香玉博士提供。

### 汉语意义：山梁

中世朝鲜语：*mara（山梁，叉梁）（Lee，1958：115）；高句丽语 murih（山梁）（Blažek，2006：6）。

通古斯语：满语 mulu、锡伯语 mulu、鄂温克语 mul、鄂伦春语 mul、赫哲语 mulu（朝克，2014a：20—21）；满语 mulu（山脊，叉梁）（Lee，1958：115）；Negidal 语 mulu（屋檐）、满语口语 mulə/mulu（脊）、满语书面语 mulu（屋檐）/mulan（凳子）、女真语 mul-an（凳子）、Nanai 语 mulu（屋檐）（Starostin，Altaic etymology）。

现代朝鲜语：yong-ma-ru（房脊）（Jones & Rhie，1991：290）。

原始音拟构：*mulu。

**解释：**

李基文给出的满语词项为 mulu（山梁，叉梁）。如果李基文对中世朝鲜语的判断是正确的，那就可以证明满语与中世朝鲜语具有同源特征。Blažek 列出的高句丽语与通古斯语更为接近（Blažek，2006：6）。从 Starostin 给出的词项中也可以看到，通古斯语中表示"梁"这个意义的词与"山梁"一词具有同源性。

现代朝鲜语 yong-ma-ru 的第一个音节 yong- 来源不详。

### 汉语意义：（路）转弯处

中世朝鲜语：*moroŋi（Lee，1958：115）。

通古斯语：满语 murihan、锡伯语 murihan、鄂温克语 murihan/morigol、鄂伦春语 murihan/morigol、赫哲语 murihan/morigol（朝克，2014a：214—215）；满语 muri-han（Lee，1958：115）；Evenki 语 muru-（回转）/murume（圈）、Even 语 merьk-（四处闲逛，回来）/merēti（圈）、Negidal 语 mejel（圈）、满语书面语 murgen（圈）、Ulcha 语 muru-muru（圈）、Orok 语 morolime（圈）、Nanai 语 murǵi（圈）、Udighe 语 mogoluö（环绕）（Starostin，Altaic etymology）（该网站注：满语 murixan 有"弯，回转"的意义，

Evenki 语 morokō 有 "河湾" 的意义。这些词源自达斡尔语 morikal，以及 moronku 和 murunku）。

现代朝鲜语：moroŋi[①]（犄角旮旯）。

原始音拟构：*murugi。

解释：

通古斯语、中世朝鲜语和现代朝鲜语均体现出原始的音节结构和 *mVrVg 的形态。虽然个别词项的辅音和元音有所不同，但是我们仍可以将它们视为同源词。

## 汉语意义：外表

中世朝鲜语：*mor-kor/*kor（外表）（Lee，1958：115）。

通古斯语：满语 durun/muru、锡伯语 durun/mur、鄂温克语 durʉŋ、鄂伦春语 durʉŋ、赫哲语 durun（朝克，2014a：298—299）；满语 muru（Lee，1958：115）；Evenki 语 durun（设计）、Negidal 语 dujun/dujin（外表）、满语口语 durun（外表）、满语书面语 durun（外表）/duru-Gan（画）、Ulcha 语 duru(n)（外表）、Orok 语 duru(n)（外表）、Nanai 语 durũ（外表）、Oroch 语 dū(n)（外表）、Udighe 语 dū(n)（外表）、Solon 语 durũ（外表）（Starostin，Altaic etymology）。

现代朝鲜语：mol-kol[②]（丑）、ch'ul-hyon/oe-gwan（外表）（Jones & Rhie，1991：18）；kǔ-rim（画，照片）（Jones & Rhie，1991：251）；kɯrim（画）（宣德五、金祥元、赵习，1985：159）。

原始音拟构：*duru/*kuru。

解释：

尽管难以解释通古斯语中 d 与 m 之间，以及 k 与 ch 之间的对应关系，但从音节结构来看，通古斯语与朝鲜语具有同源特征。本书认为在原始通古斯语中有一个共同的原始形态 *curu，后来由于语言不断发展，现代通

---

① 本词为方香玉博士提供。

② 本词为方香玉博士提供，其现代意义为 "长得难看"。

古斯语和朝鲜语形成不同的词首辅音形态。现代朝鲜语 mol-kol 为朝鲜语固有词汇。

## 汉语意义：地

中世朝鲜语：*nara（地，国家）（Lee，1958：115）。

通古斯语：满语 na/nai/sirən、锡伯语 na/naji şirən/ba、鄂温克语 bog/na、鄂伦春语 tur/na/buga、赫哲语 na/buga、女真语 na/bua（朝克，2014a：12—13）；满语 na（地，国家）（Lee，1958：115）；Negidal 语 nā、满语口语 nā、满语书面语 na、女真语 na、Ulcha 语 nā、Orok 语 nā、Nanai 语 nā、Oroch 语 nā、Udighe 语 nā（Starostin，Altaic etymology）。

现代朝鲜语：na-ra（国家）（Jones & Rhie，1991：188）；nara（国家）（宣德五、金祥元、赵习，1985：158）。

原始音拟构：*na(ra)。

**解释：**

通古斯语与朝鲜语具有明显的同源特征。

在我国境内通古斯语中，ba、bog、buga、bua 中的 b 均为 n 的变体，但具体的变化理据不详。

中世朝鲜语、现代朝鲜语中的音节 -ra 的来源不详。李基文认为，该音节难以解释，目前无法提供对 -ra 的满意解释。我们对高句丽语了解甚少，能够确认其与满－通古斯语有着紧密的联系。对于我们来说，中国古代东北地区的语言情况存在巨大的空白，只有高句丽语留下了一些残碎的记录。从这个意义上来看，研究高句丽语尤为重要。研究高句丽语的主要语料是《三国史记》。该书记载了地名和后来改动的地名。根据这些线索，我们知道高句丽语中表示"地"这个意义的词的形态为 nei/nu，它与满语 na 为等义词（Lee，1958：115）。

## 汉语意义：生菜

中世朝鲜语：*namar（Lee，1958：115）。

通古斯语：满语 nalu sogi、锡伯语 nalu、鄂温克语 nalur、鄂伦春语 nalur、赫哲语 nalu（朝克，2014a：106—107）；满语 namu（Lee，1958：115）。

现代朝鲜语：mamal[①]（生菜）。

原始音拟构：*nalmu。

**解释：**

本书认为，通古斯语与中世朝鲜语的音节结构相同，且通古斯语首音 n 与中世朝鲜语的首音 h 对应，通古斯语的第二个音节 -lur 能够与中世朝鲜语的 -mar 对应。因此，通古斯语词项与中世朝鲜语词项为同源词。

但目前无法解释朝鲜语中的 m 与通古斯语中的 l 之间的对应规律。

## 汉语意义：狼

中世朝鲜语：*neŋuri（Lee，1958：115）。

通古斯语：满语 niohə、锡伯语 niohə/yhə、鄂温克语 guskə/tɯɯggə、鄂伦春语 guskə/gɯjkə/ŋəəlɯkə、赫哲语 ŋohə/nəluki/ləluki、女真语 niogohə（朝克，2014a：34—35）；满语 nioheri（类似狼的动物）/niohe（狼）（Lee，1958：115）；Evenki 语 ńēkē（貂）、Even 语 ŋōke（雄性 [ 狗，狼、狐 ]）、满语口语 juxə/juxu（狼）、满语书面语 ńoxe（狼）、Nanai 语 naoto（浣熊）、Oroch 语 ŋöksjö[ 雄性（狗，狼，狐）]、Udighe 语 nautu（浣熊）（Starostin，Altaic etymology）。

现代朝鲜语：i-ri/nŭk-dae（狼）（Jones & Rhie，1991：381）。

原始音拟构：*nəŋ/g/k/hə。

**解释：**

虽然拟构出的通古斯语原始形态 *ŋōKe 具有多义特点，且语音形态也

---

[①]　本词为方香玉博士提供。

不够统一，如鄂温克语 gɯskə/tɯɯggə、鄂伦春语 gɯskə/gɯjkə/ŋəəlɯkə、赫哲语 ŋohə/nəluki/ləluki、满语 nioheri、Evenki 语 ńēkē、Even 语 ŋōke、满语书面语 ńoxe、Nanai 语 naoto、Oroch 语 ŋöksjö、Udighe 语 nautu。但是，这些词基本含有相似度很高的音节结构、首辅音和元音，因此通古斯语与中世朝鲜语、现代朝鲜语具有同源特征。

现代朝鲜语 i-ri 来源不详。

狼是东北亚分布极为广泛的动物，并且狼与当地生活的相关度很高，因此不同民族对狼的称呼存在较大的差异。例如，Starostin 总结了有关"狼"的其他形态：Evenki 语 ńeɣūr（狼）、满语书面语 ninuri（猫）、Ulcha 语 jeŋgul（狼）、Nanai 语 jeŋgur（狼）、Oroch 语 ńiŋgu（狼）/liŋgapu（母狼）、Udighe 语 ńeŋu（狼）；Evenki 语 siwigē（狼，熊）、Even 语 hewjö/hewje（熊）、Oroch 语 sīwi（神话中的狗）、Solon 语 tūlge。这些例词更加清楚地证明表示"狼"这个意义的词的音形具有多样性，词源具有多样性。

然而，多数例词都含有几个基本音素，从 nVŋ(V)/g/k/hə 的情况来看，它们仍属于同源词。


## 汉语意义：心

中世朝鲜语：*nyẹm-thoŋ（Lee，1958：115）。

通古斯语：满语 nijaman、锡伯语 niamən、鄂温克语 miagaŋ/meegaŋ、鄂伦春语 mewan、赫哲语 miawən、女真语 mədʒilən（朝克，2014a：160—161）；满语 niyaman（Lee，1958：115）；Evenki 语 mēwan、Negidal 语 mēwan、满语口语 ńamən、满语书面语 ńaman、Ulcha 语 mēwa(n)、Orok 语 mēwa(n)、Nanai 语 māwa(n)、Oroch 语 māwa(n)、Udighe 语 meäwa(n-)、Solon 语 ḿēɣā/mīɣā（Starostin，Altaic etymology）[1]。

现代朝鲜语：sim-jang（Jones & Rhie，1991：153）；maɯm/maɣɯm（宣德五、金祥元、赵习，1985：143）；sinjan/maeun（Ju-haeng Lee & Gyu-

---

① Starostin 附言：除了满语以外，其他语言都经过了同化，即 *miańam > *miawan，然而，满语仍然保留着原始首音 *ń。

hang Lee，1998：461，255）。

原始音拟构：*mijam。

解释：

从 Starostin 的解释来看，n 似乎是原始音的残迹。例如，在通古斯语中，满语、锡伯语仍然以 n 为词首，然而，在其他语言中，n 变为 m。这似乎难以用同化来解释，因为逆同化很难出现在 n 与 i、e、a 的环境中。李基文给出的中世朝鲜语便是明显的反证。因此，本书认为，通古斯语中其他语言（包括现代朝鲜语 maɯɯm/maɣɯm）的首音 m，应该是一种原始现象，而满语、锡伯语、中世朝鲜语的首音 n 应该是一种特殊现象。除此之外，中世朝鲜语的第二个音节 -thoŋ 是一种奇怪现象，因为从其他语言同一音节中没有发现 t，本书认为其原因不详。

但是，从通古斯语与朝鲜语的对比来看，音节结构没有变化，例如我国境内的鄂温克语。这显示出通古斯语与朝鲜语具有同源特征。

现代朝鲜语 sim-jang 借自汉语。


## 汉语意义：生，嫩

中世朝鲜语：*nar（Lee，1958：116）。

通古斯语：满语 nəməri、锡伯语 nəməri、鄂温克语 nəmər/nekka、鄂伦春语 nəmər/nerka、赫哲语 nəməri/ŋarkin（朝克，2014a：386—387）；niyarhun（刘厚生、李乐营，2005：624）；满语 niyyar-hūn（Lee，1958：116）；Evenki 语 ńalikin（没有煮的）、Even 语 ńalьqča（没有煮的）、Negidal 语 ńalị-xịn（没有煮的）、满语口语 jali（生肉）、满语书面语 jali（生肉）、女真语 ja-li（生肉）、Ulcha 语 ńālụ(n)（没有煮的）、Orok 语 nālụ/ńālụ（没有煮的）、Nanai 语 ńalkĩ（没有煮的）、Udighe 语 ńaliγi（没有煮的）、Solon 语 jali（生肉）（Starostin，Altaic etymology）。

现代朝鲜语：nal-gǒ-sǔi（没有煮的）（Jones & Rhie，1991：276）；

namul①。

原始音拟构：*nəli。

**解释：**

李基文对朝鲜语的拟构 *nar 与 Starostin 提供的拟构 *ń(i)ali- 一致，r 与 l 形成对应关系。这说明通古斯语中第二个音节后面添加的部分为词缀。现代朝鲜语的词根 nal 与中世朝鲜语保持一致，其中 nal 表示"没有煮熟，生"，-gǒ 表示"东西"，-sǔi 为助词，表示"的"。

### 汉语意义：瘦，单薄

中世朝鲜语：*nyrẹp（变瘦）（Lee，1958：116）。

通古斯语：满语 nəkəlijən、锡伯语 nəkəlin、鄂温克语 nəhəliŋ、鄂伦春语 nəkəlin、赫哲语 nəkəlin（朝克，2014a：380—381）；满语 niyere（Lee，1958：116）；满语 jada（瘦）（胡增益，1986：78）；满语 yada-（变穷，变弱）（力提甫·托乎提，2004：344）；Evenki 语 nemkūn、Even 语 nemkun、Negidal 语 nemkūn、满语口语 niŋkən/niŋkin、满语书面语 nekel'en、女真语 nen-ke-xun、Ulcha 语 nemi、Orok 语 nemdūke、Nanai 语 nemi、Oroch 语 nemi/nemne、Udighe 语 nemnese、Solon 语 nemekũ/nennekũ②（Starostin，Altaic etymology）。

现代朝鲜语：yal-bǔn（瘦）（Jones & Rhie，1991：348）；jǝyta/jǝuyta（宣德五、金祥元、赵习，1985：166）。

原始音拟构：*nəlm(i)kə/*yada。

**解释：**

虽然第一个音节的元音部分有变化（如 y、ə、ia），但是通古斯语在音节结构、首音等方面与朝鲜语具有同源特征。胡增益提供的词项中的 j

---

① 本词为方香玉博士提供。

② Starostin 评论：此词词根为 *niambu- (*ńiambu-)，其踪迹可以在其他词中看到，如 Evenki 语 jembu/jume-kin/ńumē-kūn（瘦）、Even 语 ńubuke/ńebuke/ńŏmeŋi、Nanai 语 jembuk（松散）。然而该词根曾经受到 *ńem-（软）的影响，因此该词根或许在受到蒙古语 nimgen（瘦）的影响后才产生了 *nem(i)- 这种形态，该词根或许直接借自蒙古语。

与 y 相类似，都是半元音。通古斯语第一个音节的多数元音保留原始形态 i，但其第三个音节的辅音和 u 无法解释。

满语 jada、yada- 与蒙古语同源。[①]

现代朝鲜语中的 y 为半元音，这符合 i 前 n 脱落的规律。y 后面音节的元音发生变化，但现代朝鲜语仍然保留原始的音节结构。

### 汉语意义：堆

中世朝鲜语：*nuri-（堆草 / 堆稻草）（Lee，1958：116）。

通古斯语：满语 borho-、锡伯语 borhə-/isavə-、鄂温克语 uruu-、鄂伦春语 uruu-、赫哲语 urhu-（朝克，2014a：492—493）；满语 nora-（Lee，1958：116）；borhon（刘厚生、李乐营，2005：128）；满语书面语 nora-、Nanai 语 norxon（Starostin，Altaic etymology）。

现代朝鲜语：nŏ-t'a（放置）（Jones & Rhie，1991：270）；nohta/not'a（放，置）（宣德五、金祥元、赵习，1985：168）。

原始音拟构：*norta。

解释：

我国境内通古斯语中的满语、锡伯语另有来源[②]，但其他语言（脱落首音 n）能够与朝鲜语对应。Starostin 列出的满语和 Nanai 语在音形上与朝鲜语对应。现代朝鲜语则脱落了 r 后面的音节。

通古斯语与朝鲜语具有同源特征。

---

① 力提甫·托乎提（2004：344）将原始音拟构为 yada，因为我们可以在阿尔泰语系其他语言中找到同源词，例如蒙古语 yada-（无能，变无能）、yadaɣu（穷），维吾尔语 yada-（变瘦，脸色变苍白）。

② 满语、锡伯语或许来源于原始通古斯语 *bug-（小山，土堆），例如 Evenki 语 buɣa/buɣan、Even 语 bụɣụn/buɣjeńe/buɣъndъ、Ulcha 语 bo(n)、Nanai 语 buen/bugdure（Starostin, Altaic etymology）。

**汉语意义：堆起，囤**

中世朝鲜语：*sah-（堆）（Lee，1958：116）。

通古斯语：满语 saksun/sagsu、锡伯语 saksun/sagsə、鄂温克语 saksaŋ/sagsuŋ、鄂伦春语 saksun/sagsun、赫哲语 saksun/sagsə（朝克，2014a：240—241）；满语 nora-（Lee，1958：116）；Negidal 语 saksị（冰堆）、满语书面语 saqsaχun（堆，垛）/saqsan（冰堆，堆，垛）/saχa-（堆起）、Ulcha 语 saqsị（冰堆）、Nanai 语 saqsị/sōqsị（冰堆）、Oroch 语 saksi（冰堆）、Udighe 语 sakta(n)（山脚，柱子底座）（Starostin，Altaic etymology）。

现代朝鲜语：ssa-a-ol-ri-da（Jones & Rhie，1991：252）。

原始音拟构：*saksa。

解释：

中世朝鲜语、现代朝鲜语与通古斯语的音形对应，h、k 互为自由变体。现代朝鲜语中的 ss 为强化音。

**汉语意义：缓慢**

中世朝鲜语：*nuk-（松散）（Lee，1958：116）。

通古斯语：满语 nuhan、女真语 nu-han（Lee，1958：116）；Even 语 ńāŋa、Negidal 语 ńāŋakkān、Ulcha 语 ńan-ǯa、Orok 语 nandi、Solon 语 nandaxānǯ（Starostin，Altaic etymology）。

现代朝鲜语：nǔ-rin（Jones & Rhie，1991：316）。

原始音拟构：*nuk/na。

解释：

在演变过程中，通古斯语的内部发生了变化：一是将 h、k 转变为 ŋ；二是将朝鲜语的后元音 u 低化，变为 a；三是不同语言发展出各自的结尾音。

这些变化并不影响通古斯语与朝鲜语同源。

## 汉语意义：酒

中世朝鲜语：*nuruk（酿酒用酵母）（Lee，1958：116）。

通古斯语：满语 nurə、锡伯语 nurə、鄂温克语 ʃinariŋ akki、鄂伦春语 ʃinariŋ araki、赫哲语 sujan arki（朝克，2014a：190—191）；满语 nure（Lee，1958：116）；满语书面语 nure、女真语 niu-re、Solon 语 nurē、Evenki 语 nere、Nanai 语 niru、满语 ńara-n（Starostin，Altaic etymology）。

现代朝鲜语：nu-ruk（酵母）（Jones & Rhie，1991：384）；nuruk（酒曲）（宣德五、金祥元、赵习，1985：152）。

原始音拟构：*nuru。

解释：

在我国境内的鄂温克语、鄂伦春语和赫哲语中，表示"酒"这个意义的词为合成词。Starostin 提供的词项明显表明通古斯语与朝鲜语具有同源特征。

## 汉语意义：麻

中世朝鲜语：*sam（麻）（Lee，1958：116）。

通古斯语：满语 sa（麻草）（刘厚生、李乐营，2005：36）；满语 sisari（麻）（刘厚生、李乐营，2005：363）；锡伯语 sisar（朝克，2014a：96）；满语 sa（Lee，1958：116）。[1]

现代朝鲜语：sam（Jones & Rhie，1991：155）；sam（大麻）（宣德五、金祥元、赵习，1985：150）。

原始音拟构：*sam。

解释：

除了满语 sisari、锡伯语 sisar 的词形不同以外，中世朝鲜语、现代朝

---

[1] 通古斯语中的"麻"还有其他来源，例如，满语 olo、锡伯语 ol、鄂温克语 olotto/onotto、鄂伦春语 olokto、赫哲语 olo（朝克，2014a：96—97）；Evenki 语 onokto、满语书面语 χunta、Ulcha 语 χuntaχa、Nanai 语 χontaxa、Oroch 语 onokto；满语书面语 olo（麻）、Nanai 语 ula（小米）；Evenki 语 hiγa-（剥纤维）、Negidal 语 xīkte（荨麻，麻）、满语书面语 ḟe（荨麻，麻）、Ulcha 语 pīkte（荨麻，麻）、Orok 语 pīkte（荨麻，麻）、Nanai 语 pīkte（荨麻，麻）、Oroch 语 xīkte（荨麻，麻）/xig-du-（剥纤维）、Udighe 语 sikte（荨麻，麻）（Starostin, Altaic etymology）。

鲜语与通古斯语对应工整，只是通古斯语脱落了词尾辅音 m。

## 汉语意义：亲属

中世朝鲜语：*sadon（姻亲）（Lee，1958：116）。

通古斯语：满语 sadun、锡伯语 sadun、鄂温克语 sadun/hudale、鄂伦春语 sadun/kudali、赫哲语 sadun（朝克，2014a：122—123）；满语 sadun（Lee，1958：116）；Negidal 语 seŋgi、女真语 sein-ŋi-ŋ、Ulcha 语 seŋgi、Orok 语 śeŋgi、Nanai 语 seŋgi（Starostin，Altaic etymology）。

现代朝鲜语：sadon（Jones & Rhie，1991：287）；saton（亲家）（宣德五、金祥元、赵习，1985：145）。

原始音拟构：*sadun。

解释：

通古斯语与中世朝鲜语、现代朝鲜语具有同源特征，对应工整。我国境外的通古斯语发生音变，将 a 变为 e，将 n 变为 ŋ，添加音节 -gi。

## 汉语意义：痦子

中世朝鲜语：*samakoi（Lee，1958：116）。

通古斯语：满语 samha、锡伯语 samha、鄂温克语 samuhat/məŋgə、鄂伦春语 samukat、赫哲语 samuhat（朝克，2014a：322—323）；满语 samha（Lee，1958：116）；Evenki 语 samŋī-、Even 语 hamŋi̯-、Negidal 语 samŋī-、Orok 语 samŋi̯、Nanai 语 samŋič̌i-（Starostin，Altaic etymology）。

现代朝鲜语：samagwi（痦子）（Jones & Rhie，1991：291）；samakey/samaku（瘊子）（宣德五、金祥元、赵习，1985：144）。

原始音拟构：*samaka。

解释：

通古斯语和朝鲜语的音节结构一致，对应比较工整，如 k 对应 g、b、ŋ。通古斯语与朝鲜语具有明显的同源特征。

通古斯语中表示"熏黑"意义的词与"瘰子"一词也具有同源性，只是第二个音节 -ŋī- 有所变化。

### 汉语意义：杂色

中世朝鲜语：*kar（Lee，1958：114）。

通古斯语：满语 kuri（Lee，1958：114）；满语 kuri（虎斑狗）（羽田亨，1972：281）；kuri（斑点）（刘厚生、李乐营，2005：13）；Even 语 keldər（瘰子）、Negidal 语 keldejin（杂色，有斑点的）、Ulcha 语 kelderu(n)（杂色，有斑点的）、Orok 语 kelderu（杂色，有斑点的）、Oroch 语 kegdi（杂色，有斑点的）、Udighe 语 kedei（杂色，有斑点的）（Starostin，Altaic etymology）。

现代朝鲜语：kuri（铜色的）（Jones & Rhie，1991：173）。

原始音拟构：*kerdi。

解释：

通古斯语和朝鲜语的音节结构一致，对应比较有规则，元音有所不同。

### 汉语意义：虾

中世朝鲜语：*savi（虾）（Lee，1958：116）。

通古斯语：满语 sampa、锡伯语 sampa、鄂温克语 gabkur/sabbe、鄂伦春语 gabkur、赫哲语 gabkur（朝克，2014a：74—75）；满语 sampa（Lee，1958：116）。

现代朝鲜语：sae-u（Jones & Rhie，1991：310）；sɛu/sɛwu（宣德五、金祥元、赵习，1985：148）。

原始音拟构：*sampa。

解释：

李基文认为，中世朝鲜语 *savi 来自古朝鲜语 *sabi。朝鲜语方言中还有类似的形态，如 säbi、sääbiŋi 等。满语 sampa 来自 *sapa（Lee，1958：

116）。本书认为，中世朝鲜语的 -vi- 或许是脱落了 -mp- 的结果。然而，中世朝鲜语中的 v 难以解释。其理由有两个：一是朝鲜语没有浊辅音 v；二是现代朝鲜语继承了中世朝鲜语，也没有 v。李基文的描写或许有问题。

鄂温克语 gabkur/sabbe、鄂伦春语 gabkur、赫哲语 gabkur 脱落了 m，并将 p 变为不送气音 b。除此之外，它们将原始通古斯语中的 s 变为 g。

尽管如此，通古斯语与中世朝鲜语、现代朝鲜语对应工整，具有同源特征。

## 汉语意义：（雨）伞

中世朝鲜语：*syurup（Lee，1958：116）；sjurup（力提甫·托乎提，2004：301）。

通古斯语：满语 sara、锡伯语 sar、鄂温克语 saran、鄂伦春语 saran、赫哲语 saran（朝克，2014a：166—167）；满语 sa（Lee，1958：116）；Evenki 语 sarimī-（眨眼，睫毛）/sarimikta（眉毛）、Even 语 harъm-（眨眼，睫毛）/harъmtъ（眉毛）、Negidal 语 sajịmta（眉毛）、满语口语 śulimin（眉毛）、满语书面语 solmin（眉毛）、Ulcha 语 sarumta（眉毛）、Orok 语 sịr(ụ)mụqta（眉毛）、Nanai 语 sarmaqta（眉毛）、Oroch 语 sāmikta（眉毛）、Udighe 语 sāmikta（眉毛）、Solon 语 sammikta/sarmilta/sarmitta（眉毛）（Starostin，Altaic etymology）。

现代朝鲜语：u-san（雨伞）/yang-san（阳伞）（Jones & Rhie，1991：361）。

原始音拟构：*sarami。

解释：

通古斯语和中世朝鲜语的音节结构对应工整。中世朝鲜语中的 y 对应通古斯语中的 a 和个别的 o、u。通古斯语与中世朝鲜语具有同源特征。

在现代朝鲜语中，u-san（雨伞）和 yang-san（阳伞）为汉语借词。

## 汉语意义：架子

中世朝鲜语：*saraŋ（Lee，1958：116）。

通古斯语：满语 sulku、锡伯语 sulku、鄂温克语 sulku、鄂伦春语 sulku、赫哲语 sulku（朝克，2014a：204—205）；满语 sarhū（Lee，1958：116）；满语书面语 sarχu（架子）、Ulcha 语 seri（盖板）、Nanai 语 seri（盖板）（Starostin，Altaic etymology）。

现代朝鲜语：si-rŏng（Jones & Rhie，1991：307）。

原始音拟构：*selu。

**解释：**

通古斯语中的 u 可以对应朝鲜语中的 a，因此两种语言在音节结构、语音形态方面对应工整，具有同源特征。[①]

## 汉语意义：稀疏

中世朝鲜语：*sęski（Lee，1958：116）。

通古斯语：满语 sargijan、锡伯语 sargin、鄂温克语 sargiŋ、鄂伦春语 sargin、赫哲语 sargin（朝克，2014a：378—379）；满语 sargiyan（Lee，1958：116）；满语书面语 seri、Ulcha 语 serbi、Nanai 语 sēr（Starostin，Altaic etymology）。

现代朝鲜语：sŏng-gin（Jones & Rhie，1991：322）。

原始音拟构：*serigin。

**解释：**

从音节结构和语音对应的角度来看，通古斯语与朝鲜语具有对应关系，但我国境内通古斯语的词尾音和现代朝鲜语的词尾音来源不详。[②]

---

[①] 李基文认为，中世朝鲜语 *saraŋ 来源于 *sarkaŋ 和 *sireŋ，朝鲜语方言中还有 salaŋ、sigeŋ 变体现象（Lee，1958：116）。

[②] 李基文认为，中世朝鲜语 *sęr 来源于 *sęrki。具体音变为：爆破音前的辅音 *r 变为 t。我们可以在中世朝鲜语中发现这种现象（Lee，1958：116）。

## 汉语意义：年龄

中世朝鲜语：*sęr（年龄，年，一年第一天）（Lee，1958：116）。

通古斯语：满语 sə、锡伯语 sə、鄂温克语 nasuŋ、鄂伦春语 nasun、赫哲语 sə（朝克，2014a：300—301）；满语 se（Lee，1958：116）；满语口语 sē、满语书面语 se、女真语 sejŋ-ŋer、Ulcha 语 sē、Nanai 语 sē、Oroch 语 sē、Udighe 语 se（Starostin，Altaic etymology）。

现代朝鲜语：sar（岁）（宣德五、金祥元、赵习，1985：140）；na（力提甫·托乎提，2004：342）。

原始音拟构：*sər/*nas[①]。

**解释：**

通古斯语与朝鲜语具有明显的同源特征。鄂温克语、鄂伦春语的第一个音节 n 表明它们与现代朝鲜语均来源于原始阿尔泰语 *nas。

## 汉语意义：腰

中世朝鲜语：*hęri（腰）（Lee，1958：116）。

通古斯语：满语 sihali、锡伯语 şihali、鄂温克语 ʃihal、鄂伦春语 ʃikal、赫哲语 ʃihal/ʃonbuli（朝克，2014a：154—155）；满语 seire（Lee，1958：116）。

现代朝鲜语：hŏ-ri（腰）（Jones & Rhie，1991：372）；həri（宣德五、金祥元、赵习，1985：143）。

原始音拟构：*sihəli。

**解释：**

现代朝鲜语来源于中世朝鲜语，但它们均脱落了词首音节 si-，所以它们与通古斯语同源。[②]

---

[①] 力提甫·托乎提（2004：342）认为，朝鲜语 na（岁，岁数）与蒙古语 nasun（岁数，年老）、突厥语 yaš（岁数）具有同源特征。

[②] 如果参阅通古斯语的另一个形态 *xelgeńe（腰，间隔），如 Evenki 语 eŋeńē（腰）、Even 语 eŋeń（腰）/ēlgъ（间隔）、Negidal 语 eŋeńe（腰）、Ulcha 语 xeŋgi（腰）、Orok 语 xeŋgeje（腋窝）（Starostin, Altaic etymology），那么，中世朝鲜语、现代朝鲜语或许也与这些语言同源。但本书目前尚无法解释通古斯语中 -l- 消失的原因。

## 汉语意义：骰子

中世朝鲜语：*saza<*saso（古朝鲜语）（Lee，1958：116）。

通古斯语：满语 saka、锡伯语 saka、鄂温克语 sakka、鄂伦春语 sarka、赫哲语 saka（朝克，2014a：186—187）；满语 sese/sesu-ku（骰子）（Lee，1958：116）；Evenki 语 čikā-、Even 语 čiqi-、Negidal 语 čixa-、满语书面语 čikiri（切下来的片）、Orok 语 čike（切板，锯东西）（Starostin，Altaic etymology）。

现代朝鲜语：chu-sa-wi（Jones & Rhie，1991：91）。

原始音拟构：*saka。

解释：

通古斯语中表示"肉丁"这个意义的词似乎在意义上不符合对比条件，但由于其音节结构对应，且"骰子"与"丁""小块"意义相近，因此可以进行对比，而且我们可以认为它们是同源词。现代朝鲜语中的 ch 与中世朝鲜语中的 s、通古斯语中的 s 对应工整。

## 汉语意义：露，霜

中世朝鲜语：*sɛri（霜）（Lee，1958：117）。

通古斯语：满语 silǝngi、锡伯语 şiliŋ、鄂温克语 ʃilǝngi/ʃiiriʧʃi、鄂伦春语 ʃilǝksǝ、赫哲语 ʃilǝksǝ/ʃilǝngi、女真语 ʃilǝwun（朝克，2014a：10—11）；满语 silenggi（Lee，1958：117）；Evenki 语 sile-kse、Even 语 hīli、Negidal 语 sile-kse、满语书面语 sile-ŋgi、女真语 sie-le-un、Ulcha 语 silemse、Orok 语 śile-śke、Nanai 语 sile-mse、Oroch 语 sileŋse、Udighe 语 silihe、Solon 语 šilikši（Starostin，Altaic etymology）。

现代朝鲜语：sǒ-ri（霜）（Jones & Rhie，1991：117）；isɯr/isir（宣德五、金祥元、赵习，1985：139）。

原始音拟构：*sǝli。

解释：

在通古斯语与朝鲜语中，r 与 l 对应，同源特征明显。

## 汉语意义：漱

中世朝鲜语：*sẹri-（洗）（Lee，1958：117）。

通古斯语：满语 silgija-、锡伯语 şilgia-、鄂温克语 bolok-/boloh-、鄂伦春语 bolok-、赫哲语 bolok-（朝克，2014a：434—435）；ɕilk'irə（韩有峰、孟淑贤，1993：222）；满语 silgiya-（Lee，1958：117）；Evenki 语 silki-、Even 语 hilqъ-、Negidal 语 sịlkị-、满语书面语 silǥa-、Ulcha 语 silču-、Orok 语 siltu-、Nanai 语 sịlqo-、Oroch 语 sikki-、Udighe 语 siki-（Starostin，Altaic etymology）。

现代朝鲜语：ssit-da（洗）/se-t'ak-ha-da（洗衣服）（Jones & Rhie，1991：374）；ssista/ssitta（宣德五、金祥元、赵习，1985：169）。

原始音拟构：*sili-。

解释：

通古斯语与朝鲜语对应工整，具有同源特征。

鄂温克语 bolok-/boloh-、鄂伦春语 bolok-、赫哲语 bolok- 来源不详。

## 汉语意义：胆

中世朝鲜语：*psirkẹi（Lee，1958：117）。

通古斯语：满语 silhi、锡伯语 şilhə、鄂温克语 ʃiildə、鄂伦春语 ʃiilə、赫哲语 ʃiləsə/ʃilhə、女真语 ʃilihi（朝克，2014a：160—161）；满语 silhi（Lee，1958：117）；Evenki 语 sī、Negidal 语 silte、满语口语 šilixi、满语书面语 silxi、女真语 si-li-xi、Ulcha 语 silte/sīlte、Orok 语 sīlte、Nanai 语 silte/siltē、Udighe 语 silihe、Solon 语 šīlde（Starostin，Altaic etymology）。

现代朝鲜语：ssǔn（苦）（Jones & Rhie，1991：37）；ssuurkɛ/ssirkɛ（胆）（宣德五、金祥元、赵习，1985：143）；ssuuta（苦）（宣德五、金祥元、

赵习，1985：165）。

原始音拟构：*sil-k/ti。

**解释：**

通古斯语与朝鲜语具有同源特征。

但李基文针对中世朝鲜语的拟构提出了一个问题，即词首音 p 的问题。他认为中世朝鲜语中的 ps 来源于 *pVs，中世朝鲜语 *psirkęi 或许发生了内部变化，也就是说，"胆"是苦的，所以就与 psi-（苦）相关。现代朝鲜语 ssirkɛ（胆）与中世朝鲜语的 *psi- 具有关联性，*psi- 在现代朝鲜语中演变为 ssi-（苦）（Lee，1958：117）。这就解释了本书找到的现代朝鲜语"胆"与"苦"语音相近的原因。

在通古斯语中，与"苦"相关的词没有遵循朝鲜语的变化规则演变，表示"苦"的意义的词另有构成规则，如 Starostin 列出了下列词项：Evenki 语 idari-pču、Even 语 iḍъrsi̧、Negidal 语 iḍasi、满语书面语 idarša-（胸痛）、Ulcha 语 si̧darsi̧、Orok 语 si̧dāru̧li̧、Nanai 语 si̧darsi̧。

通古斯语的语音变化情况与朝鲜语的语音变化情况具有相似之处，即在同一语义场内发生演变。例如，与"胆"相关的词是 *silu-kta（内脏），如 Evenki 语 silu-kta、Even 语 hi̧ltъ、Negidal 语 si̧lta、Orok 语 si̧lu̧-qta、Oroch 语 sulukta、Udighe 语 sulukta、Solon 语 šilu̧kta（Starostin，Altaic etymology）。

## 汉语意义：吸，吮

中世朝鲜语：*simi-（Lee，1958：117）。

通古斯语：满语 simə-、锡伯语 şimi-、鄂温克语 ʃimi-、鄂伦春语 ʃimi-、赫哲语 ʃimi-（朝克，2014a：390—391）；满语 sime-（浸）（Lee，1958：117）；Evenki 语 čupku-（吮）、Negidal 语 čopon-（吻）/ču̧pka-（浸透）、Oroch 语 čop(o)ko-（吻）（Starostin，Altaic etymology）。

现代朝鲜语：sǔ-myǒ-dǔl-da（Jones & Rhie，1991：318）。

原始音拟构：*simi。

**解释：**

通古斯语与中世朝鲜语在音节结构和语音方面对应工整，具有明显的同源特征。现代朝鲜语脱落了第二个音节，元音 u 是元音 i 的后化，因此现代朝鲜语与通古斯语具有渊源关系。

## 汉语意义：连接，线

中世朝鲜语：*sir（线）（Lee，1958：117）。

通古斯语：满语 sira-、锡伯语 şira-、鄂温克语 ʃira-、鄂伦春语 ʃira-、赫哲语 ʃera-、女真语 ʃira-（朝克，2014a：494—495）；满语 sire/sira（线）（Lee，1958：117）；Evenki 语 sira-、Even 语 hirɓq-、Negidal 语 sija-、满语口语 šira-、满语书面语 sira-、女真语 sir(a)-ru、Ulcha 语 ṣira-、Orok 语 ṣira-、Nanai 语 sira-、Oroch 语 sija-、Udighe 语 seä-（Starostin, Altaic etymology）。

现代朝鲜语：sil（线）/si-ŭl kkwe-da（缝）（Jones & Rhie，1991：349）；sir（线）（宣德五、金祥元、赵习，1985：153）；čʰa-（粘上、贴上、系紧）、čʰak（紧紧地，系在一起的）（力提甫·托乎提，2004：334）。

原始音拟构：*sila[①]。

**解释：**

中世朝鲜语、现代朝鲜语中的 s 与通古斯语中的 s、ʃ 对应工整，其他音节亦对应工整，通古斯语与朝鲜语具有明显的同源特征。

## 汉语意义：（在肉上）涂油

中世朝鲜语：*sis-（Lee，1958：117）。

通古斯语：满语 niməŋgilə-、锡伯语 nimənlə-、鄂温克语 imiʃʃilə-、

---

[①] 力提甫·托乎提将该原始音拟构为 *ča-（粘着，连接，把两头接在一起），并给出了阿尔泰语系其他语言的词项：蒙古语 čabug（贴上）、鄂温克语 čawun（同）、čaki-、拉穆特语 čak-（接头，连在一起，集结），突厥语、维吾尔语 čat-（把两头连在一起，接上，附上）（力提甫·托乎提，2004：334）。

鄂伦春语 imʉksələ-、赫哲语 iməgsələ-、女真语 iməŋgilə-（朝克，2014a：452—453）；满语 sise-（Lee，1958：117）；满语书面语 sise-[1]（Starostin，Altaic etymology）。

现代朝鲜语：sal（肌肉，肥胖）（Jones & Rhie，1991：291）；sim（肉，肌肉）（力提甫·托乎提，2004：338）。

原始音拟构：*(i)minSsisə-[2]。

解释：

从我国境内通古斯语的情况来看，各种语言稍有不同，但尾音节含有 *-sisə-。在鄂温克语、鄂伦春语、赫哲语中，该现象尤为明显。

中世朝鲜语脱落了词首的前两个音节。Starostin 列出的满语的情况也是如此，因此本书将原始音拟构为 *(i)minSsisə-。

现代朝鲜语 sal 和 sim 来源于中世朝鲜语，因此现代朝鲜语与通古斯语同源。

## 汉语意义：鼬

中世朝鲜语：*sark（野猫）（Lee，1958：117）。

通古斯语：满语 solohi、锡伯语 solohi、鄂温克语 solohi/soolge、鄂伦春语 soloki/soologe/soolge、赫哲语 soolje（朝克，2014a：42—43）；满语 solohi（Lee，1958：117）；Evenki 语 sulakī、Even 语 hu̯lā、Negidal 语 solaxī、Ulcha 语 su̯li̯、Orok 语 su̯li̯、Nanai 语 soli̯、Oroch 语 sulaki、Udighe 语 sulai、Solon 语 su̯laki/su̯laxi（Starostin，Altaic etymology）。

现代朝鲜语：chok-je-bi（黄鼠狼）（Jones & Rhie，1991：375）；ʧokʧepi（黄鼠狼）（宣德五、金祥元、赵习，1985：147）。

原始音拟构：*solohi。

解释：

Starostin 列出的词项和朝克给出的我国境内通古斯语词项具有明显的

---

① Starostin 注：仅在满语中发现，但或许有其他语言同源词。

② S 表示音节。

同源特征，与朝鲜语也具有同源特征。但是现代朝鲜语来源不详。

## 汉语意义：藏（起来）

中世朝鲜语：*sum-（藏 / 躲起来）（Lee，1958：117）。

通古斯语：满语 somi-、锡伯语 ʂœmi-、鄂温克语 dihi-、鄂伦春语 diki-、赫哲语 dihi-、女真语 somi-（朝克，2014a：488—489）；满语 somi-（Lee，1958：117）；Evenki 语 sumet-、Even 语 hum-、Negidal 语 sumēt-、Ulcha 语 sumeči-、Nanai 语 sumeči-、Oroch 语 sumeči-（悄声说）、Udighe 语 sumemesi-（悄声说）（Starostin，Altaic etymology）。

现代朝鲜语：sum-gi-da（Jones & Rhie，1991：69）；sumta（宣德五、金祥元、赵习，1985：170）。

原始音拟构：*sumeči。

解释：

中世朝鲜语、现代朝鲜语仅保留第一个音节，我国境内通古斯语中的 o 是原始通古斯语中 u 的低化。鄂温克语 dihi-、鄂伦春语 diki-、赫哲语 dihi- 有另一个词源，即 *dīKē-（隐藏），如 Evenki 语 dīkē-、Even 语 dikъn-、Negidal 语 dixē-n-、Udighe 语 dige-（Starostin，Altaic etymology）。

通古斯语与朝鲜语具有明显的同源特征。

## 汉语意义：王位

中世朝鲜语：*saori（凳子，王位）（Lee，1958：117）。

通古斯语：满语 soorin、锡伯语 soorin、鄂温克语 soori、鄂伦春语 soori、赫哲语 soorin（朝克，2014a：310—311）；满语 soori（Lee，1958：117）。

现代朝鲜语：seryŏk（影响，权利）（Jones & Rhie，1991：299）。

原始音拟构：*sori。

**解释：**

通古斯语与朝鲜语的词义可以归为同一语义场，即"王位""权利""凳子"。

中世朝鲜语、现代朝鲜语与通古斯语的音节结构均为 sVrV，中世朝鲜语中的 -ao- 与通古斯语中的 -oo- 对应。但现代朝鲜语的词尾辅音 k 来源不详。

## 汉语意义：（装饰用）穗

中世朝鲜语：*sur（装饰穗）（Lee，1958：117）。

通古斯语：满语 sorson、锡伯语 sorson、鄂温克语 sortʃo/dʒala、鄂伦春语 sortʃo、赫哲语 sorson（朝克，2014a：172—173）；满语 soroson、锡伯语 sorsun、鄂温克语 sujhə、鄂伦春语 sujkə、赫哲语 sorsom/sujhsujhə（朝克，2014a：84—85）；满语 sorson（Lee，1958：117）；满语口语 ʃogə/ʃogi（蔬菜缨）、满语书面语 sogi/solo（蔬菜缨）、女真语 sol-ŋi（蔬菜）、Ulcha 语 solʒi（蔬菜）、Nanai 语 solgi（蔬菜）、Oroch 语 soggixa（蔬菜）、Udighe 语 sogühö（蔬菜）（Starostin，Altaic etymology）。

现代朝鲜语：sul（穗）/song-i-ggot（蔬菜缨）（Jones & Rhie，1991：344）。

原始音拟构：*sol。

**解释：**

通古斯语与朝鲜语具有明显的同源特征，l 与 r 之间互为变体。

通古斯语中同源词的意义分为三类：一为"菜的叶子""芽"（蔬菜樱）；二为"蔬菜"；三为"稻，麦穗"。"装饰穗"这个意义是从"芽""蔬菜"和"稻，麦穗"引申出来的。从语义关联的角度来看，"装饰穗"与这些意义相关，因此它们同属于一个语义场。

## 汉语意义：乱扔

中世朝鲜语：*sot（乱扔）（Lee，1958：117）。

通古斯语：满语 suita-、锡伯语 suita-、鄂温克语 jəəkkʉ-、鄂伦春语 jəəbkʉ-、赫哲语 jəbku-（朝克，2014a：450—451）；满语 sota（Lee，1958：117）；Evenki 语 sutigā-（打走）、满语书面语 sota-（乱扔）（Starostin，Altaic etymology）。

现代朝鲜语：sotta（液体喷出）（Jones & Rhie，1991：320）；sae-da（泄露）（Jones & Rhie，1991：191）；sɛta（漏）（宣德五、金祥元、赵习，1985：168）。

原始音拟构：*sotaka。

**解释：**

中世朝鲜语、现代朝鲜语与通古斯语的音节结构相同，均为 sVtVkV[①]，意义相近，具有同源特征。

鄂温克语 jəəkkʉ-、鄂伦春语 jəəbkʉ-、赫哲语 jəbku- 来源不详。

## 汉语意义：筋

中世朝鲜语：*him（力量）（Lee，1958：117）。

通古斯语：满语 subə、锡伯语 suv、鄂温克语 sʉmʉl、鄂伦春语 sumʉl/mʉʉŋi、赫哲语 sumkən（朝克，2014a：162—163）；满语 sube（Lee，1958：117）；满语 sube（Lee，1958：117）；Evenki 语 sumu、Even 语 hum、Negidal 语 sumu、满语口语 suvu、满语书面语 sube、Ulcha 语 sumul、Orok 语 sumu～xumu、Nanai 语 sumul、Oroch 语 sumu(l)、Udighe 语 sumul(i)、Solon 语 sumul（Starostin，Altaic etymology）。

现代朝鲜语：him（力量）（Jones & Rhie，1991：332）；himʧur/simʧur（筋）（宣德五、金祥元、赵习，1985：143）。

原始音拟构：*sumu。

---

① V 代表元音。

**解释：**

从音形上来看，李基文给出的中世朝鲜语与通古斯语几乎没有相似之处。但他仍然认为二者具有同源性。他认为，中世朝鲜语与现代朝鲜语 him 具有渊源关系，但与通古斯语具有意义改变的关系，例如通古斯语 sumu 的意义为"血管、筋"（Lee，1958：117）。

虽然李基文仅仅在语义方面对同源特征进行了解释，但是他在讨论中提及了 h 与 s 之间的关系。因此，通古斯语与中世朝鲜语仍然具有同源特征。

## 汉语意义：艾草

中世朝鲜语：*psuk（Lee，1958：117）。

通古斯语：满语 suiha、锡伯语 ş yha、鄂温克语 sujha、鄂伦春语 sujka、赫哲语 suiha（朝克，2014a：94—95）；满语 suihua（Lee，1958：117）；Negidal 语 soɣakta、满语书面语 su、Ulcha 语 soaqta、Orok 语 suaqta、Nanai 语 sōaqta、Oroch 语 suakta（Starostin，Altaic etymology）。

现代朝鲜语：suk（Lee，1958：117）；ssuk（宣德五、金祥元、赵习，1985：150）。

原始音拟构：*suik。

**解释：**

通古斯语与中世朝鲜语具有明显的同源特征。关于中世朝鲜语的词首辅音 p，参见前面的相关解释。

## 汉语意义：聪明[①]

中世朝鲜语：*sir-kɛp/*sar-kap（Lee，1958：117）；suro [ 首露 ]（Ilyon 2007：159）；soori/sŏl（最高，神圣）（Ha & Mintz，2007：172）[②]。

---

① 本词项与前面的"聪明，多智略，开创者"（中世朝鲜语：*alji [ 阏智 ]）相关。

② 该形态由《三国遗事》（英译版）译者 Ha & Mintz 在注释中列出。他们认为 suro（首露）为朝鲜本土（固有）词汇，suro 是试图通过汉字来表达的朝鲜词语 soor 和 sol 的合写（Ilyon，2007：172）。

通古斯语：满语 surə、锡伯语 surə、鄂温克语 surə/səggə、鄂伦春语 surə、赫哲语 surə、女真语 surə（朝克，2014a：374—375）；满语 sure、女真语 sú-léh（Lee，1958：117）；满语书面语 silin、Nanai 语 sāli（Starostin，Altaic etymology）。

现代朝鲜语：sin-sŏng-han（神圣）（Jones & Rhie，1991：158）；surkiropta（聪明）（宣德五、金祥元、赵习，1985：165）。

原始音拟构：*surə。

**解释：**

李基文认为，中世朝鲜语中的 -kep/-kap 是形容词词干，构成尾缀（Lee，1958：117）。根据这个判断，我们可以将拟构定为 *surə。现代朝鲜语中的 -pta 也是形容词词缀，现代朝鲜语 sin-sŏng 为汉语借词。通古斯语与朝鲜语具有明显的同源特征。

根据一然（Ilyon）在《三国遗事》中记载的首露王（Suro）的传说，首露王为天降金碗所盛六个金卵中首先孵化出来的人。他身高九尺，面如龙，眉如八色彩虹，双瞳放光，聪颖能干，后来成为驾洛国王，统一了伽耶九个部落（Ilyon，2007：43）。这也说明古代三韩地区的驾洛国人也使用通古斯语。

值得注意的是，从上面的考释来看，朝鲜语 suro 并不是汉字的音转。例如，在《三国遗事》英译版中，"水路夫人"（Suro Puin）完全是汉字音转，因为故事中的水路夫人以美丽著称，她的故事也显示出她是"聪明""神圣""美丽"的化身 [1]（Ilyon，2007：108—110）。但"水路夫人"中的"夫人"为汉字音转。

---

① 水路夫人的传说如下："圣德王代。纯贞公赴江陵大守（今溟州）行次海汀昼膳。傍有石嶂，如屏临海，高千丈，上有躑躅花盛开。公之夫人水路见之谓左右曰：折花献者其谁。从者曰：非人迹所到，皆辞不能。傍有老翁牵牸牛而过者，闻夫人言折其花亦作歌词献之。其翁不知许人也。便行二日程，又有临海亭。昼膳次海龙忽揽夫人入海，公颠倒躄地，计无所出。又有一老人告曰：故人有言，众口铄金。今海中傍生，何不畏众口乎。宜进界内民，作歌唱之，以杖打岸，则可见夫人矣。公从之。龙奉夫人出海献之。公问夫人海中事。四七宝宫殿，所膳甘滑香洁，非人间烟火。此夫人衣袭异香，非世所闻。水路姿容绝代，每经过深山大泽，屡被神物掠揽。众人唱海歌。词曰：龟乎龟乎出水路，掠人妇女罪何极，汝若逆不出献，入网捕掠燔之吃。"（《三国遗事》）
注：标点符号为本书作者添加。

## 汉语意义：五

中世朝鲜语：*tasas（Lee，1958：117）。

通古斯语：满语 sundʑa、锡伯语 sundʑa、鄂温克语 sundʒa/toŋ、鄂伦春语 sundʒa/toŋŋa、赫哲语 sundʒa、女真语 sundʒa（朝克，2014a：344—345）；满语 sunja < *tusa（Lee，1958：117）；满语 sunja（Lee，1958：117）；Evenki 语 tunŋa、Even 语 tụnŋъn、Negidal 语 tońŋa/tuńńa、满语口语 sunʒā、满语书面语 sunʒa、女真语 ĉunʒa、Ulcha 语 tụńʒa、Orok 语 tụnda、Nanai 语 tojŋga、Oroch 语 tuŋa、Udighe 语 tuŋa、Solon 语 toŋa（Starostin，Altaic etymology）。

现代朝鲜语：ta-sŏt（Jones & Rhie，1991：126）；tasəs/tasət（宣德五、金祥元、赵习，1985：161）。

原始音拟构：*tundʒa。

**解释：**

虽然中世朝鲜语、现代朝鲜语第二个音节的首音 s 与我国境内通古斯语中的 dʑ、j 对应，但中世朝鲜语、现代朝鲜语的首音为 t，难以与我国境内通古斯语的首音 s 形成对应关系。

然而，中世朝鲜语、现代朝鲜语与我国境外通古斯语对应。我们可以看出历史语言变化的特点。第一，中世朝鲜语、现代朝鲜语同出一源，具有相同的音节结构，t、s 对应。中世朝鲜语、现代朝鲜语第二个音节中的 s 与我国境内通古斯语中的 dʑ、j 对应，它们形成一个同源词系列，原始音可以拟构为 *sundʒ。第二，中世朝鲜语、现代朝鲜语词首音 t 与我国境外通古斯语中的 t 在位置上对应，但第二个音节则完全不对应，因此，这就形成另一个同源词系列，原始音可以拟构为 *tunga。第三，如果将两种音变进行比较，那么可以发现中世朝鲜语、现代朝鲜语与通古斯语整体对应，朝鲜语将通古斯语词首元音 u 低化变为 a，将通古斯语第二个音节的词首辅音 g 变为 s，我们可以拟构出一个原始音 *tundʒa。

这种变化可以表述为"截取"变化。因此，中世朝鲜语、现代朝鲜语与通古斯语具有同源特征。

## 汉语意义：灰白

中世朝鲜语：*hai/*hii（发白）（Lee，1958：117）。

通古斯语：满语 sahahʊn、锡伯语 jətʂikən、鄂温克语 honnor/sahaliŋ、鄂伦春语 kʊŋnor、赫哲语 sahalin（朝克，2014a：356—357）；满语 šara/šari（灰）（Lee，1958：117）；Evenki 语 čolko、Negidal 语 čolko（Starostin，Altaic etymology）。

现代朝鲜语：hoe-saek-ŭi（灰）（Jones & Rhie，1991：146）；hosɛk/hesɛk（灰色）（宣德五、金祥元、赵习，1985：164）。

原始音拟构：*sari。

解释：

从表面上看，通古斯语与朝鲜语有相同的和不同的首辅音，但是李基文对朝鲜语词源的解释可以说明二者具有可比性。中世朝鲜语 *hai-/*hii 一定经历了元音间 r 的演化过程（满语 šara/šari 中的 r 即是从 h 变化而来的），所以通古斯语与朝鲜语同源（Lee，1958：117）。

从通古斯语中表示该意义的词项的形态来看，李基文的解释也有道理。例如，我国境内的满语 sahahʊn、鄂温克语 sahaliŋ、赫哲语 sahalin 中的 -h-可以得到解释。由于 Evenki 语 čolko、Negidal 语 čolko 中的 -l- 为 r 的自由变体，因此，我们可以看出我国境外通古斯语中的 -l- 保持原始形态。

从形态上看，中世朝鲜语与现代朝鲜语脱落了原始通古斯语的首音节 sa-，脱落了第三个音节，出现了以 h- 为词首音的现象。鄂温克语 honnor、鄂伦春语 kʊŋnor 仅仅脱落了词首音节，-a- 变为 -o- 和 -i-，第三个音节变为 -n/ŋn-。

如此，中世朝鲜语、现代朝鲜语与通古斯语同源，现代朝鲜语的元音有所变化，由 a 变为 -oe-、-o- 和 -e-。

但锡伯语 jətʂikən 来源不详。

## 汉语意义：爬犁 ①

中世朝鲜语：*sęrmęi（爬犁）（Lee，1958：117）。

通古斯语：满语 şərhə、锡伯语 şərhə、鄂温克语 ʃiggool、鄂伦春语 ʃirgul、赫哲语 sərhə/torki（朝克，2014a：212—213）；满语 šerke（爬犁）（Lee，1958：117）。

现代朝鲜语：ssŏl-mae（爬犁）（Jones & Rhie，1991：314）。

原始音拟构：*sərmi。

解释：

通古斯语与朝鲜语在演变过程中发生了变化，都保留了基本的音节结构，但通古斯语将第二个音节中的 m 变为 g/h/k，而中世朝鲜语则保留了 m。

## 汉语意义：烧

中世朝鲜语：*sar-（烧）（Lee，1958：117）。

通古斯语：满语 şolo-、锡伯语 şolo-、鄂温克语 ʃira-、鄂伦春语 ʃila-、赫哲语 ʃela-/fuke-（朝克，2014a：436—437）；赫哲语 tʃɔrik'in（烤）（何学娟，2005：219）；满语 šolo（Lee，1958：117）；Evenki 语 silawun、Even 语 hịḷun、Negidal 语 sịlawụn、满语书面语 šolon、Ulcha 语 sịlopụ(n)、Orok 语 sịlopụ(n)、Nanai 语 sịlpõ、Oroch 语 silō(n)、Udighe 语 silou(n)、Solon 语 šila-（烧烤）（Starostin，Altaic etymology）。

现代朝鲜语：sŏk-soe（炉篦）（Jones & Rhie，1991：146）②。

原始音拟构：*silapun-。

解释：

通古斯语与中世朝鲜语的主要区别是元音不同，但音节结构和辅音相

---

① 即"雪橇"。

② 现代朝鲜语中表示"烤"这个意义的词还有 kup-da（烤）（Jones & Rhie，1991：28）、kupta（烤）（宣德五、金祥元、赵习，1985：171）。它们有另一个词源 *gul-（猛烈燃烧，点火，篝火，灶），如 Evenki 语 gul-（燃烧）、Even 语 gụl-（点火）、Negidal 语 golo-wun（点火）、满语书面语 Golon tuwa（篝火）/gulgin（火焰）、Ulcha 语 Gol-ʒo(n)（篝火）、Nanai 语 Gola-（点火）/Golʒõ（灶）、Oroch 语 gogʒo(n)（灶）、Solon 语 gụlʒēr（灶）（Starostin, Altaic etymology）。

同，因此，我们可以将通古斯语的元音变化视为语言独立演变的结果。

## 汉语意义：柳条筐

中世朝鲜语：*serk（柳条筐）（Lee，1958：117）。

通古斯语：满语ʂulhʊ、锡伯语 sulhu、鄂温克语 sʉlihʉ、鄂伦春语 sʉlkʉ、赫哲语 sulihu（朝克，2014a：218—219）；满语 šulhu（柳条筐）（Lee，1958：117）；Evenki 语 čuɣlen（桦树皮水桶、编织筐）、满语书面语 šulxu（编织筐）（Starostin，Altaic etymology）。

现代朝鲜语：samt'ɛki（簸箕）（宣德五、金祥元、赵习，1985：154）。

原始音拟构：*sulk。

**解释：**

通古斯语增加了第二个音节，并且 h 与 k 互为变体。

## 汉语意义：太阳

中世朝鲜语：*hai（Lee，1958：118）。

通古斯语：满语ʂun、锡伯语 sun、鄂温克语 ʃigʉŋ/ʃiwʉŋ、鄂伦春语 dilaʧa/ʃiwʉn、赫哲语 ʃiwun、女真语 ʃun（朝克，2014a：7—8）；满语 šun（Lee，1958：118）；Evenki 语 siɣūn、Negidal 语 siɣun、满语口语 šun/sun、满语书面语 šun、Ulcha 语 siu(n)、Orok 语 su(n)、Nanai 语 siu(n)、Oroch 语 seu(n)、Udighe 语 sū(n)、Solon 语 šigū（Starostin，Altaic etymology）。

现代朝鲜语：hae（Jones & Rhie，1991：337）；hɛ（宣德五、金祥元、赵习，1985：139）；hae（Ju-haeng Lee & Gyu-hang Lee，1998：757）。

原始音拟构：*sigun。

**解释：**

李基文认为，满语 šun 和朝鲜语 *hai 能够形成对应关系，朝鲜语在演变过程中脱落了元音间 g，从而形成了现在的形态。朝鲜语与通古斯语同源。

但是，朝鲜语的词首辅音 h- 来源不详，因为通古斯语中的 s- 与朝鲜语中的 h- 难以形成对应关系。

## 汉语意义：凿，刻

中世朝鲜语：*ssusi-（挑，扎）（Lee，1958：118）。

通古斯语：满语 şusin/sioisioin、锡伯语 şuşin/şyşyn、鄂温克语 suuʃi/ʧuuʧi、鄂伦春语 ʧuʧi、赫哲语 ʃuʃin（朝克，2014a：216—217）；满语 šusin（Lee，1958：118）；满语书面语 šuki-（顶）/šukun（弓弦结）、Nanai 语 čuktuli-（刻）、Oroch 语 čūku/tūku（凿）（Starostin，Altaic etymology）。

现代朝鲜语：ssushida（捡，扎）（Jones & Rhie，1991：322）。

原始音拟构：*susin。

**解释：**

通古斯语与朝鲜语对应工整，我们可以看出它们具有同源特征。通古斯语有一些辅音变体（如 ʃ/ʧ/č）和增音（如 k）。

## 汉语意义：马掌

中世朝鲜语：*takar（马蹄铁）（Lee，1958：118）。

通古斯语：满语 tahan、锡伯语 tahə/tak、鄂温克语 taha、鄂伦春语 tak、赫哲语 tah（朝克，2014a：212—213）；满语 tahan（Lee，1958：118）。

现代朝鲜语：tan-hua（鞋）（Jones & Rhie，1991：308）；p'yŏn-ja/che-ch'ŏl（马掌）（Jones & Rhie，1991：160）；sin（鞋）（宣德五、金祥元、赵习，1985：153）。

原始音拟构：*taha。

**解释：**

从对比中可以看出，中世朝鲜语与通古斯语之间的差异表现在 k 和 h 上，而 k 和 h 之间的变化在通古斯语中是很常见的。因此，两种语言具有

明显的同源特征。现代朝鲜语 sin 应该是汉语借词。现代朝鲜语 tan-hua 与通古斯语、中世朝鲜语同源。但现代朝鲜语 p'yǒn-ja/che-ch'ǒl 来源不详。

## 汉语意义：坐

中世朝鲜语：*tha（骑，坐）（Lee，1958：118）。

通古斯语：满语 tə-、锡伯语 tə-、鄂温克语 təgə-、鄂伦春语 təə-、赫哲语 tə-、女真语 tə-（朝克，2014a：414—415）；满语 te（骑，坐）（Lee，1958：118）；Evenki 语 tege-、Even 语 tьɣ-、Negidal 语 teɣet-、满语口语 te-、满语书面语 te-、女真语 teh-biar、Ulcha 语 tēwu、Orok 语 tē-、Nanai 语 tēsị-、Oroch 语 tē-、Udighe 语 tē-、Solon 语 tege-（Starostin，Altaic etymology）。

现代朝鲜语：t'a-da（骑）（Jones & Rhie，1991：290）；t'ata（骑马，乘车，乘船）（宣德五、金祥元、赵习，1985：172）。

原始音拟构：*tə。

**解释：**

通古斯语和朝鲜语对应工整，具有同源特征。李基文给出的 *tha 中的 h 为送气音，所以 t 不是加强辅音。通古斯语中出现的第二个音节应该是由语系内部方言差异造成的。

## 汉语意义：抱

中世朝鲜语：*tẹpir-（拿走，带走，伴随）（Lee，1958：118）。

通古斯语：满语 təbəlijə-、锡伯语 tivələ-、鄂温克语 hɯmɯli-、鄂伦春语 kɯmlə-、赫哲语 təbəli-（朝克，2014a：412—413）；满语 tebeliye-（Lee，1958：118）；满语 tebeliye-、tebeliyeku（一人能挑或抱之量）、tebeliyen（抱）（力提甫·托乎提，2004：321）；Evenki 语 tewe-/tēwē-（捉）、Even 语 tew-（捉）/tewel-（抱）、Negidal 语 tewen-（捉）、满语口语 tivələ-/tevilə-（抱）、满语书面语 tebele-（抱）（Starostin，Altaic etymology）。

现代朝鲜语：tong-ban-ha-da（伴随）（Jones & Rhie，1991：4）。

原始音拟构：*təpə[1]。

解释：

通古斯语和朝鲜语都没有不送气音 b，因此本书拟构为 *p。在通古斯语中，p 与 v 为自由变体。现代朝鲜语将第一个音节中的 ə 变为 o，并添加 ŋ，但没有改变原始音 p。现代朝鲜语中的 -ha-da 为词尾添意成分。通古斯语与朝鲜语具有明显的同源特征。

## 汉语意义：基础，地点

中世朝鲜语：*thę（基础，地点）（Lee，1958：118）；*tèmò（根，力量，灵魂）、*cam（树根）（Blažek，2006：6）。

通古斯语：满语 tən、锡伯语 tən、鄂温克语 təgəŋ、鄂伦春语 təgəŋ、赫哲语 təgən/təən（朝克，2014a：198—199）；满语 ten（Lee，1958：118）；Evenki 语 tekēn/tekēr、Even 语 teken、Negidal 语 teken、Ulcha 语 texe、Orok 语 tekke(n)、Nanai 语 texe、Oroch 语 teke(n)、Udighe 语 tēge（Starostin，Altaic etymology）。

现代朝鲜语：t'ə（地基）（宣德五、金祥元、赵习，1985：157）。

原始音拟构：*tə。

解释：

通古斯语增加了一个响音 n 或一个音节，但词根没有变化。通古斯语和朝鲜语具有明显的同源特征。

## 汉语意义：那

中世朝鲜语：*tyę（那）（Lee，1958：118）。

通古斯语：满语 tərə、锡伯语 tər、鄂温克语 tari、鄂伦春语 tari、赫哲语 ti/tiji（朝克，2014a：340—341）；满语 te（Lee，1958：118）；Evenki

---

① 力提甫·托乎提认为，该原始音应该拟构为 *tebelV-（抱，拥抱），如蒙古语 teberi- < 中古蒙古语 teberi-（拥抱），拉穆特语 təwəl-（拥抱）（力提甫·托乎提，2004：321）。

语 tar/tari、Even 语 tar、Negidal 语 taj、满语口语 terə、满语书面语 tere、Ulcha 语 tāwu/ti、Orok 语 tari、Nanai 语 taja、Oroch 语 tī/tei、Udighe 语 tei/teji、Solon 语 tajā/tari（Starostin，Altaic etymology）。

现代朝鲜语：chǒn-bu（Jones & Rhie，1991：347）；ʧə（那）（宣德五、金祥元、赵习，1985：161）。

原始音拟构：*tə。

解释：

通古斯语与朝鲜语对应工整，可以视为同源。

## 汉语意义：一个度量单位

中世朝鲜语：*toi（一个度量单位）（Lee，1958：119）。

通古斯语：满语 to、锡伯语 to、鄂温克语 tawar、鄂伦春语 tawar、赫哲语 to（朝克，2014a：354—355）；满语 to（Lee，1958：118）；满语 to（柳斗，串珠的纪念，一扎）（敖拉·毕力格、乌兰托亚，2013：927—928）。

现代朝鲜语：toeda（测度）（Jones & Rhie，1991：342）。

原始音拟构：*toj①。

解释：

通古斯语与朝鲜语对应工整。

## 汉语意义：转

中世朝鲜语：*torho-（转圈）（Lee，1958：118）；*tor-（环行，绕圈）（力提甫·托乎提，2004：321）。

通古斯语：满语 tor（转圈）（Lee，1958：118）；满语 torxo-（绕着圈子走，围绕……而行）、torgi-（画圆圈）、torgiqu（陀螺）、鄂温克语

① 通古斯语中还有一些表示容量、长度、重量的词项，如 Ulcha 语 mowgolo（手指）、Orok 语 momgu/moŋbo（一扎，手指）、Oroch 语 moŋlo（一扎）；又如满语书面语 yḿali-（测量）/ḿalin（测重量）、女真语 mia-liaŋ-ha（测重量）、Nanai 语 mialaqo（粉状物测器）（Starostin，Altaic etymology）。与中世朝鲜语、现代朝鲜语和我国境内通古斯语相比，我国境外通古斯语 *moŋla 和 *miali- 显然有不同的来源。

to:rga:ŋgin（襁褓，用来包裹小孩子的东西）（力提甫·托乎提，2004：321）[1]；Evenki 语 tokor-（转圈）/tokčika-（弯曲）、Negidal 语 toxoj-（转圈）/tokčoka（弯曲）、满语书面语 toχoro（轮，环）、Orok 语 tōroli̯-（磨）、Nanai 语 toxoriqõ（滑轮）（Starostin，Altaic etymology）。

现代朝鲜语：dolda-[2]。

原始音拟构：*torh。

**解释：**

通古斯语与中世朝鲜语对应工整：通古斯语的第二个音节围绕 r 与 h 展开。在现代通古斯语中，在意义有所改变的情况下，原始的 *r 在一些通古斯语中脱落，在现代朝鲜语中转变为 l。原始的 *h 在一些通古斯语中或者演变为 k，或者演变为 x。在现代朝鲜语 dolda- 中，d 应该是 t 的浊化，相当于 tt。现代朝鲜语与中世朝鲜语保持一致，与通古斯语具有明显的同源特征。

## 汉语意义：掉

中世朝鲜语：*ti-（掉落）（Lee，1958：118）。

通古斯语：满语 tuhə-、锡伯语 tuhu-、鄂温克语 tihi-、鄂伦春语 tiki-/tik-、赫哲语 tihi-/tuhə-（朝克，2014a：414—415）；满语 tuhe-（Lee，1958：118）；Evenki 语 tigde（下雨）/tik-（掉落）、Even 语 tīd（下雨）/tik-（掉落）、Negidal 语 tigde（下雨）/tik-（掉落）、满语书面语 tuxe-（掉落）、女真语 tu-ho-（掉落）、Ulcha 语 tugde（下雨）/tū-（掉落）、Orok 语 tugde/tugǯe（下雨）/tū-（掉落）、Nanai 语 tugde（下雨）/tū-（掉落）、Oroch 语 tigde（下雨）/tī-（掉落）、Udighe 语 tigde（下雨，掉落）、Solon 语 tiki-（掉落）/tegde-（下雨）（Starostin，Altaic etymology）。

---

① 力提甫·托乎提还例举了其他阿尔泰语词项：蒙古语 toɣori- < *toga:ri（环行，围绕）、喀尔喀蒙古语 toiro-（环绕）、蒙古语 toɣono:na（帐篷出烟孔的木圈）、哈萨克语 toɣun（烟孔木圈）、察哈台语 toɣalaq（圆的）、维吾尔语 doɣulaq < toɣalaq（圆的，球状的）（力提甫·托乎提，2004：321）。

② 本词为方香玉博士提供。

现代朝鲜语：ttǒ-rǒ-ji-da（掉落）（Jones & Rhie，1991：120）；ttərəʃita（宣德五、金祥元、赵习，1985：170）。

原始音拟构：*tuk-/tik-。

**解释：**

通古斯语与朝鲜语对应工整：元音 i、u 处于自由变体状态。通古斯语添加第二个音节。

## 汉语意义：滞留

中世朝鲜语：*tętii-（留下，滞后）（Lee，1958：118）。

通古斯语：满语 tuta-/wəri、锡伯语 tuta-、鄂温克语 duta-、鄂伦春语 duta-、赫哲语 duta-、女真语 tujabu-（朝克，2014a：504—505）；满语 tuta-（Lee，1958：118）；满语口语 tuta-（留在后面，停在后面）、满语书面语 tuta-、女真语 duta-xun（Starostin，Altaic etymology）。

现代朝鲜语：kku-mul-gǒ-ri-da/ch'o-ji-da（留下，滞后）（Jones & Rhie，1991：187）。

原始音拟构：*tuta。

**解释：**

通古斯语与中世朝鲜语的音节对应工整，辅音一致，元音稍有变化。通古斯语与中世朝鲜语同源。现代朝鲜语来源不详。

## 汉语意义：照看

中世朝鲜语：*top-（帮助）（Lee，1958：118）。

通古斯语：满语 tuwa-、锡伯语 taa-/ta-、鄂温克语 iʃi-、鄂伦春语 iʃi-、赫哲语 iʃi-、女真语 turga-（朝克，2014a：400—401）；满语 twua-（Lee，1958：118）；Even 语 tewuŋči-（小心）、满语口语 tā-（看）、满语书面语 tuwa-（看）、女真语 tonʒu-lar（检查）（Starostin，Altaic etymology）。

现代朝鲜语：tol-bo-da（照看）（Jones & Rhie，1991：302）。

原始音拟构：*tu-。

**解释：**

通古斯语第二个音节中的辅音 w、t、ʧ 难以与 p 对应。其原因有两个：第一，来自不同的同义词；第二，发生音变。因此，只有满语、锡伯语和赫哲语能与中世朝鲜语进行比较。比较的结果是语音结构相同，o、u 为自由变体，w、t 难以解释。李基文没有给出更多的解释，但从其讨论的情况来看，朝鲜语中的 p 可以与满语中的 t 对应。如此，它们为同源词。

鄂温克语 iʃi-、鄂伦春语 iʧi-、赫哲语 iʧi- 有另一个词源，即 *iče-（看），如 Evenki 语 iče-、Even 语 it-/č-、Negidal 语 iče-、Ulcha 语 ičewu、Orok 语 ite-、Nanai 语 is(k)e-/ice-、Oroch 语 iče-、Udighe 语 ise-、Solon 语 isō-（Starostin，Altaic etymology）。

## 汉语意义：打

中世朝鲜语：*thi-（打）（Lee，1958：118）。

通古斯语：满语 tu-、锡伯语 tu-、鄂温克语 malu-、鄂伦春语 malu-、赫哲语 tu-/kirkilə-（朝克，2014a：494—495）；满语 tū-（Lee，1958：118）；Evenki 语 duɣ-（打，打成糊）、Even 语 duɣ-（打成糊）/duɣ-（打）、Negidal 语 duw- ~ duɣ-（打成糊）/dukte-（打）、满语口语 du- ~ dū-（打，脱粒）、女真语 du-ŋu-mij（打）、Ulcha 语 dū-či-（打成糊）、Orok 语 dū-（打）/dūči-（打成糊）、Nanai 语 dū-（打）/dōči-（打成糊）、Oroch 语 dū-（打，打成糊）、Udighe 语 dū-（打成糊）/dukte-（打）（Starostin，Altaic etymology）。

现代朝鲜语：tu-dǔl-gi-da（打成面糊）（Jones & Rhie，1991：31）。

原始音拟构：*tu-。

**解释：**

通古斯语与朝鲜语的音节结构一致，语音对应工整。语系内部变化形成了个别不同的第二音节。赫哲语 kirkilə- 来源不详。

## 汉语意义：牙床

中世朝鲜语：*ęm（獠牙）（Lee，1958：118）。

通古斯语：满语 uman、锡伯语 uman、鄂温克语 uman/bʉl、鄂伦春语 uman/bʉl、赫哲语 uman（朝克，2014a：148—149）；满语 uman（獠牙）（Lee，1958：118）；Negidal 语 irxi、Ulcha 语 irxi(n)、Orok 语 irki、Nanai 语 ilxi、Oroch 语 ixi（Starostin，Altaic etymology）。

现代朝鲜语：it-mon（牙床）（Jones & Rhie，1991：148）。

原始音拟构：*uman/*irxi。

**解释：**

通过对比李基文给出的满语词项与我国境内通古斯语词项可以看出，二者具有明显的同源特征。中世朝鲜语中的 ę- 对应通古斯语中的 u-。但鄂温克语 bʉl、鄂伦春语 bʉl 来源不详。

现代朝鲜语与我国境外通古斯语在音节结构和意义方面具有同源特征，但现代朝鲜语的第二个音节 -mon 来源不详。

## 汉语意义：门 ①

中世朝鲜语：*orai（门）（Lee，1958：118）。

通古斯语：满语 utşə、锡伯语 utşi、鄂温克语 ʉrikʉ/ʉrkʉ/ʉkkʉ、鄂伦春语 ʉrkə、赫哲语 urku、女真语 duha（朝克，2014a：196—197）；满语 uce（Lee，1958：118）；Evenki 语 urke、Even 语 urkъ、Negidal 语 ujke、满语口语 učī、满语书面语 uče、Ulcha 语 uče、Orok 语 ute、Nanai 语 ujke、Oroch 语 ukke、Udighe 语 uke、Solon 语 ukke/urke（Starostin，Altaic etymology）。

现代朝鲜语：mun（Jones & Rhie，1991：99）；mun（宣德五、金祥元、赵习，1985：157）；to（Jones & Rhie，1991：99）；tori（檩）（宣德五、金祥元、赵习，1985：157）；tori（檩）（Lee，1958：118）；tae-dǔl-bo（木檩）（Jones & Rhie，1991：32）；tori（檩）（宣德五、金祥元、赵习，1985：157）。

① 关于"门"的其他形态，参见前面三韩语"门"的考证。

原始音拟构：*turu/*urksə。

**解释：**

通古斯语与朝鲜语对应工整，u 与 o 为语系内的自由变体元音。通古斯语个别语言中的个别辅音（如 j）存在方言差异。

李基文认为，满语 uce 来源于 *urke，朝鲜语中的 *-rk- 在满语中变为 c（Lee，1958：118）。通古斯语与中世朝鲜语对应工整，音变现象可以解释。通古斯语内部存在自由语音变异。

本书认为，三韩语 *dol、现代朝鲜语 tae-dŭl-bo（木檁）、tori（檁）与通古斯语中表示"木桩"意义的词同源，例如，满语 tura、锡伯语 tura、鄂温克语 tular/togguur、鄂伦春语 tular/toolga、赫哲语 tura（朝克，2014a：194—195）； 满 语 tura（Lee，1958：118）；Evenki 语 turu、Negidal 语 tojo、满语口语 turā、满语书面语 tura、女真语 tur-ra、Ulcha 语 tụra、Orok 语 toro、Nanai 语 toro/tora、Oroch 语 tū、Solon 语 törö（Starostin，Altaic etymology）。

现代朝鲜语 mun 为汉语借词。

## 汉语意义：回声

中世朝鲜语：*ur-（喊，回声）（Lee，1958：118）。

通古斯语：满语 uran、锡伯语 uran、鄂温克语 uran、鄂伦春语 uran、赫哲语 uran（朝克，2014a：292—293）；满语 ura（Lee，1958：118）；满语书面语 or（吼）/ura-（回声）、Nanai 语 oral（回声）、Solon 语 orē-（吼、回声）（Starostin，Altaic etymology）。

现代朝鲜语：ŭ-rŭ-rŏng-gŏ-rim（吼叫）（Jones & Rhie，1991：291）。

原始音拟构：*ur-。

**解释：**

通古斯语与朝鲜语对应工整。

**汉语意义：所有的**

中世朝鲜语：*oro（所有的，全部的）（Lee，1958：118）。

通古斯语：满语 uhuri、锡伯语 uhuri/uhəri、鄂温克语 ʊgʊri、鄂伦春语 ʊgʊri、赫哲语 uhuri、女真语 gəmu（朝克，2014a：340—341）；满语 urui（Lee，1958：118）。

现代朝鲜语：wan-jǒnhi（全部的）（Jones & Rhie，1991：378）。

原始音拟构：*uhru/*gemu。

解释：

中世朝鲜语脱落了通古斯语的词首音 h/gu-，并将其第二个音节的元音 i 前化，使 i 变为 o，元音和谐，u-u 变为 o-o。因此，同源特征明显。

女真语 gəmu 另有词源，即 *gemu（所有），如满语口语 gumə、满语书面语 gemu、Orok 语 gem（Starostin，Altaic etymology）[1]。

现代朝鲜语为汉语借词。

**汉语意义：九**

中世朝鲜语：*ahop（九）（Lee，1958：118）。

通古斯语：满语 ujun、锡伯语 ujun/ujin、鄂温克语 jəgiŋ、鄂伦春语 jəjin、赫哲语 ujun、女真语 ujun/ujin（朝克，2014a：344—345）；满语 uyun（Lee，1958：118）；Evenki 语 jeɣin、Even 语 ujun、Negidal 语 ijeɣin、满语口语 uin/ujun、满语书面语 ujun、Ulcha 语 xuju(n)、Orok 语 xuju(n)、Nanai 语 xujũ、Oroch 语 xuju(n)、Udighe 语 jeji、Solon 语 jegĩ（Starostin，Altaic etymology）。

现代朝鲜语：a-hop(-ǔi)/ku(-ǔi)（Jones & Rhie，1991：228）；ahop/ku（宣德五、金祥元、赵习，1985：161—162）。

原始音拟构：*hujun。

---

① 从 Starostin 给出的例词中可以看出还有其他来源，如满语口语 gerən（许多）、满语书面语 geren（许多）、Ulcha 语 gere(n)（许多）、Orok 语 gere(n)（许多）、Nanai 语 gere(n)（所有）、Oroch 语 gere(n)（许多，所有）、Udighe 语 gele（所有）。

解释：

李基文认为，满语 uyun 来源于 *ugyun，中世朝鲜语 *ahop 来源于 *agop。朝鲜语方言中还有 agup（Lee，1958：118）。他的解释说明了 a 与 u，以及 h 与 j 之间具有对应关系，通古斯语与朝鲜语具有同源特征。本书同意他的观点。

## 汉语意义：眼

中世朝鲜语：*yęs（眼）（Lee，1958：118）；nun（力提甫·托乎提，2004：291）。

通古斯语：满语 jasa、锡伯语 jas、鄂温克语 iisal、鄂伦春语 jesa/jeeʃa、赫哲语 isala/idʒalə、女真语 jaʃa（朝克，2014a：148—149）；满语 yasa（Lee，1958：118）；Evenki 语 ēsa、Even 语 ăsụl、Negidal 语 ēsa、满语口语 jasə、满语书面语 jasa、女真语 ŋia-ĉi、Ulcha 语 ịsal(ị)、Orok 语 isal、Nanai 语 nasal/ńisal(a)/ịsal/ŋasar、Oroch 语 isa、Udighe 语 jehä、Solon 语 īsal（Starostin，Altaic etymology）。

现代朝鲜语：nun（Jones & Rhie，1991：142）；nun（宣德五、金祥元、赵习，1985：142）；nun（Ju-haeng Lee & Gyu-hang Lee，1998：186）。

原始音拟构：*(n)jasa。

解释：

Starostin 讨论了拟构问题。Nanai 语和女真语存在鼻辅音。而在其他语言中，该鼻辅音在双元音 ia 前出现时被脱落。其他的证据和线索能在满语 ńońo（眼球）、Negidal 语 ńuińaki（眼眉）、Even 语 ńōŋeti（独眼的）中找到（Starostin，Altaic etymology）。基于此，我们便可以发现其拟构的合理性，也可以发现现代朝鲜语 nun 来源于通古斯语和之前的朝鲜语。

# 第十节 选自李基文现代朝鲜语－满语比较词项

以下词项为李基文（Lee，1958：118—120）认为目前尚无法确定，但极有可能是同源词的词项。本书认为，这些词项均与通古斯语同源。

## 汉语意义：雨

中世朝鲜语：*para（雨）/*ęksu（大雨）（Lee，1958：119）。

通古斯语：满语 aga、锡伯语 aha、鄂温克语 tikətin/tigdə/uduŋ、鄂伦春语 tikətin/tigdə/tikti/udin、赫哲语 tikətin/tikəti、女真语 aga/aha（朝克，2014a：8—9）；满语 aga（Lee，1958：119）；满语口语 ahā、满语书面语 aGa、女真语 ah-ga；Evenki 语 tigde（雨）/tik-（下落）、Even 语 tīd（雨）/tik-（下落）、Negidal 语 tigde（雨）/tik-（下落）、满语书面语 tuxe-（下落）、女真语 tu-ho-（下落）、Ulcha 语 tugde（雨）/tū-（下落）、Orok 语 tugde/tugǯe（雨）/tū-（下落）、Nanai 语 tugde（雨）/tū-（下落）、Oroch 语 tigde（雨）/tī-（下落）、Udighe 语 tigde（雨，下落）、Solon 语 tiki-（下落）/tegde-（下雨）；Evenki 语 ńōkta（暴风雨，大雨）/ńēkte/ńokta（雹暴）、Even 语 ńonto（大雨）、Negidal 语 ńekte（大雨）（Starostin，Altaic etymology）。

现代朝鲜语：pi（Jones & Rhie，1991：273）；pi（宣德五、金祥元、赵习，1985：139）；bi（Ju-haeng Lee & Gyu-hang Lee，1998：366）。

原始音拟构：*paga/noksu。

解释：

李基文给出了两个中世朝鲜语同义词。我们应该分别解释它们的同源性。

（1）*para：满语、锡伯语、女真语显然与朝鲜语 *para 具有同源特征，它们脱落了首音 p，r 变为 g/k。现代朝鲜语 pi 延续中世朝鲜语。

（2）*ęksu：该词来源于另一个词根 *ńō[be]-kte。朝鲜语脱落了首音 n，余下的部分能够与通古斯语进行比较。在通古斯语的发展过程中，语系内部出现了元音变体，有的保留了 e，有的则将 e 变为 o，或者相反。

（3）*tüK-/*tügde：在通古斯语中，鄂温克语、鄂伦春语、赫哲语来源于此词根。

（1）和（2）关于语源的讨论更加明确地说明通古斯语和朝鲜语具有同源关系。本书认为，如果朝鲜语和通古斯语的古代词汇可以发现得更多，我们应该能够发现更多的同源现象。因为仅仅在现代通古斯语中，表示"雨""下雨"意义的词还有很多，具体可参考 Starostin 给出的词项。

### 汉语意义：江，河

中世朝鲜语：*para/*parar（江，河）（Lee，1958：119）。

通古斯语：满语 bira、锡伯语 bira、鄂温克语 bira/doo、鄂伦春语 bira、赫哲语 bira、女真语 bira/bia/ula（朝克，2014a：24—25）；满语 bira（Lee，1958：119）；Evenki 语 bira（江，河）/biraja（江，河，泉）、Even 语 bịra（江，河）/bịraqčan（泉）、Negidal 语 bija（江，河，泉）/bijaxān（泉）、满语口语 birā（江，河）、满语书面语 bira（江，河）/biraGa/birGan.birχa（泉）、女真语 bira（江，河）、Ulcha 语 bịra（泉）、Nanai 语 bịrã（泉）、Oroch 语 biaka（泉）、Udighe 语 bāsa（江，河）、Solon 语 bira（江，河，泉）（Starostin，Altaic etymology）。

现代朝鲜语：kang/nae（Jones & Rhie，1991：291）；kaŋ（宣德五、金祥元、赵习，1985：140）；saem（泉）（Jones & Rhie，1991：325）；sɛm（泉）（宣德五、金祥元、赵习，1985：140）。

原始音拟构：*pira。

**解释：**

中世朝鲜语中的 p 与通古斯语中的 b 对应工整，通古斯语或许将 a 变为 i。现代朝鲜语 kang、kaŋ 显然是从汉语借入的，但 saem（泉）、sɛm（泉）

或者来源于通古斯语 *sir-（泉，井，拉紧，压出，挤奶），如 Evenki 语 sir-（井，压出，挤奶）、Even 语 hịr-（压出，挤奶）、Negidal 语 sij-（压出，挤奶）、满语口语 šeri/seri（泉）、满语书面语 šeri（泉）/siri-（井）、Ulcha 语 sịrị-（井，压出）、Orok 语 sịrị-（压出，挤奶）、Nanai 语 sire（泉）/sịrị-（井）、Oroch 语 sī-（压出，挤奶）、Udighe 语 sie（春天的水湾）/sī-（压出，挤奶），或者来源于 *sile-（露水），如 Evenki 语 sile-kse、Even 语 hīli、Negidal 语 sile-kse、满语口语 sile-ŋgi、女真语 sie-le-un、Ulcha 语 silemse、Orok 语 śile-śke、Nanai 语 sile-mse、Oroch 语 sileŋse、Udighe 语 silihe、Solon 语 šilikši（Starostin，Altaic etymology）。

这些词均可以与现代朝鲜语同源，但最为可能的是现代朝鲜语与 *sile-（露水）同源。

## 汉语意义：计划，打算

中世朝鲜语：*ptit-（计划，打算，想法）（Lee，1958：119）。

通古斯语：满语 bodo-、锡伯语 bodu-、鄂温克语 bod-、鄂伦春语 bodo-、赫哲语 bod-/tawlaran/tawnan（朝克，2014a：504—505）；满语 bodo（Lee，1958：119）；Even 语 tuleg-（允诺）/tulbajal-（平静地看着）、满语书面语 tulbi-（注视）/tulbin（打算）（Starostin，Altaic etymology）。

现代朝鲜语：poda（注视）（Jones & Rhie，1991：260）；ttŭt（打算）（Jones & Rhie，1991：352）。

原始音拟构：*tVtV-/*tul-。

解释：

通古斯语内部形态一致的现象表明这些词具有同源特征，但它们形成两个同源词系列。

一个系列是通古斯语与中世朝鲜语对应，如中世朝鲜语中 p 的后面应该存在元音 o，因为朝鲜语不存在塞音现象，但不知什么原因导致 o 脱落了。如果脱落 p，而仅保留 t，那么中世朝鲜语就可以与通古斯语构成对应关系，tit 对应 bod-，只是中世朝鲜语脱落了第二个音节 t 后面的元音。我国境外通古斯语则保留了第二个音节中 b 前面的塞音 -l-，从而形成 *tul-，但 -l- 后面的 -b- 来源不详。同时，在音节结构和 t 的对应上，中世朝鲜语与现代朝鲜语对应工整，现代朝鲜语将中世朝鲜语中的 -i- 变为与通古斯语相一致的 -ŭ-。

另一个系列则是中世朝鲜语与现代朝鲜语对应，但现代朝鲜语将中世朝鲜语第二个音节的 -t- 变为与通古斯语相一致的 -d-。

因此，这两个对应系列便是中世朝鲜语与通古斯语，以及现代朝鲜语与通古斯语对应的理据。

## 汉语意义：强壮

中世朝鲜语：*cirki（强壮）（Lee，1958：119）。

通古斯语：满语 siləmin、锡伯语 şiləmin、鄂温克语 ʃiləm、鄂伦春语 ʃiləmin/ ʃiləm、赫哲语 ʃiləmin（朝克，2014a：370—371）；满语 cira（Lee，1958：119）；满语书面语 čaq seme（强壮）、Orok 语 čak bi（满）（Starostin，Altaic etymology）。

现代朝鲜语：kang-han/kŏn-gang-han（壮，硬）（Jones & Rhie，1991：333）。

原始音拟构：*sirə。

解释：

通古斯语与中世朝鲜语在音节结构、首辅音、首元音方面基本对应。但本书目前无法解释通古斯语第二个音节出现的现象，其原因或许是通古斯语内部发生了自由变异。

现代朝鲜语为汉语借词。

## 汉语意义：混合，搅动

中世朝鲜语：*pẹmuri-（搅动）（Lee，1958：110）。

通古斯语：满语书面语 fumere-、女真语 fume（打包）（Starostin，Altaic etymology）；fumre-（Lee，1958：110）；满语 fumere-（搅拌）（羽田亨，1972：147）。

现代朝鲜语：um-jik-i-da（搅动）（Jones & Rhie，1991：330）。

原始音拟构：*pumure。

**解释：**

满语、女真语与中世朝鲜语对应：f 与朝鲜语中的 p 对应，音节结构相同。

现代朝鲜语与通古斯语脱落了词首辅音 p，并添加了词缀。


## 汉语意义：轮辋

中世朝鲜语：*hahoi（轮）（Lee，1958：119）。

通古斯语：满语 fahʊn、锡伯语 fahun、鄂温克语 mɵɵr、鄂伦春语 mɵɵr、赫哲语 fahur（朝克，2014a：208—209）；满语 fahun（轮）（Lee，1958：119）；Evenki 语 tokor-（轮）/tokčika-（落地）、Negidal 语 toxoj-（轮）/tokčoka（落地）、满语书面语 toχoro（轮）、Orok 语 tōroli-（打磨）、Nanai 语 toxoriqõ（滑轮）（Starostin，Altaic etymology）。

现代朝鲜语：pa-k'wi/cha'a-ryun（轮）（Jones & Rhie，1991：377）；hoe-jǒn-ha-da（旋转）、to-ra-sǒ-da（旋转）（Jones & Rhie，1991：359）。

原始音拟构：*paho/*to-。

**解释：**

满语、锡伯语、赫哲语与中世朝鲜语、现代朝鲜语对应工整，中世朝鲜语第二个音节中的 h- 与通古斯语中的 -h- 对应。

第二个原始音 *to- 来自对阿尔泰语其他词源和对现代朝鲜语 to-ra-sǒ-da（旋转）的考查。在这些词中，显然存在一个以 to- 为首音节、有三个音节的古代词，因此，本书将原始音拟构为 *to-。

现代朝鲜语 cha'a-ryun 是汉语借词，但 hoe-jǒn-ha-da 来源不详。

## 汉语意义：匠人

中世朝鲜语：\*paci（手艺人）（Lee，1958：119）。

通古斯语：满语 faksi nijalma/faksi、锡伯语 fakşi nan/fakşi、鄂温克语 dakkaŋ、鄂伦春语 darkan、赫哲语 darhan、女真语 jadahan（朝克，2014a：128—129）；满语 faksi（Lee，1958：119）；Evenki 语 hawā（工作）/hawal-（勤奋）、Even 语 hawa（工作）/hawad-（勤奋）、Negidal 语 xawadijin（有技术）/xawādakta-（工作）、满语书面语 fafuri（有技术）（Starostin，Altaic etymology）。

现代朝鲜语：paksa（医生）（Jones & Rhie，1991：249）；paksu（手工）（Jones & Rhie，1991：249）。

原始音拟构：\*paksi。

解释：

通古斯语中的 f- 与中世朝鲜语和现代朝鲜语中的 p- 对应，-s- 与中世朝鲜语中的 -c- 和现代朝鲜语中的 -s- 对应。通古斯语和现代朝鲜语存在 -k-，我们由此可以推断出中世朝鲜语应该含有塞音 -k-，但 -k- 没有得到描写。

其他音变（如通古斯语中的 h、x、b、d、w 等）的原因是在不同语言的演变中出现了原因不详的音素。但从整体形态来看，这些音素的变异没有影响音节结构的稳定。

现代朝鲜语保留了中世朝鲜语的原型，意义和词尾元音发生了变化。

## 汉语意义：走

中世朝鲜语：\*ka-（走）（Lee，1958：119）。

通古斯语：满语 gənə-、锡伯语 gənə-、鄂温克语 ŋəni-/nəni-、鄂伦春语 ŋənə-、赫哲语 ənə-/ən-、女真语 gənə-（朝克，2014a：424—425）；满语 gene-（Lee，1958：119）；Evenki 语 ŋene-、Even 语 ŋen-、Negidal

语 ŋene-/gene-、满语口语 genə-、满语书面语 genu-、女真语 ŋe-ne-xie、Ulcha 语 ŋene-、Orok 语 ŋene-、Nanai 语 ene-、Oroch 语 ŋene-、Udighe 语 ŋene-、Solon 语 nene-（Starostin，Altaic etymology）。

现代朝鲜语：kŏ-rŭm（Jones & Rhie，1991：372）；kətta（宣德五、金祥元、赵习，1985：169）；ker-（走）、keni- < *ker-ni-（来回走）（力提甫·托乎提，2004：326）。

原始音拟构：*kənə-[1]。

**解释：**

通古斯语中的 g- 与朝鲜语中的 k- 对应，音节结构相同，同源特征明显。通古斯语中的 ə 在朝鲜语中变为 a 或 ŏ，通古斯语保留了第二个音节，而中世朝鲜语脱落了该音节。

## 汉语意义：蜘蛛

中世朝鲜语：*kęmji（蜘蛛）（Lee，1958：119）。

通古斯语：满语 həlməhən、锡伯语 həmahən/həmhən、鄂温克语 aatahe、鄂伦春语 aatake、赫哲语 atka（朝克，2014a：62—63）；满语 helmehen（Lee，1958：119）；Evenki 语 kumke/kumikēn（昆虫）、Even 语 kumke/kumnilen（一种甲虫）、Negidal 语 kumke（虱子）、满语书面语 xelmeku/xelmexen（蜘蛛）、Nanai 语 kuŋke（虱子）、Oroch 语 kume（虱子）、Udighe 语 kumuge（虱子）、Solon 语 xuŋkē/xumīxe（蚂蚁）（Starostin，Altaic etymology）。

现代朝鲜语：kŏ-mi（Jones & Rhie，1991：323）；kəmi（宣德五、金祥元、赵习，1985：148）。

原始音拟构：*kəmi。

**解释：**

通古斯语与朝鲜语在第一个音节上有所不同，但是通古斯语中的 k 与

---

[1] 力提甫·托乎提（2004：326）将原始形态拟构为 *ker'-。他认为 *ker'- 在其他阿尔泰语中也可以找到，例如蒙古语 kerü（漫游，漂泊）、古突厥语 käz-、维吾尔语 käz-（旅行，漫游）。

h 经常互为变体，因此通古斯语与中世朝鲜语、现代朝鲜语同源。

鄂温克语 aatahe、鄂伦春语 aatake、赫哲语 atka 来源不详。

## 汉语意义：舌

中世朝鲜语：*nirj-（说）（Lee，1958：119）。

通古斯语：满语 iləŋgu/iləŋu、锡伯语 iliŋ、鄂温克语 iŋi、鄂伦春语 iŋŋi、赫哲语 iləŋgu、女真语 iliŋgu（朝克，2014a：150—151）；满语 ile-nggu-（说）（Lee，1958：119）；Evenki 语 inńi、Even 语 ienŋъ、Negidal 语 ińńi、满语口语 ileŋə/ilŋi、满语书面语 ileŋgu、女真语 hileŋ-ŋu、Ulcha 语 sińu、Orok 语 sinu、Nanai 语 śirmu/siŋmu、Oroch 语 iŋi、Udighe 语 iŋi、Solon 语 iŋi（Starostin，Altaic etymology）。

现代朝鲜语：i-ya-gi-ha-da（对话，说）（Jones & Rhie，1991：343）；irkta/ikta（读，念）（宣德五、金祥元、赵习，1985：167）。

原始音拟构：*n(h)irə。

解释：

通古斯语与朝鲜语具有对应关系：音节结构工整；元音 i 一致；词尾为自由变体。现代朝鲜语中的 g/k 与通古斯语中的 n/ŋ 对应。

## 汉语意义：真

中世朝鲜语：*oęŋ（确切，真）（Lee，1958：119）。

通古斯语：满语 dʒiŋkin、锡伯语 dʒiŋkin/dʑəŋkən、鄂温克语 dʒiŋkiŋ、鄂伦春语 dʒiŋkin、赫哲语 dʒiŋkin、女真语 jala（朝克，2014a：360—361）；满语 jing（Lee，1958：119）；Evenki 语 ʒiŋ、Negidal 语 ʒiŋ、满语书面语 ʒin/ʒiŋ、Ulcha 语 ʒiŋ、Orok 语 ʒiŋ、Solon 语 ʒiŋ-ki（Starostin，Altaic etymology）。

现代朝鲜语：sil-je-ŭi（真）（Jones & Rhie，1991：276）。

原始音拟构：*dʒiŋ。

解释：

本书认为，朝鲜语脱落了词首辅音，且元音发生变化。但现代朝鲜语中的元音仍然未变。通古斯语与朝鲜语具有明显的同源特征。

## 汉语意义：呕吐

中世朝鲜语：*tori-（呕吐）（Lee，1958：119）。

通古斯语：满语 dʐuru-、锡伯语 dʐuru-、鄂温克语 iʃiri-、鄂伦春语 iʃimki-、赫哲语 isətʃi-（朝克，2014a：396—397）；满语 juru- < *duru-（Lee，1958：119）；Evenki 语 ise-、Even 语 is-、Negidal 语 ise-、Ulcha 语 xuse-、Orok 语 xuse-、Nanai 语 xuse-、Oroch 语 ise-、Solon 语 iširī（Starostin，Altaic etymology）。

现代朝鲜语：t'o-ha-da（喷出，呕吐）（Jones & Rhie，1991：371）。

原始音拟构：*turu-。

解释：

满语 dʐuru-、锡伯语 dʐuru- 与中世朝鲜语 *tori- 具有同源特征：dʐ 对应 t；音节结构一致。满语、锡伯语中的 dʐ 或许为 d 的变体。通古斯语中其他语言的词汇（如鄂温克语 iʃiri-）具有共同来源，即 xüse-。

现代朝鲜语与中世朝鲜语具有渊源关系。

## 汉语意义：十

中世朝鲜语：*yęr（十）（Lee，1958：119）。

通古斯语：满语 dʐuwan、锡伯语 dʐuan、鄂温克语 dʒaaŋ、鄂伦春语 dʒaan、赫哲语 dʒuwan、女真语 dʒua（朝克，2014a：344—345）；满语 juwan（Lee，1958：119）；Evenki 语 ʒān、Even 语 ʒān-nu、Negidal 语 ʒān、满语口语 ʒuan、满语书面语 ʒuwan、女真语 ʒuwa、Ulcha 语 ʒ̣uwa(n)、Orok 语 ʒōn、Nanai 语 ʒoã、Oroch 语 ʒā(n)、Udighe 语 ʒā(n)、Solon 语 ʒ̣ã（Starostin，Altaic etymology）。

现代朝鲜语：yŏl(-ŭi)/sip（Jones & Rhie，1991：345）；sip（宣德五、金祥元、赵习，1985：162）。

原始音拟构：*dʒuwan。

解释：

通古斯语与朝鲜语的音节结构比较一致，朝鲜语脱落了词首辅音 dʒ。现代朝鲜语 sip 为汉语借词。

## 汉语意义：葡萄

中世朝鲜语：*mẹrui（Lee，1958：119）。

通古斯语：满语 mutʂu、锡伯语 mutʂu/puto、鄂温克语 muʧuttu/almar、鄂伦春语 muʧɯktɯ/puto、赫哲语 muʧəktə/puto、女真语 məʧu（朝克，2014a：102—103）；满语 mucu（Lee，1958：119）；满语书面语 muču、女真语 me-ču、Orok 语 muskeri、Nanai 语 muksulte、Udighe 语 mesukte（Starostin，Altaic etymology）。

现代朝鲜语：p'o-do（Jones & Rhie，1991：144）；məru（山葡萄）（宣德五、金祥元、赵习，1985：150）。

原始音拟构：*murku。

解释：

李基文认为，满语 mucu 来源于 *murku，中世朝鲜语 *mẹrui 来源于 *mẹrkui。朝鲜语方言中还有 melgu（野葡萄）（Lee，1958：119）。

虽然我国境内通古斯语中没有 k（除鄂伦春语外），但这些语言中的 tʂ、ʧ 与 k 存在互为变体的情况，因此本书拟构的原始音为 *murku。虽然现代朝鲜语 məru 的首音节元音发生音变，但是 məru 与通古斯语、中世朝鲜语同源。

锡伯语 puto、鄂伦春语 puto、赫哲语 puto 与现代朝鲜语 p'o-do 为汉语借词。

## 汉语意义：缠，转

中世朝鲜语：*kiur（转）（Lee，1958：119）。

通古斯语：满语 kərə-、锡伯语 kərə-、鄂温克语 ərə-、鄂伦春语 ərə-、赫哲语 kərə-（朝克，2014a：456—457）；满语 kurbu-（Lee，1958：119）；Evenki 语 kurā-（缠）、Even 语 koroldāwna（搅拌）/qorị-（出褶）、满语书面语 χorgi-/χurgi-（转）、满语 χurgiku（漩涡）（Starostin，Altaic etymology）。

现代朝鲜语：kul-ri-da（转，滚）（Jones & Rhie，1991：291）。

原始音拟构：*kuru。

解释：

通古斯语与朝鲜语体现出意义相近或相同、音形相近或相同的特点，因此它们应该为同源词。具体来说，朝鲜语的元音在发展过程中发生变化，从中世朝鲜语中的 iu 变为现代朝鲜语中的 u。通古斯语内部也发生类似的变化，u 变为现代通古斯语中的 ə/o。对于通古斯语中的 k 与 h（χ），不同的研究者经常采用不同的音标记录方式。

## 汉语意义：箭

中世朝鲜语：*sar（Lee，1958：119）；hwarl-sal（Lee & Ramsey，2011：153）。

通古斯语：满语 sirdan、锡伯语 şirdan、鄂温克语 ʃidda、鄂伦春语 ʃirda、赫哲语 ʃirda（朝克，2014a：246—247）；满语 sirda（箭）（Lee，1958：119）；Evenki 语 selu/sele（箭）、Even 语 helike（箭）、Negidal 语 senmu（弩，箭）、满语书面语 selmin/selṁen、Nanai 语 sermi（弩，箭）、Oroch 语 semmi（弩，箭）、Udighe 语 seŋmi（弩，箭）（Starostin，Altaic etymology）。

现代朝鲜语：hwa-sal（Jones & Rhie，1991：21）；hwasar（宣德五、金祥元、赵习，1985：159）。

原始音拟构：*sir。

**解释：**

通古斯语与朝鲜语的音节结构和音形对应工整。应该注意的是，在通古斯语和朝鲜语中，与"箭"相关的词有很多，它们的音形有很大的差别，例如前面讨论的"朱蒙"（好箭手）。

现代朝鲜语添加词首音节 hwa-。

## 汉语意义：喊

中世朝鲜语：*sori（声音，喊叫）（Lee，1958：119）。

通古斯语：满语 surə-、锡伯语 surə-、鄂温克语 barkira-/bakkira-/wakkira-、鄂伦春语 barkira-、赫哲语 barkira-（朝克，2014a：398—399）；满语 sure-（Lee，1958：119）；Evenki 语 saɣisō-（喊）/ saɣinā-（叹息）、Even 语 sag-（叹息）/ hagor（噪音）、Orok 语 saGdan-（怜悯）、Oroch 语 saɣiki（噪音）（Starostin，Altaic etymology）。

现代朝鲜语：so-ri（声音）（Jones & Rhie，1991：321）；sori（声音）（宣德五、金祥元、赵习，1985：142）。

原始音拟构：*su/ar/ki。

**解释：**

满语、锡伯语明显与朝鲜语具有共同来源。鄂温克语、鄂伦春语、赫哲语另有来源，即 *bāra-či-（高兴，欢庆），如 Ulcha 语 bāračï-、Nanai 语 bārāčï-、Oroch 语 bārači-（Starostin，Altaic etymology）。

我国境外通古斯语（除 Even 语 hagor 外）均含有词首辅音 s，并在音节结构方面与朝鲜语相近。

## 汉语意义：外面，环绕

中世朝鲜语：*tur-（环绕）（Lee，1958：119）。

通古斯语：满语 tulə/tulərgi、锡伯语 tul/tylhi、鄂温克语 tʉllə、鄂伦春

语 tɯllə/tɯlə、赫哲语 tulilə/tulə、女真语 tulilə/turilə（朝克，2014a：324—325）；满语 tule（环绕）（Lee，1958：119）；Evenki 语 tulī-n、Even 语 töl-de、Negidal 语 tulgi、满语口语 tiuli、满语书面语 tul-gi、女真语 tuli-le、Ulcha 语 tuli、Orok 语 tulie(n)、Nanai 语 tulie、Solon 语 tulergi/tul-dēlī（Starostin，Altaic etymology）。

现代朝鲜语：tul-rǒ-ssa-da（环绕）（Jones & Rhie，1991：339）。

原始音拟构：*tuli。

解释：

通古斯语与朝鲜语具有明显的同源特征。

# 第十一节　选自兰司铁拟构的早期朝鲜语词项

以下为兰司铁（Ramstedt）给出的朝鲜语词项。本书依据它们来进行对比。

## 汉语意义：船

早期朝鲜语：*pä < *pai（船）（Ramstedt，1926：28）。

通古斯语：满语 dʑahudai、锡伯语 dʑahudi、鄂温克语 dʒewe/porohor、鄂伦春语 dʒawi/porkoor/moŋgo/moŋko、赫哲语 dʒawi/təmtəkən、女真语 dihaji（朝克，2014a：208—209）；Evenki 语 tēmu（筏）、Even 语 tem（筏）、Negidal 语 tem（筏）、满语书面语 temčiku（小船）、Ulcha 语 temu(n)（筏）、Orok 语 temu（筏）、Nanai 语 temu（筏）/temčiẽ（小船）、Oroch 语 temmu（筏）/temtiɣe（小船）、Udighe 语 temtige（小船）；Evenki 语 iwkēn（勺）、Negidal 语 iwkēn（勺）、满语书面语 weiku（小船）、Ulcha 语 uxe/ujgẽ（勺）、Orok 语 iwwe（勺）、Nanai 语 juke(n)/

ujkẽ（勺）/uixu（小船）/ujekẽ（盒子）、Oroch 语 eukke/jeuke（勺）、Udighe 语 jūge（勺）；Even 语 nịmba（木板）、满语书面语 nimašaqu（轻舟）、Solon 语 nêmo（木板）；Evenki 语 tomkon、Even 语 tōmkin（浆）；Evenki 语 ugdal（干枯松树）/ugdān（松木盖的房子）/ugda-ksa（船）、Even 语 ụdan（松木盖的房子）、Negidal 语 ogda（船）/ ogdan（松木盖的房子）、Ulcha 语 uGda（船）、Orok 语 ụGda（船）、Nanai 语 oGda（船）、Oroch 语 ugda（船）、Udighe 语 ugda（船）；Evenki 语 awsa（盒子，袋子）、Even 语 awsạ（袋子）、Negidal 语 awfsak（盒子）、满语书面语 absa（盒子，独木舟）、Orok 语 χapsaw（袋子）、Nanai 语 xapsio（盒子）（Starostin, Altaic etymology）。

现代朝鲜语：pae（Jones & Rhie，1991：308）；pɛ（宣德五、金祥元、赵习，1985：158）。

原始音拟构：*por/*demV/*iwex/k/*ugda/*xapsa。

**解释：**

兰司铁在讨论日本语与朝鲜语的同源问题时，对日本语和朝鲜语进行了对比。他认为，日本语中的 a 与 e 之间可以发生变化（Ramstedt，1926：28）。这个规律实际上具有共性，因为 a 为低中元音或低后元音，所以 a 在音变过程中既可以向前元音靠近，形成 e，也可以根据语音同化规律变为 o。通古斯语中的鄂温克语、鄂伦春语也体现出这种情况。由于 h、-rk/-lk 为硬腭音，前面的元音自然会演变为 o 或 u。因此，在朝克提供的语料中，鄂温克语、鄂伦春语与朝鲜语具有同源特征。

现代朝鲜语 pae、pɛ 与之前的（当代）朝鲜语没有变化，与鄂温克语 porohor、鄂伦春语 porkoor 具有同源特征。

然而，根据 Starostin 列出的词项，"船"的概念在通古斯语内部十分丰富，因此它们的来源并不相同。这也是本书拟构出五个原始音的原因。

## 汉语意义：汁，液

早期朝鲜语：*sjūl（清酒）（Ramstedt，1926：27）。

通古斯语：满语 simən、锡伯语 şimənkimin、鄂温克语 sɯɯʧʃi、鄂伦春语 sɯɯrsɯ、赫哲语 ʃimən（朝克，2014a：208—209）；Evenki 语 čūkse、Even 语 čūs、Negidal 语 čūxse、满语书面语 šugi(n) ~ šuxi(n)、Orok 语 sūkse ~ tūkse、Oroch 语 čūkse、Udighe 语 čüöŋki、Solon 语 sūrče（Starostin，Altaic etymology）。

现代朝鲜语：sul（Jones & Rhie，1991：379）；sur（宣德五、金祥元、赵习，1985：152）。

原始音拟构：*silku。

解释：

满语含有首音节 si，与朝鲜语对应。其他变化可以视为语系内部的变化。现代朝鲜语显然与当代朝鲜语具有同源特征。

在通古斯语中，表示"汁，液"意义的同根词还包括 *silə，如满语 silə、锡伯语 şilə、鄂温克语 ʃilə/ʃilɯ、鄂伦春语 ʃilə/ ʃilɯ、赫哲语 ʃilə（朝克，2014a：186—187）。

## 汉语意义：胃，肚，肠

早期朝鲜语：*pä（胃）（Ramstedt，1926：29）。

通古斯语：Evenki 语 huɣi-te/huki-te、Even 语 huktъ、Negidal 语 xuxi-n、Ulcha 语 puku(n)、Orok 语 puxi(n)、Nanai 语 puxi、Oroch 语 xūki、Udighe 语 xuɣ（Starostin，Altaic etymology）。

现代朝鲜语：pae（肚子）（Jones & Rhie，1991：331）；pɛr（肠）（宣德五、金祥元、赵习，1985：152）。

原始音拟构：*puki。

解释：

朝鲜语脱落了第二个音节，后低元音变为后高元音。通古斯语显然与朝鲜语具有同源关系。但在我国境内通古斯语中，除了赫哲语 hukin 接近 Starostin 列出的词项外，其余均发生了较大的变化。

# 第十二节　选自孙穆音转的中世朝鲜语词项

本书依据孙穆在《鸡林类事》中记录的 12 世纪朝鲜语进行了同源词探究。[①]

### 汉语意义：雪

中世朝鲜语：嫩（孙穆，《鸡林类事·方言》：2）；*nwen thri（下雪）（Lee & Ramsey，2011：92）。

通古斯语：满语 nimaŋgi、锡伯语 nimaŋ、鄂温克语 imanda、鄂伦春语 imana、赫哲语 imanə（朝克，2014a：10—11）；Evenki 语 imana、Even 语 iṃṇṛ、Negidal 语 iṃana、满语口语 nimaŋə、满语书面语 nimaŋgi、女真语 hima-ŋi、Ulcha 语 sịmana/sịmata、Orok 语 sịmana/sịmata、Nanai 语 sịmana/sịmata、Oroch 语 imasa、Udighe 语 imaha、Solon 语 imanda[②]（Starostin，Altaic etymology）。

现代朝鲜语：nun（Jones & Rhie，1991：318）；nun（宣德五、金祥元、赵习，1985：139）。

原始音拟构：*nima。

---

① 宋人孙穆大约在宋徽宗崇宁二年出使高丽，后来撰写了《鸡林类事》一书。该书记载了当时高丽在文化、政治、经济等方面的情况，其中包括朝鲜语的一些内容。该书目前仅有残片，但从中能够看到 12 世纪朝鲜语的一些情况。李基文认为该书为解读早期中世朝鲜语做出了一定的贡献。该书采用归化、异化或归化、异化相结合的方式来表述或转写朝鲜语与汉语，因此在孙穆提供的绝大多数词汇中难以看到当时朝鲜语的语音形态。

② Starostin 认为，（通古斯语）所有语言都反映出一个共同的动词词根 *xima-，例如 Even 语 irpi < *xirpi（雪）。

解释：

孙穆记载的中世朝鲜语为"嫩"，但由于他用汉字来记音，《鸡林类事》无法反映出朝鲜语语音形态的全貌。然而，我们仍然可以从语音近似的角度去探究当时朝鲜语的情况，并根据现代朝鲜语和通古斯语来拟构出当时的情况。

从通古斯语、现代朝鲜语与"嫩"的比较来看，nun 与满语、锡伯语具有同源特征：均以 n 为词首辅音。根据 Sohn 和李基文等人的研究，中世朝鲜语中位于 i 前面的 n 开始消亡。本书认为通古斯语也曾有类似的过程。通古斯语的脱落情况不一：有的脱落 n，如鄂温克语、鄂伦春语、赫哲语，以及我国境外的 Evenki 语、Even 语等；而有的则增加其他辅音，如 x/h/s。从这个角度来看，满语、锡伯语、现代朝鲜语则保留了 n。[1] 这样，朝鲜语与通古斯语就呈现出第一个音节对应工整的特征，因此，它们可以进行对比，可以具有同源特征。

通古斯语的其他音节均是添加的。

## 汉语意义：虹

中世朝鲜语：路桥（孙穆，《鸡林类事·方言》：2）。

通古斯语：满语 nioron、锡伯语 niorun、鄂温克语 ʃeeraŋ、鄂伦春语 ʃeerun、赫哲语 ʃiran/ʃiwaran（朝克，2014a：8—9）；Evenki 语 sērū-n、Orok 语 sērro/siro（Starostin，Altaic etymology）。

现代朝鲜语：mu-ji-gae（Jones & Rhie，1991：274）；muʧikɛ（宣德五、金祥元、赵习，1985：139）。

原始音拟构：*(mu)siri。

解释：

通过分析鄂温克语、鄂伦春语、赫哲语、Evenki 语、Orok 语和现代朝鲜语可以看出，"虹"的词根为 *siri（如朝鲜语为 ji 和 ʧi，赫哲语为

---

[1] 类似的情况在"牙"一词上也有所体现。

ʃi），因此通古斯语其他语言和朝鲜语的第一个音节是后来衍生出来的。而我国境内通古斯语之间的相互影响使得第二个音节中的 r 出现了。据此，通古斯语与朝鲜语具有同源特征。

孙穆列出的"路桥"不是音转。

## 汉语意义：霜，露

中世朝鲜语：率（孙穆，《鸡林类事·方言》：2）（参见前面的"露"）。

## 汉语意义：五十

中世朝鲜语：舜（孙穆，《鸡林类事·方言》：3）。

通古斯语：满语 susai、锡伯语 susai、鄂温克语 toŋŋe、鄂伦春语 tuŋaŋi、赫哲语 sudʒaj、女真语 susai（朝克，2014a：346—347）；Even 语 tunŋanmēr、Evenki 语 túnŋaȝār、Negidal 语 töŋjaȝar、Solon 语 toŋŋɛɛ、Oroch 语 tʊŋŋa-ŋɪ、Udighe 语 tuŋaȝa、Orok 语 tùndado、赫哲语 susai、满语 susai、锡伯语 susai、女真语 susai（Blažek，2006）。[1]

现代朝鲜语：swin（Jones & Rhie，1991：124）；syn（宣德五、金祥元、赵习，1985：162）；zuzei（Blažek，2006）。

原始音拟构：*sun。

解释：

通古斯语与朝鲜语具有明显的同源特征。鄂温克语和鄂伦春语的来源显然具有可溯性。原始通古斯语早就存在表示"五、五十"的意义的不同词根。如阿尔泰语同源词网站列出的"五"的情况如下：Evenki 语 tunŋa、Even 语 tұŋŋъn、Negidal 语 tońŋa/tuńŋa、满语口语 sunʒā、满语书面语 sunʒa、女真语 ĉunʒa、Ulcha 语 tұńʒa、Orok 语 tұnda、Nanai 语 tojŋga、Oroch 语 tuŋa、Udighe 语 tuŋa、Solon 语 toŋa。我们由此可以看出朝鲜语和通古斯语均将不同的词根延续至今。其他形态的拟构可以从 Blažek 的拟构

---

[1]　本书仅仅选取了 Blažek 给出的具有代表性的一些词。

中看到。

## 汉语意义：万

中世朝鲜语：万（孙穆，《鸡林类事·方言》：3）。

通古斯语：满语 tumən、锡伯语 tumun、鄂温克语 tumʉŋ、鄂伦春语 tʉmə、赫哲语 tumən、女真语 tumən（朝克，2014a：348—349）。

现代朝鲜语：man（Jones & Rhie，1991：349）；man（宣德五、金祥元、赵习，1985：162）。

原始音拟构：*tumun。

**解释：**

朝鲜语与通古斯语具有明显的同源特征。朝鲜语脱落第一个音节。孙穆显然将当时的朝鲜语中表示"万"这个意义的词记为"万"，这可以通过分析现代朝鲜语 man 找到证据。同时，这也表明该词在当时的读音接近汉字"万"。

## 汉语意义：今天

中世朝鲜语：乌（孙穆，《鸡林类事·方言》：3）。

通古斯语：满语 ənəŋgi/ənəŋi、锡伯语 ənəŋ、鄂温克语 əri inig/ənig、鄂伦春语 ənniji/əniji、赫哲语 əji iniŋ/əniŋ（朝克，2014a：332—333）；Evenki 语 er/eri、Even 语 er、Negidal 语 ej、满语口语 erə、满语书面语 ere、女真语 e(r)se、Ulcha 语 ej、Orok 语 eri、Nanai 语 ei、Oroch 语 ei、Udighe 语 eji、Solon 语 er；满语口语 evā（这）、满语书面语 u-ba（这）、Udighe 语 u-ti（那）（Starostin，Altaic etymology）。

现代朝鲜语：o-nŭl（Jones & Rhie，1991：352）；onur/onuır（宣德五、金祥元、赵习，1985：140）。

原始音拟构：*ə。

解释：

从通古斯语与现代朝鲜语的音形来看，二者对应工整，元音 ə、u 与 o 之间可以自由变异。这或许就是孙穆将中世朝鲜语记为"乌"的理据。[①]

## 汉语意义：树，木

中世朝鲜语：南记（孙穆，《鸡林类事·方言》：3）。

通古斯语：满语 moo、锡伯语 mo/halin/helin、鄂温克语 moo、鄂伦春语 moo、赫哲语 mo、女真语 mo（朝克，2014a：80—81）；Evenki 语 mō、Even 语 mō、Negidal 语 mō、满语口语 mō、满语书面语 moo、女真语 mo、Ulcha 语 mō、Orok 语 mō、Nanai 语 mō、Oroch 语 mō、Udighe 语 mō、Solon 语 mō（Starostin，Altaic etymology）。

现代朝鲜语：na-mu（Jones & Rhie，1991：381）；namu（宣德五、金祥元、赵习，1985：149）。

原始音拟构：\*mu。

解释：

从通古斯语内部来看，所有的词仅有一个音节，现代朝鲜语则有两个以 n 开头的音节。本书认为，现代朝鲜语在演变过程中添加了一个首音节 na-。从孙穆记载的"南记"来看，现代朝鲜语脱落了与"记"有关的一个音节。

根据拟构原则，由于朝鲜语中存在以 m- 开头的词，朝鲜语语音系统允许以 mX- 作为词首音节，如 machi'da（结束）、mok（脖子）、nuhan（无

---

① 在 Starostin 列出的所有词项中，没有发现与"今天"相关的词，但却有音形相近、表示时间或地点的词。这说明原始通古斯语"今天"通过"这"（或"那"）与"天"拼接构成。例如，现代鄂温克语、赫哲语表示"今天"的概念就是如此（鄂温克语 əri iniŋ、赫哲语 əji iniŋ），而其他语言则是将 əri（这）与 inəŋi（天）组合在一起构成"今天"。相比之下，原始通古斯语则由单纯词来表示与"今天"这个时间点相关的概念，如 Evenki 语 tīnewe、Even 语 tīniw、Negidal 语 tīnuwej、Orok 语 čine/čińē、Oroch 语 tinew、Udighe 语 tineneŋi、Solon 语 tīnuɣ/tīnuge、满语书面语 sikse；Evenki 语 ineŋī、Even 语 inəŋ、Negidal 语 inen(i)、满语口语 inəŋə、满语书面语 ineŋgi、女真语 ineŋi、Ulcha 语 ineŋni、Orok 语 ineŋi、Nanai 语 ini、Oroch 语 ineŋi、Udighe 语 ineŋi、Solon 语 ineŋi/ineŋ；Evenki 语 tirga、Even 语 tịrgъn、Negidal 语 tịdga、Oroch 语 tigga；Evenki 语 sikse、Even 语 hīsъr、Negidal 语 sikse、满语口语 čikəsē/čekəsē、满语书面语 sikse、女真语 sih-ser、Ulcha 语 sikse、Orok 语 sseksše、Nanai 语 sikse、Oroch 语 sikse、Udighe 语 sikie（Starostin，Altaic etymology）。

限）、mut（岸），本书认为完全可以拟构出通古斯语的原始形态 *mu。

锡伯语 halin/helin 有另一个通古斯语词源 *pula（杨树），例如 Evenki 语 hula、Even 语 hụl、Negidal 语 xol、满语书面语 fulχa、女真语 fulto、Ulcha 语 pụlị、Orok 语 pụlụ、Nanai 语 polo、Oroch 语 xulu、Udighe 语 xulu、Solon 语 ụlụ（Starostin，Altaic etymology）。

## 汉语意义：乌鸦

中世朝鲜语：打马鬼（孙穆，《鸡林类事·方言》：4）。

通古斯语：满语 gaha、锡伯语 gahə、鄂温克语 gaaha/ule/turahi、鄂伦春语 gaaki/turaki、赫哲语 gahi、女真语 gaha（朝克，2014a：46—47）；鄂伦春语 taraki（萨希荣，1981：32）；鄂伦春语 kaaxi（韩有峰、孟淑贤，1993：75）；鄂伦春语 gaaki（胡增益，2001：244）；赫哲语 kak'i（尤志贤、傅万金，1987：111）；Evenki 语 turākī、Even 语 tụrьqi、Negidal 语 torāχī、Nanai 语 torākị、Oroch 语 tuaxi/tuwaki、Udighe 语 tuai、Solon 语 turāki（Starostin，Altaic etymology）。

现代朝鲜语：kka-ma-gwi（Jones & Rhie，1991：79）；kkamaky/kkamaku（宣德五、金祥元、赵习，1985：147）。

原始音拟构：*tamaki。

**解释：**

通古斯语诸语言中的 g、k 的读音与现代朝鲜语中的紧辅音 kk 的读音相似，但萨希荣提供的 taraki 则与我国境外通古斯语相同，据此，我们可以判断出"打"的音转的由来：不送气音 t 及首音节 ta-。

从我国境外通古斯语中可以看出它们另有来源，但它们保留了中世朝鲜语的"马、鬼"和现代朝鲜语的 kk 与 gwi，而第二个音节 -ra- 却没有体现出孙穆给出的"马"。现代朝鲜语的第二个音节为 -ma-，在孙穆所处的年代，朝鲜语已经如此。

孙穆所音转的"鬼"显然与我国境外通古斯语第三个音节中的 ki 和现代朝鲜语的 -gwi 对应。因此，本书认为，中世朝鲜语一定来源于以音节

\*ta 开头的词汇。值得注意的是，在通古斯语内部，k 与 h 互为变体。

通古斯语中还有与"乌鸦"的意义相近的词，但它们与 \*tamaki 有着不同的形态，如 Evenki 语 ōlī、Even 语 olinǯa、Negidal 语 ōlī、Nanai 语 χolī、Oroch 语 oli、Udighe 语 wali、Solon 语 ol̄ē/olī（Starostin，Altaic etymology）。

## 汉语意义：雀

中世朝鲜语：赛（孙穆，《鸡林类事·方言》：4）。

通古斯语：满语 tʂətʂikɛ、锡伯语 tʂətʂkə、鄂温克语 ʧinəh、鄂伦春语 ʧinəkə、赫哲语 ʧinihə、女真语 ʧiʧihe（朝克，2014a：46—47）；Evenki 语 čipi-čā（鸟）、Even 语 čībъl̩n（鸟）、Negidal 语 čiptija（鸟）、满语口语 čivaqən（燕子）、满语书面语 čibin（燕子）、Nanai 语 čipịaqo（燕子）、Udighe 语 čiwjau（麻雀）（Starostin，Altaic etymology）。

现代朝鲜语：ch'am-sae（Jones & Rhie，1991：322）；se（宣德五、金祥元、赵习，1985：147）。

原始音拟构：\*tsipi。

解释：

在通古斯语中，表示"雀"的意义的词均含有首音 t，其内部变异导致意义产生细微差异。现代朝鲜语中 ch'- 的读音为 s-，现代朝鲜语与通古斯语具有同源特征。

现代朝鲜语脱落了通古斯语的第二个音节、第三个音节。

通古斯语和现代朝鲜语的语音都与孙穆音转的"赛"的语音相近。

另外，现代朝鲜语中的 ch'am- 表示"可爱、漂亮"之意。

## 汉语意义：河蟹

中世朝鲜语：慨（孙穆，《鸡林类事·方言》：4）。

通古斯语：满语 katuri、锡伯语 katur、鄂温克语 haʧʧohe、鄂伦春语

kabʧike、赫哲语 kabʧihe（朝克，2014a：74—75）；Evenki 语 kēkikta（皮）、满语书面语 qaiqari（贝壳）、Ulcha 语 qiaqta（贝壳）、Nanai 语 qā̆χta（贝壳）、Oroch 语 kiakta（贝壳）、Udighe 语 käkta/käxta（Starostin，Altaic etymology）。

现代朝鲜语：ke（Jones & Rhie，1991：77）；ke（宣德五、金祥元、赵习，1985：79）。

原始音拟构：*ka。

解释：

在通古斯语中，k/q 与 h 互为变体，因此通古斯语与朝鲜语同源。通古斯语或许增加了第二个音节、第三个音节，现代朝鲜语或许脱落了这两个音节。孙穆记录的读音比较符合朝鲜语的读音。

## 汉语意义：工匠

中世朝鲜语：把指（孙穆，《鸡林类事·方言》：5）（参见前面的"匠人"）。

## 汉语意义：父

中世朝鲜语：子了祕（孙穆，《鸡林类事·方言》：5）。

通古斯语：满语 ama、锡伯语 amə、鄂温克语 amiŋ、鄂伦春语 amin、赫哲语 ama、女真语 amin（朝克，2014a：114—115）。

现代朝鲜语：a-bǒ-ji（Jones & Rhie，1991：122）；apəʧi（宣德五、金祥元、赵习，1985：144）；api（Lee & Ramsey，2011：162）；apeci（Iksop Lee & Ramsey，2000：63）。

原始音拟构：*(ts)ap/məlni。

解释：

一般来说，m 与 p/b 的发音部位相同，经常可以替换。在通古斯语与朝鲜语中，同源词的情况也是如此。

孙穆进行音转的依据可以从语音角度来分析：当时，朝鲜语仍然保留着两种含有"父""母"读音的词。

一是"根"（*tsəm）的读音。该词在日本语中也有体现，如 *tśiməw［志母］（下）（Beckwith，2004：109）。从这个解释来看，孙穆的音转没有问题。*tśi- 音转为"子"，*-məw 音转为"了祕"，其意义为"家中的根"，即"父"。

二是当时朝鲜语中"母"的另一个发音，即 *əmə 或 *ənin。例如《三国史记》中记载了意义相同、音形相似的地名，"阿莫山城，一名母山城"①。从这可以看出，"阿莫"是 əmə（母）的汉字音转。

因此，孙穆将当时的朝鲜语 -məw、əmə 均转写为"了祕"。

从孙穆对"了"的音转来看，中世朝鲜语 *tsəm 含有 r 或 l，因此拟构的原始音应该是 *(ts)ap/məlni。按照本书的拟构，中世朝鲜语与现代朝鲜语同源，通古斯语经过演变，脱落了词首音 ts-、-l-，保留了元音 a 和辅音 m、n。

## 汉语意义：母

中世朝鲜语：了祕（孙穆，《鸡林类事·方言》：5）。

通古斯语：满语 ənijə/əmə、锡伯语 əniə/əni、鄂温克语 əniŋ、鄂伦春语 ənin、赫哲语 əniə/əmə、女真语 ənin（朝克，2014a：114—115）；满语 eme（力提甫·托乎提，2004：361）；Evenki 语 eńin、Even 语 eńin、Negidal 语 eńin、满语口语 eńen、女真语 enin、Ulcha 语 eń-、Orok 语 enin、Nanai 语 eńin、Oroch 语 ene/eńi、Udighe 语 eńi(n)、Solon 语 enē/enĩ（Starostin，Altaic etymology）。

现代朝鲜语：ŏmŏni（Jones & Rhie，1991：219）；əməni（宣德五、金祥元、赵习，1985：144）；emi（Lee & Ramsey，2011：162）；eme（力提甫·托乎提，2004：361）。

---

① "○三年，秋八月，王出兵，围新罗阿莫山城（一名母山城）。"注：标点符号为本书作者添加。

原始音拟构：*lənin。

**解释：**

除了个别音变和音节增加外，通古斯语与朝鲜语对应工整。

其他描述见前面有关"母"的同源解释。

## 汉语意义：牙

中世朝鲜语：你（孙穆，《鸡林类事·方言》：6）。

通古斯语：满语 wəihə、锡伯语 vih、鄂温克语 iittə、鄂伦春语 iktə、赫哲语 ihtələ、女真语 wihə（朝克，2014a：148—149）；满语 weihe（牙、牙齿）（安双成，1993：1087；胡增益，1994：809）；满语 argan < *aragan（齿）（力提甫·托乎提，2004：370）；满语 aragan（芽、锯齿）（刘厚生、关克笑、沈微、牛建强，1988：25）；满语 aragan（芽，牙，树枝，齿）（安双成，1993：71）；Evenki 语 īkte、Even 语 īt、Negidal 语 īkte、满语口语 vīxə、满语书面语 weixe、女真语 juj-xe、Nanai 语 xukte(le)、Oroch 语 ikte、Udighe 语 ikte、Solon 语 ītte（Starostin，Altaic etymology）。

现代朝鲜语：i（Jones & Rhie，1991：353）；i（宣德五、金祥元、赵习，1985：143）；ni（Kim Taemun，转引自 Lee & Ramsey，2011：75）；i（Ju-haeng Lee & Gyu-hang Lee，1998：557）。

原始音拟构：*(n)ih/kte。

**解释：**

在通古斯语中，表达该意义的词大多以 i 开头，这与中世朝鲜语和现代朝鲜语的不同之处仅表现在 n 和第二个音节上。

李基文认为，中世朝鲜语脱落元音 i 前面的音属于现代现象，所以"牙"的中世朝鲜语形态为 ni（Lee，1958：113）。孙穆的音转证实了这一假设。Sohn 也认为，中世朝鲜语中元音 i 前面的辅音 n 没有脱落（Sohn，1999：49）。这证实了"牙齿"的读音中含有 n。

而现代朝鲜语没有词首音 n-。[1] 这显然是脱落了词首音 n-。

鄂温克语 iittə、鄂伦春语 iktə、赫哲语 ihtələ、Evenki 语 īkte、Even 语 īt、Negidal 语 īkte、Oroch 语 ikte、Udighe 语 ikte、Solon 语 ītte 的词首均没有辅音 n-。这与中世朝鲜语、现代朝鲜语相同，但其他形态则反映了原始通古斯语的音节数量和词首辅音。因此，原始音可以拟构为 *(n)ih/kte。其他词首辅音或词尾辅音均为通古斯语中 n- 的变体。其证据可以从下面的例子中看到：在我国境内通古斯语中，原始形态保留得比较完整的鄂温克语、鄂伦春语一般会在以元音开头，尤其是以 o 开头的词首添加 w-，如 wɔhikda。这便是通古斯语脱落词首音 n- 后采用代偿方式进行的语音添加。

满语 aragan 显然另有词源。力提甫·托乎提（2004：370）认为，它来源于 *arïga（后牙，犬齿），与阿尔泰语系中的其他语言具有同源特征，如蒙古语 araɣa（犬齿）、古突厥语 azïɣ（后牙，公野猪的下嚼齿）、维吾尔语 eziq čiš（后牙）。

### 汉语意义：大米

中世朝鲜语：汉菩萨（孙穆，《鸡林类事·方言》：6）（参见"饵"）。

### 汉语意义：粟

中世朝鲜语：田菩萨（孙穆，《鸡林类事·方言》：6）（参见"小米，黄米"）。

### 汉语意义：铁

中世朝鲜语：崴（孙穆，《鸡林类事·方言》：7）。

通古斯语：满语 sələ、锡伯语 səl、鄂温克语 səl、鄂伦春语 sələ、赫哲语 sələ、女真语 sələ（朝克，2014a：32—33）；Evenki 语 sele、Even 语 hel、Negidal 语 sele、满语口语 sele、满语书面语 sele、女真语 sele、Ulcha

① 关于 n- 脱落的解释，参见"站立"一词。

语 sele、Orok 语 sele、Nanai 语 sele、Oroch 语 sele、Udighe 语 sele、Solon 语 sele（Starostin，Altaic etymology）。

现代朝鲜语：sol（Jones & Rhie，1991：179）；se（宣德五、金祥元、赵习，1985：142）。

原始音拟构：*sələ。

**解释：**

有关铁器在朝鲜半岛及东北地区开始使用的时间的记载并不十分详尽，考古研究也无法证实东北亚哪个地区首先使用铁器，因此，我们无法断定哪种语言先有表示"铁"这个意义的词。但朝鲜语与通古斯语具有同源特征。

尽管从孙穆的音转"崴"中难以获得具体的音值，但是可以将其推断为 se。

### 汉语意义：带（腰带）

中世朝鲜语：腰带（孙穆，《鸡林类事·方言》：7）。

通古斯语：满语 habtaha/umijəsun、锡伯语 nymsun、鄂温克语 tәlge、鄂伦春语 tәәlә、赫哲语 pidaj（朝克，2014a：172—173）；Evenki 语 kebder-（系）、满语书面语 xebtexe（带）、女真语 xebu-de（带）；Evenki 语 kalbu（腰带）、Even 语 qālbɟ（腰带）、Negidal 语 kalbu（腰带）、Solon 语 xalbaŋxa（带）（Starostin，Altaic etymology）。

现代朝鲜语：həritti/həripa（宣德五、金祥元、赵习，1985：153）。

原始音拟构：*halti/* kalb。

**解释：**

孙穆的记音有误，该词的读音不会是"腰带"。通古斯语中的 x、q 与 h 通常被描述为小舌音和舌根音，它们往往被转写为 h。k 在通古斯语中常常被转写为 h 或 x。因此，通古斯语与现代朝鲜语对应。

## 汉语意义：衬衫

中世朝鲜语：轲门（孙穆，《鸡林类事·方言》：7）。

通古斯语：满语 tʂamtʂi、锡伯语 tʂamtʂi、鄂温克语 santʃi、鄂伦春语 tʃamtʃi、赫哲语 tʃamtʃa（朝克，2014a：164—165）。

现代朝鲜语：cho-ggi（马甲）（Jones & Rhie，1991：369）；tʃəkksam（宣德五、金祥元、赵习，1985：153）。

原始音拟构：*tsam。

**解释：**

通古斯语与现代朝鲜语 tʃəkksam 对应工整，现代朝鲜语插入了 kk 或 gg，如 cho-ggi 中的 gg 和 tʃəkksam 中的 kk。kk 和 gg 在通古斯语中出现在第二个音节中。通古斯语中的 ts 可以视为朝鲜语词首辅音 cho- 或 tʃə- 的变体。

但孙穆音转的第一个字"轲"或许为中世朝鲜语词首音 k 或 kk，其来源或许与通古斯语 *korim-/*kirim-（睫毛，眼睛内皮）有关，但其意义难以得到解释，例如 Evenki 语 kirimkīn（睫毛）、Even 语 kirimki（睫毛，眼睛内皮）、Negidal 语 kīmkī（睫毛）、Orok 语 qolpiqta（眼睛内皮）、Solon 语 xurmult(e)（睫毛，眼睛内皮）（Starostin，Altaic etymology）。

## 汉语意义：扇

中世朝鲜语：孛采（孙穆，《鸡林类事·方言》：8）（参见"扇"）。

## 汉语意义：筷子

中世朝鲜语：折（七吉反）（孙穆，《鸡林类事·方言》：8）。

通古斯语：满语 sabka、锡伯语 savkə、鄂温克语 sarbu/sabbu/sappa、鄂伦春语 sarbu、赫哲语 sabki、女真语 sabuha（朝克，2014a：222—223）；朝鲜语 swu-cye（Lee & Ramsey，2011：159）；Negidal 语 sapkī、满语口语 safəqə、满语书面语 sabka、女真语 sabu(n)xa、Ulcha 语 salbu、

Orok 语 sabū、Nanai 语 sarbī、Oroch 语 sappui、Udighe 语 safugu、Solon 语 sarpa/sarpo（Starostin，Altaic etymology）。

现代朝鲜语：chŏt-ga-rak（Jones & Rhie，1991：60）；ʧəkkar（宣德五、金祥元、赵习，1985：154）。

原始音拟构：*tsapka。

**解释：**

通古斯语与现代朝鲜语对应工整。通古斯语中的 s 与现代朝鲜语中的 ch/ʧ 对应。除了通古斯语中出现的 p 以外，词尾辅音 k/x 对应工整。这些词可以判定为同源词。孙穆音转的"折"应该来源于晚期中世朝鲜语 swu-cye 的词首音（Lee & Ramsey，2011：159），因为孙穆给出了"折"的语音——七吉反，即 s 与 i 的切音。


## 汉语意义：剪子

中世朝鲜语：割子盖（孙穆，《鸡林类事·方言》：9）。

具体比较及解释参见前面的"剪刀"词条。

孙穆的音转比较准确。


## 汉语意义：鞭

中世朝鲜语：鞭（孙穆，《鸡林类事·方言》：9）。

通古斯语：满语 ʂusiha、锡伯语 ʂuʂiha、鄂温克语 ʃisugu/ʃisug、鄂伦春语 ʧisug/mila、赫哲语 ʃisug/ʧuʧa、女真语 suʃiga（朝克，2014a：258—259）；Evenki 语 suʒax（雪仗）、Negidal 语 suʒaχ（棍）、满语口语 suʒa-（支撑）、满语书面语 suʒaqu（棍）/suʒa-（支撑）、Orok 语 suʒaqụ（棍）Nanai 语 soʒa（枪托）/soʒaqo（三棍支架）、Udighe 语 suʒu-fine-（用肘或膝盖支撑）（Starostin，Altaic etymology）。

现代朝鲜语：ch'ae-jjik（Jones & Rhie，1991：377）。

原始音拟构：*susika。

解释：

通古斯语与现代朝鲜语的词首辅音可以互换，第二个音节中的 h 与 k 可以互换，音节结构一致。因此，这些词可以视为同源词。

孙穆的音转不准确。

# 第十三节　选自李肯翊拟构的中世朝鲜语词项

以下为本书根据李肯翊给出的中世朝鲜语词项进行的同源词比较。

## 汉语意义：稳

中世朝鲜语：多温。

通古斯语：满语 tomorhon、锡伯语 tomərhon、鄂温克语 tomoggoŋ、鄂伦春语 tomorgon、赫哲语 tomorhon（朝克，2014a：370—371）；Evenki 语 tiwān-（活着）、Even 语 tiwnъ-（安静，休息）、Negidal 语 tejewan-（活着）、满语书面语 teje-（安静，休息）、Nanai 语 tein-（安静，休息）、Oroch 语 tēŋkuči-（平静，休息）（Starostin，Altaic etymology）。

现代朝鲜语：tan-dan-han（稳定的）（Jones & Rhie，1991：329）。

原始音拟构：*tiwogon。

解释：

从中世朝鲜语的音转角度来看，"多温"的首音节与通古斯语的第一个音节对应，也与现代朝鲜语第一个音节中的 ta 对应。

李肯翊拟构的中世朝鲜语与我国境外通古斯语相近，因此本书将原始音拟构为 *tiwogon。

我国境内通古斯语显然添加了第三个音节。

# 第十四节　选自 Sohn 拟构的早期朝鲜语词项

根据 Sohn 对朝鲜语与达罗毗荼语同源词的比较，本书列出以下词项进行比较。

## 汉语意义：谷物

早期朝鲜语：*al（Sohn，1999：28）。

达罗毗荼语：*ari。

通古斯语：满语 ara、锡伯语 ara、鄂温克语 aaga、鄂伦春语 aaga、赫哲语 aga（朝克，2014a：98—99）；Evenki 语 aldi-（踩碎）、Orok 语 alāq（泥土）、满语书面语 arfa①（Starostin，Altaic etymology）。

现代朝鲜语：al-gaengi（谷物）（Jones & Rhie，1991：144）。

原始音拟构：*arga。

**解释：**

早期朝鲜语与达罗毗荼语和通古斯语对应工整，r、l 对应。通古斯语具有明显的元音和谐特征。现代朝鲜语与中世朝鲜语形态一致。

## 汉语意义：母

早期朝鲜语：*ama（Sohn，1999：28）。

达罗毗荼语：*amma（Sohn，1999：28）。

**解释：**

具体比较参见前面的词项"母"。

---

① Starostin 注：虽然满语仅为孤例，但该形态肯定古老。

## 汉语意义：兄弟，胞（兄，弟，姐，妹）

早期朝鲜语：*ənni（Sohn，1999：28）。

达罗毗荼语：*anni（兄，姐）（Sohn，1999：28）。

通古斯语：满语 əjun、锡伯语 əjun/gəhə、鄂温克语 əkiŋ/əhiŋ、鄂伦春语 əkin、赫哲语 əkin/gəgə、女真语 əjun（朝克，2014a：116—117）；鄂温克语 əkə（姐）（力提甫·托乎提，2004：354）；Evenki 语 ekīn（姐）、Even 语 ekъn（姐）、Negidal 语 exe（女人，妻子）/exīn（姐）、满语口语 xexə（女人，妻子）、满语书面语 xexe（女人，妻子）、女真语 xexe-e（女人，妻子）、Ulcha 语 ēqte（女人，妻子）、Orok 语 ekte（女人，妻子）、Nanai 语 ekte（女人，妻子）、Oroch 语 eki（姐）、Udighe 语 exi(n)（女人，妻子，姐）、Solon 语 xexe（女人，妻子）（Starostin，Altaic etymology）。

现代朝鲜语：ənni（姐姐）（宣德五、金祥元、赵习，1985：145）。

原始音拟构：*əhin。

解释：

除了 n 与 h 之间的差异以外，三种语言对应工整。在通古斯语中，h 与 k 经常互换。

## 汉语意义：胸，乳房

早期朝鲜语：*cəc（Sohn，1999：28）。

达罗毗荼语：*caci（Sohn，1999：28）。

解释：

具体比较参见前面的词项"胸"。

## 汉语意义：挖

早期朝鲜语：*kal-（犁，种植）（Sohn，1999：28）。

达罗毗荼语：*kar-（Sohn，1999：28）。

通古斯语：满语 kori-、锡伯语 kori-、鄂温克语 hoŋki-、鄂伦春语 koŋki-、赫哲语 oŋki-（朝克，2014a：450—451）；满语 garqa-（抓，用弓子拉琴）（力提甫·托乎提，2004：324）；Evenki 语 kalta/kaltaka、Even 语 qaltъq-/qaltъl-/qaltъq、Negidal 语 kalta-、Ulcha 语 qaltalị-/qalta、Orok 语 qaltā-/qalta、Nanai 语 qaltā-/qaltā、Oroch 语 kākta-/kakta、Udighe 语 kakta、Solon 语 xaltaxa（Starostin，Altaic etymology）。

现代朝鲜语：k'ae-da（挖）（Jones & Rhie，1991：91）；kalk-（抓，刮）（力提甫·托乎提，2004：324）。

原始音拟构：*ka/ori(ki)[①]。

解释：

通古斯语的形态与早期朝鲜语、现代朝鲜语、达罗毗荼语的形态几乎一致，同源特征明显。在现代通古斯语中，一些语言衍生出替代 r 或 l 的 ŋ。

## 汉语意义：粘液

早期朝鲜语：*kalaj（Sohn，1999：28）。

达罗毗荼语：*karaja（Sohn，1999：28）。

通古斯语：满语 ʂula、锡伯语 sujan、鄂温克语 ʃiŋariŋ、鄂伦春语 ʃiŋarin、赫哲语 sujaŋga（朝克，2014a：322—323）；Evenki 语 silawun、Even 语 hịlụn、Negidal 语 sịlawụn、满语口语 šolon、Ulcha 语 sịlopụ(n)、Orok 语 sịlopụ(n)、Nanai 语 sịlpõ、Oroch 语 silō(n)、Udighe 语 silou(n)、Solon 语 šila-（Starostin，Altaic etymology）。

现代朝鲜语：karɛ（痰）（宣德五、金祥元、赵习，1985：143）。

原始音拟构：*kara。

解释：

通过比较可以看出，通古斯语将 k 转变为 s/ʃ，其余音节均与早期朝鲜语、现代朝鲜语和达罗毗荼语一致。

---

① 力提甫·托乎提（2004：324）将原始音拟构为 *kar'-（挖，抓）。他列出了其他阿尔泰语的同源情况，例如蒙古语、中古蒙古语 qar-u-（挖，抓），喀尔喀蒙古语 xar-（同），楚瓦什语 xir- < *qar- < *kar'-（挖），古突厥语、维吾尔语 qaz- < *qar'- < *kar'-（挖），维吾尔语 kariz（坎儿井，挖成的地下水渠）。

**汉语意义：教，传（授）**

早期朝鲜语：*kalichi（Sohn，1999：28）。

达罗毗荼语：*kalc（Sohn，1999：28）。

通古斯语：满语 karula-、锡伯语 karula-、鄂温克语 harula-、鄂伦春语 karula-、赫哲语 harula-（朝克，2014a：502—503）。

现代朝鲜语：ka-rǔ-ch'i-da（Jones & Rhie，1991：344）；kaph-（报答）（Lee，1958：162）；kapta（宣德五、金祥元、赵习，1985：169）。

原始音拟构：*kaluS[①]。

解释：

通古斯语与早期朝鲜语音节数量相等，音节结构相同，l、r 和 ɨ、u 之间的转写不同。达罗毗荼语似乎截缩后两个音节（通古斯语和早期朝鲜语或许增加了两个音节）。

**汉语意义：鹿，犴**

早期朝鲜语：*kolani（Sohn，1999：28）。

达罗毗荼语：*kuran（Sohn，1999：28）。

解释：

具体的同源比较参见前面的词项"狍，鹿"。

**汉语意义：血亲**

早期朝鲜语：*kjələj（Sohn，1999：28）。

达罗毗荼语：*kelai（Sohn，1999：28）。

通古斯语：满语 kəli、锡伯语 kəli、鄂温克语 badʒi、鄂伦春语 badʒa/badʒale、赫哲语 badʒa/badʒale（朝克，2014a：118—119）；Evenki 语 keli(n)（亲属）/kiliwlī（女孩，姐妹）、Even 语 keli（亲属）、Negidal 语 keli（亲属）/kelewlī（女孩，姐妹）、满语口语 keli（亲属）、Ulcha 语 keli(n)（亲属）、

---

① S 代表音节。

Orok 语 keli(n)（亲属）、Nanai 语 keli（亲属）、Oroch 语 keli（亲属）（Starostin，Altaic etymology）。

现代朝鲜语：chin-sul-ha-da（Jones & Rhie，1991：282）。

原始音拟构：*keli。

解释：

通古斯语与早期朝鲜语、达罗毗荼语的同源特征明显。现代朝鲜语为汉语借词。现代朝鲜语中表示"连襟""姨姐，姨妹，姨子，弟妹"等意义的词均与 *keli 具有不同的音形。

## 汉语意义：画，勾勒

早期朝鲜语：*kɨli-（Sohn，1999：28）。

达罗毗荼语：*kiru-（Sohn，1999：28）。

解释：

具体的同源比较参见前面的词项"影子""画画"。

## 汉语意义：船

早期朝鲜语：*mancaŋi（大船）（Sohn，1999：29）。

达罗毗荼语：*manci（货船）（Sohn，1999：29）。

通古斯语：满语 tolhon wəihu、锡伯语 vəihə、鄂温克语 moŋko、鄂伦春语 moŋgo/moŋko、赫哲语 umərtʃən（朝克，2014a：208—209）。

现代朝鲜语：pae（Jones & Rhie，1991：308）；pɛ（宣德五、金祥元、赵习，1985：158）。

原始音拟构：*moŋko。

解释：

从鄂温克语、鄂伦春语中可以看到意义相近、音形相似的词 *moŋko，但无法在现代朝鲜语中找到对应的词。

具体的比较参见前面的词项"船"。

## 汉语意义：树苗

早期朝鲜语：*mo（Sohn，1999：29）。

达罗毗荼语：*mola（Sohn，1999：29）。

解释：

参见前面的词项"树，木"的同源词比较。

## 汉语意义：脖子

早期朝鲜语：*mok（Sohn，1999：29）。

达罗毗荼语：*mak（Sohn，1999：29）。

解释：

参见前面的词项"脖子，喉咙"的同源比较。

## 汉语意义：森林

早期朝鲜语：*molo（山）（Sohn，1999：29）。

达罗毗荼语：*mala（山，森林）（Sohn，1999：29）。

通古斯语：满语 molo、锡伯语 mol、鄂温克语 holo、鄂伦春语 kolo、赫哲语 hol（朝克，2014a：86—87）；Evenki 语 mō、Even 语 mō、Negidal 语 mō、满语口语 mō、满语书面语 moo、女真语 mo、Ulcha 语 mō、Orok 语 mō、Nanai 语 mō、Oroch 语 mō、Udighe 语 mō、Solon 语 mō（Starostin，Altaic etymology）。

现代朝鲜语：na-mu（Jones & Rhie，1991：365）；namu（宣德五、金祥元、赵习，1985：149）。

原始音拟构：*molo。

解释：

通古斯语与早期朝鲜语 *molo 具有明显的同源特征，它们可以判定为同源词。

Starostin 列出的词项与 molo 近似。本书认为，m 变为 h 和 p，如 Evenki 语 xoron、Negidal 语 xojo(n)、满语口语 forən/forun、Ulcha 语 poro(n)、Orok 语 poro(n)、Nanai 语 porõ、Oroch 语 xõ(n)（上面的空间）、Udighe 语 xõ(n)（上面的）、Solon 语 orõ（山路）。

现代朝鲜语 namu 添加了词首音节。

关于本词项的同源特征，还可以参见前面的词项"山梁"。

## 汉语意义：尿，粪

早期朝鲜语：*məl（Sohn，1999：29）。

达罗毗荼语：*mollu（尿）（Sohn，1999：29）。

通古斯语：满语 hamu/fadʐan、锡伯语 ham/fadʐən、鄂温克语 amuŋ、鄂伦春语 amun、赫哲语 amun/amu（朝克，2014a：162—163）；满语 fajan（粪）（刘厚生、关克笑、沈微等，1988：122）；Evenki 语 amū-n（粪）/amū-n-（排便）、Even 语 amụ（嗅，贼）、Negidal 语 amụn（粪）/amụt-（排便）、满语口语 hamə（粪）/hamətə-（排便）、满语书面语 χamu（粪）/χamu-ta-（排便）、Ulcha 语 amụ（粪）/amči-（排便）、Orok 语 amụ(n)（粪）/amụ-（排便）、Nanai 语 amõ（粪）/am-či-（排便）、Oroch 语 amụ（粪）、Udighe 语 amu-（粪）/amukta-（排便）、Solon 语 amữ（粪）（Starostin, Altaic etymology）。

现代朝鲜语：ttong（粪）（Jones & Rhie，1991：102）；oʧum（尿）、ttoŋ（粪）（宣德五、金祥元、赵习，1985：144）。

原始音拟构：*(h)amu。

解释：

早期朝鲜语脱落了词首音节和 l，现代朝鲜语也是如此。朝鲜语与通古斯语具有比较明显的同源特征：通古斯语中的 u（第二个音节中的元音）变为早期朝鲜语中的 ə 或现代朝鲜语中的 o，m 在现代朝鲜语中变为 ŋ。满语 fajan 另有来源。[1]

---

[1] 力提甫·托乎提认为，满语 fajan 来源于满语 *fargan < *fargal，并与阿尔泰语系中的其他语言具有同源特征，如蒙古语 arɡal（取暖用干粪）、土族语 xardal、维吾尔语 eɣil、朝鲜语 pal（力提甫·托乎提，2004：319）。

## 汉语意义：肩

早期朝鲜语：*məj（Sohn，1999：29）。

达罗毗荼语：*muj（Sohn，1999：29）。

解释：

具体的同源比较参见前面的词项"担负"。

## 汉语意义：收

早期朝鲜语：*pat-（Sohn，1999：29）。

达罗毗荼语：*pat-（得到，获得）（Sohn，1999：29）。

通古斯语：满语 baha-、锡伯语 baha-、鄂温克语 baha-、鄂伦春语 baka-、赫哲语 baha-、女真语 baha-（朝克，2014a：428—429）；Evenki 语 baka-、Even 语 baq-、Negidal 语 baxa-、满语口语 bahə-、满语书面语 baχa-、女真语 baxa-biar、Ulcha 语 bā-、Orok 语 bā-、Nanai 语 bā-、Oroch 语 bā-、Udighe 语 ba-、Solon 语 baxa-（Starostin，Altaic etymology）。

现代朝鲜语：pat-da（得到）（Jones & Rhie，1991：277）；patta（接受）（宣德五、金祥元、赵习，1985：169）。

原始音拟构：*paha。

解释：

通古斯语中的 b 与朝鲜语中的 p 的记录方式不同。通古斯语中的 h 与朝鲜语中的 t 对应。同源特征明显。

## 汉语意义：草

早期朝鲜语：*phil（Sohn，1999：29）。

达罗毗荼语：*pul（Sohn，1999：29）。

解释：

具体的同源比较参见前面的词项"草"。

## 汉语意义：蛇

早期朝鲜语：*pəjam（Sohn，1999：29）。

达罗毗荼语：*pampu（Sohn，1999：29）。

通古斯语：满语 məihə、锡伯语 məih、鄂温克语 holeŋ、鄂伦春语 kulin、赫哲语 məihə、女真语 məihə（朝克，2014a：66—67）；Evenki 语 kulikān（肉虫）/kulīn（蛇）、Even 语 qulịn（蚊子）、Negidal 语 kolixān（肉虫）、Ulcha 语 qụla(n)（肉虫）、Orok 语 qola（肉虫）、Nanai 语 qolã（肉虫）、Oroch 语 kulā（肉虫，蛇）、Udighe 语 kuliga（肉虫，蛇）、Solon 语 xoĺexã（肉虫）/xoĺẽ（蛇）（Starostin，Altaic etymology）。

现代朝鲜语：paem（Jones & Rhie，1991：317）。

原始音拟构：*kujla。

**解释：**

朝鲜语中的 p 与通古斯语（满语、锡伯语、赫哲语、女真语）中的 m 之间的相互转换容易理解，因为 p 和 m 的发音部位相同，但 p 与 k/h/q 之间的变化难以解释。然而，我们在音节结构和所含元音的差异方面可以确认朝鲜语与通古斯语的同源性。

## 汉语意义：蜂，蝇

早期朝鲜语：*pəj（蜜蜂）（Sohn，1999：29）。

达罗毗荼语：*pera（蜜蜂）（Sohn，1999：29）。

通古斯语：满语 mimi、锡伯语 mimi、鄂温克语 bor gilʉhəŋ、鄂伦春语 bor dilkəʧən、赫哲语 bor dʒinkun（朝克，2014a：62—63）；Evenki 语 huta-l-（燃烧）、Even 语 hutā-l-（燃烧）、Negidal 语 xotol-xotol（燃烧）、满语书面语 fataqu（深红色）、Ulcha 语 pụta-lụ-（燃烧）/pụta-ʒa(n)（萤火虫的光）、Orok 语 pụtamụ（火蝇）、Nanai 语 potal（燃烧）、Oroch 语 xuta-rā-（燃烧）、Udighe 语 xuta-（燃烧）（Starostin，Altaic etymology）。

现代朝鲜语：p'ari（蝇）（Jones & Rhie，1991：129）；pər（蜜蜂）、p'ari（蝇）（宣德五、金祥元、赵习，1985：148）。

原始音拟构：*porta。

解释：

通古斯语中的 b 与朝鲜语中的 p 的记录方式不同。满语书面语中的 f 为借用音，其原始形态为 p。其他语言中的 x（h）有时也会与 p 互换。因此，朝鲜语与通古斯语具有明显的同源特征。

## 汉语意义：碗

早期朝鲜语：*sola（Sohn，1999：29）。

达罗毗荼语：*sola（饭碗）（Sohn，1999：29）。

通古斯语：满语 solha、锡伯语 solha、鄂温克语 solha/ʧomho、鄂伦春语 solka/ʧomko、赫哲语 solha（朝克，2014a：230—231）；满语口语 sorə、满语书面语 šoro、Ulcha 语 soro、Nanai 语 soro（Starostin，Altaic etymology）。

现代朝鲜语：sa-bal/tan-ji/nam-bi（Jones & Rhie，1991：259）；sapar（宣德五、金祥元、赵习，1985：154）。

原始音拟构：*solha/*seruk。

解释：

早期朝鲜语显然脱落了 o 后面的 -h-，并添加了 a。通古斯语中的 o 与 e 常常为自由变体，l 与 r 也常常为自由变体。我国境外通古斯语 *sora 与早期朝鲜语对应工整，同源特征明显。

现代朝鲜语 sa-bal 将早期朝鲜语第一个音节中的 o 变为 a，并添加 -ba-，将 l 后移。

鄂温克语 ʧomho 来源不详。现代朝鲜语 tan-ji 借自汉语中的"坛子"一词，但 nam-bi 来源不详。

## 汉语意义：烧

早期朝鲜语：*tal-（Sohn，1999：29）。

达罗毗荼语：*tar-（变热，烧）（Sohn，1999：29）。

通古斯语：满语 dəidʐi-、锡伯语 dəidʐi-、鄂温克语 dalga-/dagga-、鄂伦春语 dalga-、赫哲语 dalga-、女真语 dʒidi-（朝克，2014a：436—437）；Evenki 语 dalga-、Even 语 dalgat-/č-、Negidal 语 dalga-、Ulcha 语 ʒalGa-、Orok 语 dalda-、Nanai 语 dalGa-、Solon 语 dalga-（Starostin，Altaic etymology）。

现代朝鲜语：ttɛta（烧火）（宣德五、金祥元、赵习，1985：172）。

原始音拟构：*talga。

解释：

除了满语、锡伯语、女真语以外，通古斯语其他语言中均有与早期朝鲜语、达罗毗荼语意义相近、音形相近的词。虽然 Ulcha 语中的 ʒ 是例外，但是 ʒ 后面的音节与 *talga 吻合。这种现象说明通古斯语、早期朝鲜语与达罗毗荼语具有同源关系。

相关解释参见前面的词项"烧""烤"。

## 汉语意义：腿

早期朝鲜语：*tali（Sohn，1999：29）。

达罗毗荼语：*tar（腿，大腿）（Sohn，1999：29）。

通古斯语：Ulcha 语 tarpi、Orok 语 talpi/talipu、Nanai 语 talpi（Starostin，Altaic etymology）。

现代朝鲜语：ta-ri（腿）（Jones & Rhie，1991：192）；tari（腿）（宣德五、金祥元、赵习，1985：143）。

原始音拟构：*talpi。

解释：

通古斯语与早期朝鲜语、达罗毗荼语具有明显的同源特征。

## 汉语意义：罐

早期朝鲜语：*tanti（Sohn，1999：29）。

达罗毗荼语：*tanti（中型罐）（Sohn，1999：29）。

通古斯语：满语 tamsə、锡伯语 tamsə、鄂温克语 tamusuŋ、鄂伦春语 tamsun、赫哲语 tamsu（朝克，2014a：224—225）。

现代朝鲜语：tok（Jones & Rhie，1991：181）；tok（缸）（宣德五、金祥元、赵习，1985：154）。

原始音拟构：*tam(ti/si)。

**解释：**

通古斯语保留了 tam，但朝鲜语将 tam 中的 m 变为 n。第二个音节虽然都得到保留，但却有所变化。现代朝鲜语仅仅保留了 t，将 a 变为 o，并添加了 k。

## 汉语意义：桔梗，黄花菜

早期朝鲜语：*tolaci（桔梗）（Sohn，1999：29）。

达罗毗荼语：*tolaci（桔梗）（Sohn，1999：29）。

通古斯语：满语 niohə subə、锡伯语 niohə subə、鄂温克语 giloski[①]、鄂伦春语 dilooʧi、赫哲语 diloshi（朝克，2014a：108—109）；tilwwʧu（韩有峰、孟淑贤，1993：82）。

现代朝鲜语：toraji（桔梗）（Jones & Rhie，1991：348）。

原始音拟构：*tiroʧi。

**解释：**

鄂伦春语、赫哲语的音形与朝鲜语的音形几乎一致：d 与 t 之间的差异为注音方式的差异或送气音的差异。朝鲜语第一个音节中的 o 在上述语言中体现为 i。朝鲜语第二个音节中的 a 在上述语言中体现为 o。朝鲜语第三个音节中 c 的实际读音为 j 或 ʧ。

---

① 朝克给出的原文就是这样。

虽然朝鲜语与通古斯语的意义存在差异，但它们均在同一语义场内，因此没有超出"意义相同或相近"的范围。

## 汉语意义：月

早期朝鲜语：*tɔl（Sohn，1999：29）。

达罗毗荼语：*til（Sohn，1999：29）。

通古斯语：鄂伦春语 tɔlən-（北斗）（韩有峰、孟淑贤，1993：63）；Evenki 语 tī-、Negidal 语 tī-（Starostin，Altaic etymology）。

现代朝鲜语：tal（Jones & Rhie，1991：218）；tar（宣德五、金祥元、赵习，1985：139）。

原始音拟构：*til。

解释：

通古斯语与早期朝鲜语、现代朝鲜语、达罗毗荼语具有明显的同源特征。鄂伦春语中的 ɔ 或许是 a 向后高移动的结果。

## 汉语意义：衣服

早期朝鲜语：*uthij（Sohn，1999：29）。

达罗毗荼语：*utai（Sohn，1999：29）。

通古斯语：满语 ətuku、锡伯语 ətuku/utukə、鄂温克语 təti/təggəʃʃĭ、鄂伦春语 təti/tərgəbʃĭ、赫哲语 titi/titikə/ətukə、女真语 ətuku（朝克，2014a：164—165）；Evenki 语 uteme（缝制的衣服）/uteptīn（手套里子）、Even 语 ut-（铺床）/etik（上衣）、Negidal 语 ute-（铺床）、满语口语 utu-（穿上）/utuku（衣服）、满语书面语 etu-（穿上）/etuku（上衣）、女真语 etu-xun（上衣）、Ulcha 语 uteče（缝）/utesu（缝制的衣服）、Orok 语 utteuri（缝制的衣服）、Nanai 语 ute-（铺床）/utesū（缝制的衣服）（Starostin，Altaic etymology）。

现代朝鲜语：ot（Jones & Rhie，1991：63）；os/ot（宣德五、金祥元、

赵习，1985：152）。

原始音拟构：*ute。

**解释：**

根据 Starostin 列出的词项，表示"衣服"这个意义的词或许来自 *etu/*ute。这显然将 e、u 之间的位置转换视为语言发展的自然现象。从早期朝鲜语、现代朝鲜语、朝克列出的通古斯语中都可以看到这种音节结构及其变化，例如鄂温克语、鄂伦春语、赫哲语均脱落了词首音 e/u。现代朝鲜语将 e/u 转变为 o。这些语言具有明显的同源特征。

.

第三章

斯瓦迪基础词表研究

斯瓦迪（Swadesh）等人认为，世界上的很多语言都具有亲缘关系，如果能够找到人类语言中最基础且不易发生变异的一些词汇，并将其作为蓝本对相关语言进行对比，那么研究者就可以判断所对比的语言是否同源，并可以以此为例来说明语言分化的情况（Swadesh：1972）。本书认为，虽然斯瓦迪等人的判断具有一定的主观性，但这是一种量化分析语言同源性的标准。因此，本书将此列入考查范围，旨在通过考查来说明斯瓦迪基础词表的不足。

# 第一节  100 个基础词比较 [①]

### 1. 我

通古斯语：满语 bi、锡伯语 bi、鄂温克语 bi、鄂伦春语 bi、赫哲语 bi（朝克，2014a：338—339）；Negidal 语 bi、满语口语 bī、满语书面语 bi/be、Ulcha 语 bi、Orok 语 bi、Nanai 语 bi、Oroch 语 bi、Udighe 语 bi、Solon 语 bi（Starostin，Altaic etymology）。

---

① 该词表出自 Crystal（2002：333）。由于本节所对比的词项均为现代语言，本词表与前面相同词项的形态或许有所不同。

现代朝鲜语：na-nǔn/nae-ga（Jones & Rhie，1991：163）；na/nε（宣德五、金祥元、赵习，1985：161）。

无。[1]

### 2. 你

通古斯语：满语 si、锡伯语 şi、鄂温克语 ʃi、鄂伦春语 ʃi、赫哲语 ʃi（朝克，2014a：338—339）；Evenki 语 si、Even 语 hī、Negidal 语 sī、满语口语 šī、满语书面语 si、Ulcha 语 si、Orok 语 si、Nanai 语 si、Oroch 语 si、Udighe 语 si、Solon 语 ši（Starostin，Altaic etymology）。

现代朝鲜语：tang-sin（Jones & Rhie，1991：385）；nə/ne/ni（宣德五、金祥元、赵习，1985：161）。

无。

### 3. 我们

通古斯语：满语 bə、锡伯语 bo/bə、鄂温克语 bʉ、鄂伦春语 bʉ、赫哲语 bu（朝克，2014a：338—339）；Evenki 语 bu、Even 语 bu、Negidal 语 bu、满语口语 bō、满语书面语 be、Ulcha 语 bū、Orok 语 bu、Nanai 语 bū、Oroch 语 bu、Udighe 语 bu、Solon 语 bū（Starostin，Altaic etymology）。

现代朝鲜语：u-ri-ga（Jones & Rhie，1991：375）；ʧəhɯi/ʧəji/uri（宣德五、金祥元、赵习，1985：161）。

无。

### 4. 这

通古斯语：满语 ərə、锡伯语 ər、鄂温克语 əri、鄂伦春语 əri、赫哲语 əji、女真语 ərə（朝克，2014a：342—343）；满语 e-（Lee，1958：108）；Evenki 语 er/eri、Even 语 er、Negidal 语 ej、满语口语 erə、满语书

---

[1] "有"表示具有同源特征，"无"表示不具有同源特征。下同。

面语 ere、Ulcha 语 ej、Orok 语 eri、Nanai 语 ei、Oroch 语 ei、Udighe 语 eji、Solon 语 er（Starostin，Altaic etymology）。

现代朝鲜语：i-gǒt（Jones & Rhie，1991：348）；i（宣德五、金祥元、赵习，1985：161）。

无。

### 5. 那

通古斯语：满语 tərə、锡伯语 tər、鄂温克语 tari、鄂伦春语 tari、赫哲语 ti/tiji（朝克，2014a：340—341）；Evenki 语 tar/tari、Even 语 tar、Negidal 语 taj、满语口语 terə、满语书面语 tere、Ulcha 语 tāwụ/tị、Orok 语 tari、Nanai 语 taja、Oroch 语 tī/tei、Udighe 语 tei/teji、Solon 语 tajā/tari（Starostin，Altaic etymology）。

现代朝鲜语：kǔ-gǒt（Jones & Rhie，1991：347）；tʃə（宣德五、金祥元、赵习，1985：161）。

无。

### 6. 谁

通古斯语：满语 wə、锡伯语 və、鄂温克语 awu/ni、鄂伦春语 ni、赫哲语 ni（朝克，2014a：340—341）；Evenki 语 ẽ、Negidal 语 ẽxun/ẽkun、满语书面语 ai/ja（Starostin，Altaic etymology）。

现代朝鲜语：nu-gu（Jones & Rhie，1991：378）；nuku（宣德五、金祥元、赵习，1985：161）。

无。

### 7. 什么

通古斯语：满语 ai、锡伯语 aijə、鄂温克语 johoŋ/ohoŋ/ihoŋ、鄂伦春语 jokun/ikun、赫哲语 ja/haj（朝克，2014a：342—343）；Evenki 语

ēkūn、Even 语 āq、Negidal 语 ēxun/ēkun/ēwa、满语口语 ai、满语书面语 ai / ja、Ulcha 语 χaj、Orok 语 xai、Nanai 语 χai、Solon 语 ī（Starostin，Altaic etymology）。

现代朝鲜语：mu-ŏt（Jones & Rhie，1991：376）；muɣət/muəs（宣德五、金祥元、赵习，1985：161）。

无。

## 8. 不

通古斯语：满语 akʋ、锡伯语 aku、鄂温克语 həj、鄂伦春语 kəj、赫哲语 həj（朝克，2014a：526—527）；Evenki 语 āčin、Even 语 ān/āč、Negidal 语 āčin、满语口语 aqu、满语书面语 aqu、Ulcha 语 ana、Orok 语 ana、Nanai 语 anā、Oroch 语 ana、Udighe 语 anči、Solon 语 ašǐ（Starostin，Altaic etymology）。

现代朝鲜语：...a-ni-da .../...an-t'a...（Jones & Rhie，1991：229）；anita（宣德五、金祥元、赵习，1985：167）。

有。

## 9. 所有

通古斯语：满语 uhuri/bisirələ、锡伯语 uhuri/uhəri、鄂温克语 ʋgʋri、鄂伦春语 ʋgʋri、赫哲语 uhuri、满语 gəmu、锡伯语 gum、鄂温克语 gʋb/sʋt、鄂伦春语 gʋb、赫哲语 gub（朝克，2014a：340—341）；满语口语 gumə、满语书面语 gemu、Orok 语 gem（Starostin，Altaic etymology）。

现代朝鲜语：mo-dǔn（一切的）、chŏn-bu（所有）、chŏn-hyŏ/t'ong-tǔ-rŏ（Jones & Rhie，1991：11）；moʧori（宣德五、金祥元、赵习，1985：163）。

无。

## 10. 许多

通古斯语：满语 utala、锡伯语 utala、鄂温克语 beehal、鄂伦春语 baraali、赫哲语 utala、满语 gərən labdu、锡伯语 gərən lavdu、鄂温克语 gərəŋ baraaŋ、鄂伦春语 gərən baraan、赫哲语 gərən malahun（朝克，2014a：366—367）；满语口语 geren（许多）、满语书面语 geren（许多）、Ulcha 语 gere(n)（许多）、Orok 语 gere(n)（许多）、Nanai 语 gere(n)（所有）、Oroch 语 gere(n)（许多，所有）、Udighe 语 gele（所有）、满语口语 lavədu/lavədə、满语书面语 labdu、Nanai 语 labdo（Starostin，Altaic etymology）。

现代朝鲜语：ta-su-ǔi/man-ǔn（Jones & Rhie，1991：205）；mant'a（Jones & Rhie，1991：202）；man-ta[①]。

表示"许多"这个意义的词有很多，其原因在于该意义可以与其他相关意义构成不同的语义场，通古斯语的事实就是如此。

无。

## 11. 一

通古斯语：满语 əmu、锡伯语 əmu/əmkən、鄂温克语 əmʉŋ、鄂伦春语 əmʉn、赫哲语 əmun/əmuhun（朝克，2014a：344—345）；Evenki 语 umūn、Even 语 ömʉn、Negidal 语 emen、满语口语 emə、满语书面语 emu、Ulcha 语 ụm、Orok 语 umūke、Nanai 语 emu(n)、Oroch 语 om、Udighe 语 omo、Solon 语 emũ（Starostin，Altaic etymology）。

现代朝鲜语：ha-na-ǔi/ha-na（Jones & Rhie，1991：235）；hana（宣德五、金祥元、赵习，1985：161）。

无。

---

① 本词项由方香玉博士提供。

## 12. 二

通古斯语：满语 dʐuwə、锡伯语 dʐu、鄂温克语 dʒɯɯr、鄂伦春语 dʒɯɯr、赫哲语 dʒuru（朝克，2014a：344—345）；Evenki 语 ʒūr、Even 语 ʒōr、Negidal 语 ʒūl、满语口语 ʒū、满语书面语 ʒuwe、Ulcha 语 ʒuel(i)、Orok 语 dū、Nanai 语 ʒū/ʒuer、Oroch 语 ʒū、Udighe 语 ʒū、Solon 语 ʒūr（Starostin，Altaic etymology）。

现代朝鲜语：tul（Jones & Rhie，1991：360）；tur/i（宣德五、金祥元、赵习，1985：161）；dul/i（Lee & Lee，1998：235,557）。

无。

## 13. 大

通古斯语：满语 amba、锡伯语 ambu、鄂温克语 əgədɯg/əddɯg、鄂伦春语 əgdəgə/əgdəŋə、赫哲语 həgdi/sagdi（朝克，2014a：366—367）；满语口语 amə、满语书面语 amba、Ulcha 语 amba(n)、Orok 语 ambaramʒị、Nanai 语 amba(n)、Oroch 语 amba（Starostin，Altaic etymology）。

现代朝鲜语：k'ŭn（Jones & Rhie，1991：37）；k'ɯta（宣德五、金祥元、赵习，1985：163）。

无。

## 14. 长

通古斯语：满语 golmin、锡伯语 golmin、鄂温克语 nonom、鄂伦春语 ŋonum、赫哲语 onimi（朝克，2014a：364—365）；Evenki 语 ŋōnim/ŋōnigdi、Even 语 ŋonɨm、Negidal 语 ŋonom、满语口语 Goləmin、满语书面语 golmin、Ulcha 语 walmị、Orok 语 ŋonimi、Nanai 语 ŋonịmị/wonịmị/onịmị、Oroch 语 ŋońimi/ŋońmi、Udighe 语 wanimi/wańimi、Solon 语 ninomi/gonóm（Starostin，Altaic etymology）。

现代朝鲜语：kin/o-raen/kil-ge（Jones & Rhie，1991：198）；kirta（宣德五、金祥元、赵习，1985：163）。

有。

## 15. 小

通古斯语：满语 adʐiɡə、锡伯语 adʐig、鄂温克语 nisɯhɯn、鄂伦春语 niʃɯkɯn、赫哲语 uʃkun/iʃkun（朝克，2014a：366—367）；Evenki 语 nitkūn、Negidal 语 ńitkūn、满语口语 isuxun、Ulcha 语 ńūči、Orok 语 nūči、Nanai 语 nūči、Oroch 语 ŋīči、Udighe 语 ŋiča、Solon 语 nisxũ/nisūxũ（Starostin，Altaic etymology）。

现代朝鲜语：chak-ǔn（Jones & Rhie，1991：316）；ʧakta（宣德五、金祥元、赵习，1985：163）。

无。

## 16. 女人

通古斯语：满语 həhə、锡伯语 həhə nan、鄂温克语 aʃe、鄂伦春语 aʃi bəjə、赫哲语 asən ŋo（朝克，2014a：126—127）；Evenki 语 ekīn（姐）、Even 语 ekɯn（姐）、Negidal 语 exe（女人，妻子）/exīn（姐）、满语口语 xexə（女人，妻子）、满语书面语 xexe（女人，妻子）、女真语 xexe-e（女人，妻子）、Ulcha 语 ēqte（女人，妻子）、Orok 语 ekte（女人，妻子）、Nanai 语 ekte（女人，妻子）、Oroch 语 eki（姐）、Udighe 语 exi(n)（女人，妻子，姐）、Solon 语 xexe（女人，妻子）（Starostin，Altaic etymology）。

现代朝鲜语：yǒ-ja（Jones & Rhie，1991：381）；njəʧa/jəʧa（宣德五、金祥元、赵习，1985：145）。

无。

## 17. 男人

通古斯语：满语 haha、锡伯语 hahə nan、鄂温克语 nerog、鄂伦春语 nira bəjə、赫哲语 haha ŋo（朝克，2014a：126—127）；Evenki 语 akā/akin（哥哥）、Even 语 aqa/aqъn（哥哥）、Negidal 语 aga/axa（哥哥）、满语口语 hahə（男人）、满语书面语 xaxa（男人）/axun（哥哥）、Ulcha 语 aGa（哥哥）、Orok 语 aGa/aqa（哥哥）、Nanai 语 ā（哥哥）、Oroch 语 aka/akin（哥哥）、Udighe 语 aga（哥哥）、Solon 语 axā/axin（哥哥）（Starostin, Altaic etymology）。

现代朝鲜语：sa-ram、nam-ja（男性）（Jones & Rhie，1991：203）；namʧa（宣德五、金祥元、赵习，1985：145）。

无。

## 18. 人

通古斯语：满语 nijalma、锡伯语 nian/nan、鄂温克语 nan/bəj、鄂伦春语 nan/bəjə、赫哲语 nan ŋo（朝克，2014a：112—113）；Evenki 语 beje、Even 语 bej、Negidal 语 beje、Nanai 语 beje、Solon 语 bei/beje（Starostin, Altaic etymology）。

现代朝鲜语：sa-ram-dǔl、sa-ram（Jones & Rhie，1991：249）；saram（宣德五、金祥元、赵习，1985：145）。

无。

## 19. 鱼

通古斯语：满语 nimaha、锡伯语 nimha、鄂温克语 imaha、鄂伦春语 imaka、赫哲语 imaha、女真语 liwaha（朝克，2014a：66—67）；Evenki 语 lēmba（鳟鱼）、满语口语 niməhā（鱼）、满语书面语 nimaxa（鱼）、女真语 limwa-xa（鱼）、Ulcha 语 ńịmụ（鳟鱼）、Orok 语 loịma（鲑鳟鱼）、Nanai 语 ịmaχa（鱼）/ńịmo（鳟鱼）（Starostin, Altaic etymology）。

现代朝鲜语：mul-go-gi（Jones & Rhie，1991：126）；murkoki（宣德五、金祥元、赵习，1985：148）。

无。

## 20. 鸟

通古斯语：满语 tʂətʂəkə、锡伯语 tʂətʂəkə、鄂温克语 ʧinəh、鄂伦春语 ʧiəkə、赫哲语 ʧiʧihe（朝克，2014a：46—47）；满语 cibin（Lee，1958：107）；Evenki 语 čipi-čā（小鸟）、Even 语 čĭbḅlḙn（小鸟）、Negidal 语 čiptija（小鸟）、满语口语 čivaqən（燕子）、满语书面语 čibin（燕子）、Nanai 语 čịpịaqo（燕子）、Udighe 语 čiwjau（麻雀）（Starostin，Altaic etymology）。

现代朝鲜语：chi-bi（燕子）（Jones & Rhie，1991：340）；ch'am-si（麻雀）（Jones & Rhie，1991：322）；sae（Jones & Rhie，1991：37）；sɛ（鸟）、ʧ'amsɛ（麻雀）、ʧepi（燕子）（宣德五、金祥元、赵习，1985：147）；sae（鸟）（Ju-haeng Lee & Gyu-hang Lee，1998：401）。

有。

## 21. 狗

通古斯语：满语 indahʊn、锡伯语 indahu、鄂温克语 ninihin、鄂伦春语 ŋanakin、赫哲语 inakin、女真语 indahun（朝克，2014a：54—55）；Evenki 语 ŋinakin/ginakin、Even 语 ŋịn、Negidal 语 ŋinaxin/ninaxin、满语口语 jonəhuŋ/inəhuŋ、满语书面语 indaxun、女真语 ŋinda-xiun、Ulcha 语 iŋda、Orok 语 ŋinda、Nanai 语 ịnda、Oroch 语 inaki、Udighe 语 inài、Solon 语 ninaxĩ（Starostin，Altaic etymology）。

现代朝鲜语：kae（Jones & Rhie，1991：98）；kɛ（宣德五、金祥元、赵习，1985：147）。

无。

## 22. 虱子

通古斯语：满语 tʂihə、锡伯语 tʂihə、鄂温克语 huŋkə、鄂伦春语 kʊmkə、赫哲语 kuməkə（朝克，2014a：64—65）；Evenki 语 kumke、Even 语 kumke、Negidal 语 kumke、满语书面语 xelmeku（蜘蛛）、Nanai 语 kuŋke、Oroch 语 kume、Udighe 语 kumuge、Solon 语 xuŋkē（Starostin, Altaic etymology）。

现代朝鲜语：i（Jones & Rhie，1991：199）；i（宣德五、金祥元、赵习，1985：148）。

无。

## 23. 树

通古斯语：满语 moo、锡伯语 mo/halin/helin、鄂温克语 moo、鄂伦春语 moo、赫哲语 mo、女真语 mo（朝克，2014a：80—81）；Evenki 语 mō、Even 语 mō、Negidal 语 mō、满语口语 mō、满语书面语 moo、女真语 mo、Ulcha 语 mō、Orok 语 mō、Nanai 语 mō、Oroch 语 mō、Udighe 语 mō、Solon 语 mō（Starostin, Altaic etymology）。

现代朝鲜语：na-mu（Jones & Rhie，1991：381）；namu（宣德五、金祥元、赵习，1985：149）。

有。

## 24. 种子

通古斯语：满语 usə、锡伯语 usə、鄂温克语 ʉr、鄂伦春语 ʉrə、赫哲语 usə（朝克，2014a：80—81）；Even 语 hese-n（种子，后代）、满语书面语 fise-n（种子，后代）/fisi-ke（亲属）、Ulcha 语 pikse（亲属）、Nanai 语 pikse/fisxe（亲属）（Starostin, Altaic etymology）。

现代朝鲜语：ssi（Jones & Rhie，1991：302）；ssi（宣德五、金祥元、赵习，1985：149）。

有。

## 25.（树）叶

通古斯语：满语 abdaha、锡伯语 avh/avha、鄂温克语 abdagaŋ、鄂伦春语 abdanan、赫哲语 abdagsan、女真语 abuha（朝克，2014a：80—81）；Evenki 语 abdanna、Even 语 ebdъnrъ、Negidal 语 abdana、满语口语 afəhə、满语书面语 abdaxa /afaxa、女真语 ha-[bxa]、Ulcha 语 χabdata、Orok 语 xamdata、Nanai 语 χabdata/χaftaca、Oroch 语 abdasa、Udighe 语 abdehä（Starostin，Altaic etymology）。

现代朝鲜语：ip（Jones & Rhie，1991：190）；ip（宣德五、金祥元、赵习，1985：149）。

无。

## 26. 根

通古斯语：满语 fuləhə、锡伯语 fulhə、鄂温克语 niintə、鄂伦春语 nimtə/təkən、赫哲语 uləhə /daʧin（朝克，2014a：82—83）；满语 fulehe（Lee，1958：110）；满语 fujuri（根，起源，由来）（力提甫·托乎提，2004：358）；满语口语 fuləxə/fuluxu、满语书面语 fulexe（Starostin，Altaic etymology）。

现代朝鲜语: ppu-ri（Jones & Rhie，1991：292）；ppuri（宣德五、金祥元、赵习，1985：149）。

有。

## 27.（树）皮

通古斯语：满语 notho、锡伯语 nothə、鄂温克语 tal、鄂伦春语 tal、赫哲语 tal（朝克，2014a：82—83）；Evenki 语 oldaksa、满语书面语 alχuwa（Starostin，Altaic etymology）。

现代朝鲜语：kkŏp-jil（Jones & Rhie，1991：30）。

无。

## 28. 皮肤

通古斯语：满语 sukʊ、锡伯语 sokə、鄂温克语 nanda、鄂伦春语 nana、赫哲语 ərhə、女真语 sugu（朝克，2014a：160—161）；Evenki 语 erekte（皮肤，树皮）、Even 语 ertъ、Negidal 语 ejekte、Ulcha 语 xerekte、Orok 语 xerekte、Nanai 语 xerekte、Oroch 语 ēkte（Starostin，Altaic etymology）。

现代朝鲜语：kkŏp-jil（Jones & Rhie，1991：313）；katʃuk（宣德五、金祥元、赵习，1985：143）。

无。

## 29.（人）肉

通古斯语：满语 jali、锡伯语 jal、鄂温克语 ʉldʉ、鄂伦春语 ʉlə、赫哲语 uldʒə、女真语 jali（朝克，2014a：162—163）；Evenki 语 ńalikin（生肉）、Even 语 ńalъqča（生肉）、Negidal 语 ńalị-xịn（生肉）、满语口语 jali、满语书面语 jali、女真语 ja-li、Ulcha 语 ńālụ(n)（生肉）、Orok 语 nālu/ńālụ（生肉）、Nanai 语 ńalkǐ（生肉）、Udighe 语 ńaliɣi（生肉）、Solon 语 jali（生肉）（Starostin，Altaic etymology）。

现代朝鲜语：ko-gi（Jones & Rhie，1991：128）；sar（宣德五、金祥元、赵习，1985：143）。

无。

## 30. 血

通古斯语：满语 səŋgi、锡伯语 səŋg、鄂温克语 səəʧʃi、鄂伦春语 səəksə、赫哲语 səhsə、女真语 səgi（朝克，2014a：162—163）；Evenki 语 sēkse、Even 语 hēs、Negidal 语 sēkse、满语口语 šiŋə、满语书面语 seŋgi、

女真语 seiŋ-ŋi、Ulcha 语 sēkse、Orok 语 sekse、Nanai 语 sēkse、Oroch 语 sēkse、Udighe 语 sakeä、Solon 语 sēkče（Starostin，Altaic etymology）。

现代朝鲜语：p'i（Jones & Rhie，1991：39）；p'i（宣德五、金祥元、赵习，1985：143）。

无。

## 31. 骨

通古斯语：满语 giraŋgi、锡伯语 giraŋ、鄂温克语 giranda、鄂伦春语 giramna、赫哲语 giramsə、女真语 gilaŋgi（朝克，2014a：158—159）；Evenki 语 giramna（骨）、Even 语 girɓmrɓ（骷髅，坟墓）、Negidal 语 gijamna（骷髅）、满语口语 giraŋə（骨）、满语书面语 giraŋgi（骨）、女真语 gi(r)ba-an-gi（骨）、Ulcha 语 Giramsa（骨）、Orok 语 Giransa（骨）、Nanai 语 Gịrmaqsa（骨）、Oroch 语 giamsa（骨）、Udighe 语 gämaha/geämaha（骨，骷髅）、Solon 语 giranda（骨）（Starostin，Altaic etymology）。

现代朝鲜语：ppyǒ（骨）（Jones & Rhie，1991：41）；ppe（骨）（宣德五、金祥元、赵习，1985：143）。

无。

## 32. 油脂

通古斯语：满语 niməŋgi/niməŋi、锡伯语 nimɐŋ、鄂温克语 imʉtʃtʃi/imitʃtʃi、鄂伦春语 imʉksə、赫哲语 iməgsə、女真语 iməŋgi（朝克，2014a：186—187）；Evenki 语 nimne（动物的胃）、Even 语 nimne（肠子中的脂肪）、Negidal 语 nimtumu（肥油味）、满语口语 niməŋə（油脂，脂肪，植物油）、满语书面语 niməŋgi（肠子中的脂肪）、Orok 语 numise（动物的胃）（Starostin，Altaic etymology）。

现代朝鲜语：ki-rǔm/chi-bang/kǔ-ri-i-sǔ（油脂，油）（Jones & Rhie，

1991：145）；kiruum（宣德五、金祥元、赵习，1985：152）。

无。

### 33. 卵

通古斯语：满语 umhan、锡伯语 umhan、鄂温克语 umutta、鄂伦春语 umukta、赫哲语 umukto（朝克，2014a：188—189）；Evenki 语 umūkta、Even 语 ụmtъ、Negidal 语 omụkta、满语口语 uməhan、满语书面语 umχan/umGan、Ulcha 语 omụqta、Nanai 语 omaqta、Oroch 语 umukta、Udighe 语 umukta、Solon 语 ụmatta（Starostin，Altaic etymology）。

现代朝鲜语：al（蛋／卵）（Jones & Rhie，1991：4）；ar（宣德五、金祥元、赵习，1985：149）。

无。

### 34.（动物）角

通古斯语：满语 uihə、锡伯语 vih、鄂温克语 iigi、鄂伦春语 iigə、赫哲语 iigə、女真语 ujehə（朝克，2014a：76—77）；Evenki 语 ije、Even 语 īj、Negidal 语 īje、满语口语 vīxə、满语书面语 weixe/uixe、女真语 huje-xe、Ulcha 语 xuje、Orok 语 xuje、Nanai 语 xuje、Oroch 语 ije、Udighe 语 jē、Solon 语 īje（Starostin，Altaic etymology）。

现代朝鲜语：ppul（Jones & Rhie，1991：159）；ppur（宣德五、金祥元、赵习，1985：149）。

无。

### 35. 尾

通古斯语：满语 untʂəhən、锡伯语 untʂihən、鄂温克语 iggi、鄂伦春语 irgi、赫哲语 ilgi（朝克，2014a：76—77）；Evenki 语 irgi、Even 语 irgъ、Negidal 语 īɣi/idgi、满语口语 unčixən/unčúxun/iunčúxun、满语书面语

unčexen、Ulcha 语 xuǯu、Orok 语 xudu、Nanai 语 xuigu、Oroch 语 iggi、Udighe 语 igi、Solon 语 iggi/irgi（Starostin，Altaic etymology）。

现代朝鲜语：kko-ri（Jones & Rhie，1991：342）；kkori（宣德五、金祥元、赵习，1985：149）。

无。

## 36. 羽

通古斯语：满语 fuŋgala、锡伯语 fuŋgal、鄂温克语 uŋgal、鄂伦春语 uŋgal、赫哲语 fuŋgal（朝克，2014a：80—81）；Evenki 语 heńekte（毛）、满语口语 fenixə（毛，皮毛）/funiɣe、满语书面语 fuńexe（毛）、女真语 fun-ir-xie、满语 fuŋGala（羽毛）/fen（箭翎）（Starostin，Altaic etymology）。

现代朝鲜语：kit/kit-t'ǒl（Jones & Rhie，1991：122）；t'ər（宣德五、金祥元、赵习，1985：149）。

无。

## 37. 毛（发）

通古斯语：满语 funijəhə、锡伯语 fənihə、鄂温克语 nɯɯttɯ、鄂伦春语 niɯriktə、赫哲语 niuktə、女真语 funilhe（朝克，2014a：156—157）；Evenki 语 ńurikte、Even 语 ńūrit、Negidal 语 ńijukte、Ulcha 语 nukte、Orok 语 nūrikte/ńīrukte、Nanai 语 nukte、Oroch 语 ńūkte、Udighe 语 ńūkte、Solon 语 nūrikte/nūrte（Starostin，Altaic etymology）。

现代朝鲜语：mǒ-ri-t'ǒl（Jones & Rhie，1991：148）；mərik'ar（宣德五、金祥元、赵习，1985：142）。

无。

## 38. 头

通古斯语：满语 udzu、锡伯语 udzu、鄂温克语 dela、鄂伦春语 dili、赫哲语 dili、女真语 udʒu（朝克，2014a：146—147）；Evenki 语 dil/del、Even 语 dịl、Negidal 语 dịl、Ulcha 语 dịlị、Orok 语 ʒịlị、Nanai 语 ʒịlị、Oroch 语 dili、Udighe 语 dili、Solon 语 dẹli/dil(i)、Evenki 语 irge（脑）、Even 语 irgъ（脑）、Negidal 语 igge/ijge（脑）、满语口语 uʒu（脑，头）、满语书面语 uʒu（头）、女真语 (h)u(i)ʒew（头）、Ulcha 语 iʒe（脑）、Orok 语 īde（脑）、Nanai 语 īge（脑）、Oroch 语 igge（脑）、Udighe 语 igi（脑）、Solon 语 igge/irge（脑）（Starostin，Altaic etymology）。

现代朝鲜语: mǒ-ri（Jones & Rhie，1991：152）；məri（宣德五、金祥元、赵习，1985：142）。

无。

## 39. 耳

通古斯语：满语 ʂan、锡伯语 san、鄂温克语 ʃian、鄂伦春语 ʃen、赫哲语 ʃan、女真语 ʃaha（朝克，2014a：146—147）；Evenki 语 sēn、Negidal 语 sēn、满语口语 šan/san、满语书面语 šan、女真语 siaŋ-ha、Ulcha 语 sē(n)、Orok 语 sē(n)、Nanai 语 siã、Oroch 语 sã̄、Solon 语 šē̃（Starostin，Altaic etymology）。

现代朝鲜语: kwi（Jones & Rhie，1991：103）；ky（宣德五、金祥元、赵习，1985：143）。

无。

## 40. 眼

通古斯语：满语 jasa、锡伯语 jas、鄂温克语 iisal、鄂伦春语 jesa、赫哲语 isala、女真语 jaʃa（朝克，2014a：148—149）；Evenki 语 ēsa、Even 语 āsъl、Negidal 语 ēsa、满语口语 jasə、满语书面语 jasa、女真语 ŋia-ĉi、

Ulcha 语 i̇sal(i̇)、Orok 语 isal、Nanai 语 nasal/ńisal(a)/i̇sal/ŋasar、Oroch 语 isa、Udighe 语 jehä、Solon 语 īsal（Starostin，Altaic etymology）。

现代朝鲜语：nun（Jones & Rhie，1991：119）；nun（宣德五、金祥元、赵习，1985：142）。

无。

### 41. 鼻

通古斯语：满语 oforo、锡伯语 ovur、鄂温克语 oŋokto、鄂伦春语 oŋokto、赫哲语 oforo、女真语 ʃoŋgi（朝克，2014a：148—149）；Even 语 ńẽs/ŋẽs、Negidal 语 ńasin（熊鼻子）、Ulcha 语 waqsa、Orok 语 naqsa、Nanai 语 ŋoqso、Oroch 语 ŋikso、Udighe 语 ŋühö、Solon 语 nẽnča（Starostin，Altaic etymology）。

现代朝鲜语：k'o（Jones & Rhie，1991：229）；k'o（宣德五、金祥元、赵习，1985：142）。

有。


### 42. 嘴

通古斯语：满语 aŋga、锡伯语 aŋ、鄂温克语 amma、鄂伦春语 amŋa、赫哲语 amŋa、女真语 amŋa（朝克，2014a：148—149）；Evenki 语 amŋa（嘴）/ amta-（尝）、Even 语 amŋъ（嘴）/amtъ-（尝）、Negidal 语 amŋa（嘴）/amta-（尝）、满语口语 aŋə/aŋa、满语书面语 aŋga、女真语 am-ŋa、Ulcha 语 aŋma、Orok 语 amŋa/aŋma、Nanai 语 amGa、Oroch 语 amma、Udighe 语 aŋma、Solon 语 amma/angai（Starostin，Altaic etymology）。

现代朝鲜语：ip（Jones & Rhie，1991：220）；ip（宣德五、金祥元、赵习，1985：143）。

无。

### 43. 牙

通古斯语：满语 wəihə、锡伯语 vih、鄂温克语 iittə、鄂伦春语 iktə、赫哲语 ihtələ、女真语 wihə（朝克，2014a：148—149）；Evenki 语 īkte、Even 语 īt、Negidal 语 īkte、满语口语 vīxə、满语书面语 weixe、女真语 juj-xe、Nanai 语 xukte(le)、Oroch 语 ikte、Udighe 语 ikte、Solon 语 ītte（Starostin，Altaic etymology）。

现代朝鲜语：i（Jones & Rhie，1991：353）；i（宣德五、金祥元、赵习，1985：143）。

有。

### 44. 舌

通古斯语：满语 iləngu、锡伯语 iliŋ、鄂温克语 iŋi、鄂伦春语 iŋŋi、赫哲语 iləngu、女真语 ilingu（朝克，2014a：150—151）；Evenki 语 inńi、Even 语 ienŋъ、Negidal 语 ińńi、满语口语 ileŋə/ilŋi、满语书面语 ileŋgu、女真语 hileŋ-ŋu、Ulcha 语 sińu、Orok 语 sinu、Nanai 语 śirmu/siŋmu、Oroch 语 iŋi、Udighe 语 iŋi、Solon 语 iŋi（Starostin，Altaic etymology）。

现代朝鲜语：hyǒ（Jones & Rhie，1991：352）；hjə（宣德五、金祥元、赵习，1985：143）。

有。

### 45. 爪

通古斯语：满语 wasiha、锡伯语 sohurkə、鄂温克语 sabbatta、鄂伦春语 sarbaktan、赫哲语 fatha（朝克，2014a：76—77）；Evenki 语 čawarī-（抓）、Negidal 语 čawa-（抓）、Ulcha 语 čawa-qta（爪）、Orok 语 čawa-qta（爪）、Nanai 语 čawa-qta（爪）/cawači-（抓）、Udighe 语 čaban（爪）（Starostin，Altaic etymology）。

现代朝鲜语：ap-ba（动物爪）（Jones & Rhie，1991：245）；pal-t'op

（鸟爪）（Jones & Rhie，1991：62）。

有。

### 46. 脚

通古斯语：满语 bəthə、锡伯语 bəthə、鄂温克语 bəldiir、鄂伦春语 bəldir/algan、赫哲语 bəthə/fathə、女真语 budihə（朝克，2014a：156—157）；满语 fatxa（蹄子，爪子）（力提甫·托乎提，2004：464）；Evenki 语 begdi、Even 语 bȫdəl、Negidal 语 begdi、满语口语 betəxə/betəkə、满语书面语 betxe、女真语 bodi-xe、Ulcha 语 begdi、Orok 语 begǯi、Nanai 语 begd'i、Oroch 语 begdi、Udighe 语 begdi、Solon 语 beldīr（Starostin，Altaic etymology）。

现代朝鲜语：pal（金东书，转引自：杨虎嫩、高桦武，2006）；pal（Jones & Rhie，1991：130）；par（宣德五、金祥元、赵习，1985：143）；bal（Ju-haeng Lee & Gyu-hang Lee，1998：317）。

有。

### 47. 膝

通古斯语：满语 buhi、锡伯语 buhu、鄂温克语 əŋəŋ、鄂伦春语 əŋən、赫哲语 həŋən（朝克，2014a：154—155）；Evenki 语 hennen、Even 语 hennen、Negidal 语 heńnen、Ulcha 语 peńe(n-)、Orok 语 pene/peŋe(n-)、Nanai 语 peiŋẽ、Oroch 语 heŋŋe/heŋen、Udighe 语 heŋe、Solon 语 eŋẽ（Starostin，Altaic etymology）。

现代朝鲜语：mu-rŭp（Jones & Rhie，1991：185）。

无。

### 48. 手

通古斯语：满语 gala、锡伯语 gal、鄂温克语 nagal、鄂伦春语 nagal、赫

哲语 nala、女真语 gala（朝克，2014a：152—153）；Negidal 语 komboxī、Orok 语 qomū、Nanai 语 qombịo、Udighe 语 komugu（Starostin，Altaic etymology）。

现代朝鲜语：son（Jones & Rhie，1991：149）；son（宣德五、金祥元、赵习，1985：143）。

无。

## 49. 肚子

通古斯语：满语 həfəli、锡伯语 həvəl、鄂温克语 gɯdɯg、鄂伦春语 gɯdəgə、赫哲语 həbəli、女真语 həfuli（朝克，2014a：154—155）；Evenki 语 emugde（内脏）、Even 语 emdъ（内脏）、Negidal 语 emugde（肚子）、Ulcha 语 xemde（肚子）、Orok 语 xemugde（内脏）、Nanai 语 xemde（肚子）、Udighe 语 emugde（肚子）（Starostin，Altaic etymology）。

现代朝鲜语：pae（Jones & Rhie，1991：34）；pɛ（宣德五、金祥元、赵习，1985：143）。

无。

## 50. 脖子

通古斯语：满语 məifən、锡伯语 mivin、鄂温克语 niham、鄂伦春语 nikimna、赫哲语 məjfən、女真语 məifan（朝克，2014a：150—151）；Evenki 语 moŋon/meŋun/meŋer（对面）、Negidal 语 moŋon、满语口语 muŋan（喉咙）、满语书面语 moŋgon、女真语 mei-fen（脖子，喉咙）、Ulcha 语 moŋgo(n)、Orok 语 moŋo(n)、Nanai 语 moŋo(n)、Oroch 语 moŋo(n)、Udighe 语 müö/moŋoli（领子）（Starostin，Altaic etymology）。

现代朝鲜语：mok（Jones & Rhie，1991：225）；mok（宣德五、金祥元、赵习，1985：143）；mok（Ju-haeng Lee & Gyu-hang Lee，1998：280）。

有。

### 51. 乳房

通古斯语：满语 huhun、锡伯语 huhun、鄂温克语 ʉhʉŋ、鄂伦春语 ʉkʉn、赫哲语 uhun（朝克，2014a：154—155）；Evenki 语 ukun、Even 语 ökʉn、Negidal 语 öxön/ökön、Ulcha 语 kue(n)/kuku(n)、Orok 语 qū(n)/qō(n)、Nanai 语 kū(n)、Oroch 语 oko(n)、Udighe 语 koso、Solon 语 uxu（Starostin, Altaic etymology）。

现代朝鲜语：chŏt（Jones & Rhie，1991：44）；tʃətʃ/tʃət（宣德五、金祥元、赵习，1985：143）。

无。

### 52. 心

通古斯语：满语 nijaman、锡伯语 niamən、鄂温克语 miagaŋ、鄂伦春语 mewan、赫哲语 miawən（朝克，2014a：160—161）；Evenki 语 mẽwan、Negidal 语 mẽwan、满语口语 ńamən、满语书面语 ńaman、Ulcha 语 mẽwa(n)、Orok 语 mẽwa(n)、Nanai 语 m'ãwa(n)、Oroch 语 mãwa(n)、Udighe 语 meäwa(n-)、Solon 语 mɛ̃ɣã/mīɣã（Starostin, Altaic etymology）。

现代朝鲜语：maɯm（宣德五、金祥元、赵习，1985：143）。

有。

### 53. 肝

通古斯语：满语 fahʊn、锡伯语 fahun、鄂温克语 aahiŋ、鄂伦春语 aakin、赫哲语 hakin（朝克，2014a：160—161）；Evenki 语 hākin/hakin、Even 语 hāqʉn、Negidal 语 xākin、满语口语 fahun、满语书面语 faxun、Ulcha 语 pā、Orok 语 pāɣa/pāqa、Nanai 语 pā、Oroch 语 pāɣa/pāqa、Udighe 语 xa`i、Solon 语 āxĭ（Starostin, Altaic etymology）。

现代朝鲜语：kan-jang（Jones & Rhie，1991：197）；kan（宣德五、金祥元、赵习，1985：143）。

无。

### 54. 喝

通古斯语：满语 omi-、锡伯语 omi-、鄂温克语 omi-/imo-、鄂伦春语 imo-/im-、赫哲语 omi-、女真语 omi-（朝克，2014a：392—393）；Evenki 语 um-、Negidal 语 om-、满语口语 iomi-、满语书面语 omi-、女真语 umi-La、Ulcha 语 ụmụwụ、Orok 语 umi-、Nanai 语 omi-、Oroch 语 imi-、Udighe 语 umi-、Solon 语 imê-/imi-/êmu-（Starostin，Altaic etymology）。

现代朝鲜语：ma-si-da（Jones & Rhie，1991：101）；masita（宣德五、金祥元、赵习，1985：167）。

无。

### 55. 吃

通古斯语：满语 dʒə-、锡伯语 dzi-、鄂温克语 dʒib-、鄂伦春语 dʒəb-、赫哲语 dʒəfu-、女真语 dʒəfu-（朝克，2014a：392—393）；Evenki 语 ʒep-/ʒeb-、Even 语 ʒeb-/ʒep-、Negidal 语 ʒep-、满语口语 ʒe-、满语书面语 ʒe-、女真语 ʒe-fu、Ulcha 语 ʒepuwu、Orok 语 deptu-、Nanai 语 ʒeb-/ʒep-、Oroch 语 ʒepte-、Udighe 语 ʒo-/ʒe-/ʒepte-、Solon 语 ʒeg-/ʒeb-（Starostin，Altaic etymology）。

现代朝鲜语：mŏk-da（Jones & Rhie，1991：104）；məkta（宣德五、金祥元、赵习，1985：167）。

无。

### 56. 咬

通古斯语：满语 sai-、锡伯语 ṣa-、鄂温克语 hihi-、鄂伦春语 kika-/kik-、赫哲语 ʃinə-（朝克，2014a：392—393）；Evenki 语 sẽ-（嚼）、Even 语 hã-（嚼）、Negidal 语 sẽ-（嚼）、满语口语 šia-（咬）、满语书面语 saj-（咬）、Ulcha 语 sẽ-（嚼）、Orok 语 sẽ-（嚼）、Nanai 语 sã̃-（咬）、

Oroch 语 sā-（嚼）、Udighe 语 sa-（嚼）（Starostin，Altaic etymology）。

现代朝鲜语：mul-da（Jones & Rhie，1991：37）；murta（宣德五、金祥元、赵习，1985：167）。

无。

### 57. 看

通古斯语：满语 tuwa-、锡伯语 taa-、鄂温克语 iʃī-、鄂伦春语 iʃī-、赫哲语 iʃī-、女真语 turuga-（朝克，2014a：400—401）；Evenki 语 iče-、Even 语 it-/č-、Negidal 语 iče-、Ulcha 语 ičewu、Orok 语 ite-、Nanai 语 is(k)e-/ice-、Oroch 语 iče-、Udighe 语 ise-、Solon 语 isō-（Starostin，Altaic etymology）。

现代朝鲜语：po-da（Jones & Rhie，1991：302）；pota（宣德五、金祥元、赵习，1985：167）。

无。

### 58. 听

通古斯语：满语 dondʒị-、锡伯语 dœndʒị-、鄂温克语 dooldi-、鄂伦春语 dooldi-、赫哲语 doldi-（朝克，2014a：400—401）；Evenki 语 dōldī-、Even 语 dōldī-、Negidal 语 dōldi-、满语口语 ɗonʒi-、满语书面语 donʒi-、女真语 doldi-sun/doldi-u、Ulcha 语 dōldị̣wu、Orok 语 dolʒi-、Nanai 语 dōld'ị-、Oroch 语 dōgdī-、Udighe 语 dogdi-、Solon 语 dōldi-（Starostin，Altaic etymology）。

现代朝鲜语：tŭt-da（Jones & Rhie，1991：196）。

有。

### 59. 知

通古斯语：满语 sa-、锡伯语 sa-、鄂温克语 saa-、鄂伦春语 saa-、赫哲语 sa-、女真语 sa-（朝克，2014a：492—493）；Evenki 语 sā-、Even 语 hā-、Negidal 语 sā-、满语口语 sa-、满语书面语 sa-、女真语 ĉaŋ-xi、Ulcha 语 sāwụ、Orok 语 sā-、Nanai 语 sā-、Oroch 语 sā-、Udighe 语 sā-、Solon 语 sā-（Starostin，Altaic etymology）。

现代朝鲜语：al-da（Jones & Rhie，1991：186）；arta（宣德五、金祥元、赵习，1985：170）。

无。

### 60. 睡

通古斯语：满语 amga-、锡伯语 amhə-、鄂温克语 aaʃi-、鄂伦春语 aaʃi-、赫哲语 aaʃi-、女真语 dədu-（朝克，2014a：432—433）；Evenki 语 ā-、Negidal 语 ā-、Ulcha 语 aụ-、Orok 语 ā(wụ)-、Nanai 语 ao-、Oroch 语 ā-、Solon 语 ā-šin-（Starostin，Altaic etymology）。

现代朝鲜语：cha-da（Jones & Rhie，1991：314）；ʧata（宣德五、金祥元、赵习，1985：170）。

无。

### 61. 死

通古斯语：满语 bu-、锡伯语 bə-、鄂温克语 bʉ-、鄂伦春语 bʉ-、赫哲语 bu-、女真语 bu-（朝克，2014a：484—485）；Evenki 语 bu-、Even 语 bu-ni、Negidal 语 bu-、满语口语 bečə-、满语书面语 buče-、女真语 bu-če-xie、Ulcha 语 bu(l)-、Orok 语 bu(l)-、Nanai 语 bude-/bu(r)-、Oroch 语 bu-de-/bu-kki-、Udighe 语 bu-de-/bu-kki-、Solon 语 bu-（Starostin，Altaic etymology）。

现代朝鲜语：chuk-da（Jones & Rhie，1991：91）。

无。

## 62. 杀

通古斯语：满语 wa-、锡伯语 wa-、鄂温克语 waa-、鄂伦春语 waa-、赫哲语 wa-、女真语 wa-（朝克，2014a：480—481）；Evenki 语 wā-、Even 语 wā-/mā-、Negidal 语 wā-、满语口语 vā-、满语书面语 wa-、女真语 wa-du-lar、Ulcha 语 wāwu、Orok 语 wā-、Nanai 语 wā-、Oroch 语 wā-、Udighe 语 wā-、Solon 语 wā-（Starostin，Altaic etymology）。

现代朝鲜语：chu-i-da（Jones & Rhie，1991：184）。

无。

## 63. **游泳**

通古斯语：满语 əbişə-、锡伯语 əbsə-、鄂温克语 əlbəʃi-、鄂伦春语 əlbəʃi-、赫哲语 əlbəʃi-、女真语 obo-（朝克，2014a：434—435）；Evenki 语 elbes(kēt)-、Negidal 语 elbesi-、满语口语 efəšə-/efəsə-、满语书面语 ebiše-、Orok 语 ulbesi-、Nanai 语 elbusi-、Oroch 语 ebbesi-、Udighe 语 egbesi-、Solon 语 elbeší-（Starostin，Altaic etymology）。

现代朝鲜语：he-ŏm-ch'i-da（Jones & Rhie，1991：341）。

无。

## 64. 飞

通古斯语：满语 dəjə-、锡伯语 dəji-、鄂温克语 dəgli-、鄂伦春语 dəjli-、赫哲语 dəgli-、女真语 duhə-（朝克，2014a：426—427）；Evenki 语 deg-、Even 语 deɣ-、Negidal 语 deɣ-、满语口语 dei-/dii-、满语书面语 deje-、Ulcha 语 degde-、Nanai 语 degde-、Oroch 语 deili-、Udighe 语 dieli-、Solon 语 degelī-（Starostin，Altaic etymology）。

现代朝鲜语：nal-da（Jones & Rhie，1991：129）；narta（宣德五、金祥元、赵习，1985：171）。

无。

## 65. 走

通古斯语：满语 gənə-、锡伯语 gənə-、鄂温克语 ŋəni-/nəni-、鄂伦春语 ŋənə-、赫哲语 ənə-/ən-、女真语 gənə-（朝克，2014a：424—425）；满语 gene-（Lee，1958：119）；Evenki 语 ŋene-、Even 语 ŋen-、Negidal 语 ŋene-/gene-、满语口语 genə-、满语书面语 genu-（一起走）、女真语 ŋene-xie、Ulcha 语 ŋene-、Orok 语 ŋene-、Nanai 语 ene-、Oroch 语 ŋene-、Udighe 语 ŋene-、Solon 语 nene-（Starostin，Altaic etymology）。

现代朝鲜语：kŏ-rǔm（Jones & Rhie，1991：372）；kətta（宣德五、金祥元、赵习，1985：169）；ker-（走）、keni- < *ker-ni-（来回走）（力提甫·托乎提，2004：326）。

有。

## 66. 来

通古斯语：满语 dʒị-、锡伯语 dʒị-、鄂温克语 əmə-、鄂伦春语 əmə-、赫哲语 əmə-、女真语 di-（朝克，2014a：424—425）；满语口语 ʒi-、满语书面语 ʒi-、女真语 di-xexe-gi/di-hul、Ulcha 语 diwu、Nanai 语 ʒi-、Evenki 语 eme-、Even 语 em-、Negidal 语 eme-、Nanai 语 eme-、Oroch 语 emegi-（回来）、Udighe 语 eme-（Starostin，Altaic etymology）。

现代朝鲜语：o-da（Jones & Rhie，1991：66）；ota（宣德五、金祥元、赵习，1985：170）。

无。

## 67. 躺

通古斯语：满语 dədu-、锡伯语 dudu-、鄂温克语 hʉləə-、鄂伦春语 kʉləə-、赫哲语 dədu-（朝克，2014a：416—417）；女真语 dedu-rie、Ulcha 语 deduxu、Orok 语 deduxi（床）、Nanai 语 dederi（床）、Oroch 语 dē（床）（Starostin，Altaic etymology）。

现代朝鲜语：nup-da（Jones & Rhie，1991：194）；nupta（宣德五、金祥元、赵习，1985：170）。

无。

## 68. 坐

通古斯语：满语 tə-、锡伯语 tə-、鄂温克语 təgə-、鄂伦春语 təə-、赫哲语 tə-、女真语 tə-（朝克，2014a：414—415）；满语 te（骑，坐）（Lee，1958：118）；Evenki 语 tege-、Even 语 tъγ-、Negidal 语 teγet-、满语口语 te-、满语书面语 te-、女真语 teh-biar、Ulcha 语 tēwu、Orok 语 tē-、Nanai 语 tēsi-、Oroch 语 tē-、Udighe 语 tē-、Solon 语 tege-（Starostin，Altaic etymology）。

现代朝鲜语：t'a-da（骑）（Jones & Rhie，1991：290）；t'ata（骑马，乘车，乘船）（宣德五、金祥元、赵习，1985：172）。

有。

## 69. 站（立）

通古斯语：满语 ili-、锡伯语 ili-、鄂温克语 ili-、鄂伦春语 ili-、赫哲语 ili-、女真语 ili-（朝克，2014a：414—415）；Solon 语 iliši-（Lee，1958：113）；满语 ili-（Lee，1958：113）；Evenki 语 il-、Even 语 i̧l-、Negidal 语 i̧li̧t-、满语口语 ila-/ili-、满语书面语 ili-、女真语 ili-buŋ、Ulcha 语 ilsuwu、Orok 语 ili-、Nanai 语 ilGo-、Oroch 语 ili-、Udighe 语 ili-、Solon 语 il-（Starostin，Altaic etymology）。

现代朝鲜语：sǒ-da（Jones & Rhie，1991：327）；səta（宣德五、金祥元、赵习，1985：169）。

无。

## 70. 给

通古斯语：满语 bu-、锡伯语 bu-、鄂温克语 buɯ-、鄂伦春语 buɯ-、赫哲语 bu-、女真语 bu-（朝克，2014a：472—473）；Evenki 语 bū-、Even 语 bő-、Negidal 语 bū-、Ulcha 语 būwu、Orok 语 bū-、Nanai 语 bū-、Oroch 语 bū-、Udighe 语 bū-、Solon 语 bū-（Starostin，Altaic etymology）。

现代朝鲜语：chu-da（Jones & Rhie，1991：140）；ʧuda（宣德五、金祥元、赵习，1985：169）。

无。

## 71. 说

通古斯语：满语 gisurə-、锡伯语 gisu-、鄂温克语 ʤiŋʤi-、鄂伦春语 ɯlgɯʧə-、赫哲语 həsurə-、女真语 həndu-（朝克，2014a：394—395）；Evenki 语 gūn-、Even 语 gőn-、Negidal 语 gūn-、满语口语 Goni-（想）、满语书面语 Guni-（想）、女真语 xen-du-ru、Ulcha 语 wembuwu、Orok 语 un-、Nanai 语 un(de)-、Oroch 语 gun-、Udighe 语 gun-、Solon 语 gun-（Starostin，Altaic etymology）。

现代朝鲜语：i-ya-gi-ha-da（对话，说）（Jones & Rhie，1991：343）；irkta/ikta（读，念）（宣德五、金祥元、赵习，1985：167）。

无。

## 72. 太阳

通古斯语：满语 ʂun、锡伯语 sun、鄂温克语 ʃigɯŋ/ʃiwɯŋ、鄂伦春语 dilaʧa、赫哲语 ʃiwun、女真语 ʃun（朝克，2014：6—7）；满语 šun（Lee，1958：118）；Evenki 语 siɣūn、Negidal 语 siɣun、满语口语 šun/sun、满语书面语 šun、Ulcha 语 siu(n)、Orok 语 su(n)、Nanai 语 siu(n)、Oroch 语 seu(n)、Udighe 语 sū(n)、Solon 语 šigu（Starostin，Altaic etymology）。

现代朝鲜语：hae（Jones & Rhie，1991：337）；hɛ（宣德五、金祥元、赵习，1985：139）；hae（Ju-haeng Lee & Gyu-hang Lee，1998：757）。

无。

## 73. 月亮

通古斯语：鄂伦春语 tɔlɔn-（北斗）（韩有峰、孟淑贤，1993：63）；Evenki 语 tī-、Negidal 语 ţī-（Starostin，Altaic etymology）。

现代朝鲜语：tal（Jones & Rhie，1991：218）；tar（宣德五、金祥元、赵习，1985：139）。

有。

## 74. 星

通古斯语：满语 usiha、锡伯语 uşiha、鄂温克语 oʃitta、鄂伦春语 ooʃikta、赫哲语 uʃiha、女真语 oʃiha（朝克，2014a：6—7）；Evenki 语 ōsīkta、Even 语 ōsịqat、Negidal 语 ōsikta、满语口语 ušihā、满语书面语 usixa、女真语 hosi-xa、Ulcha 语 xosta、Orok 语 wasịqta、Nanai 语 xosaqta、Oroch 语 xosakta、Udighe 语 waikta/wahikta、Solon 语 ōšikta（Starostin，Altaic etymology）。

现代朝鲜语：pyŏl（Jones & Rhie，1991：327）；pjər（宣德五、金祥元、赵习，1985：139）。

无。

## 75. 水

通古斯语：满语 mukə、锡伯语 muku、鄂温克语 mʉgʉ/mʉʉ、鄂伦春语 mʉwə/mʉʉ、赫哲语 mukə、女真语 muwə（朝克，2014 a：22—23）；Evenki 语 mū、Even 语 mȫ、Negidal 语 mū、满语口语 mukē/mukū、满语书面语 muke、女真语 mo、Ulcha 语 mū、Orok 语 mū、Nanai 语 muke、Oroch

语 mū、Udighe 语 mu-de、Solon 语 mū（Starostin，Altaic etymology）。

现代朝鲜语：mul（Jones & Rhie，1991：374）；mur（宣德五、金祥元、赵习，1985：139）；mul（Ju-haeng Lee & Gyu-hang Lee，1998：299）。

有。

## 76. 雨

通古斯语：满语 aga、锡伯语 aha、鄂温克语 tikətin/tigdə/uduŋ、鄂伦春语 tikətin/tigdə/tikti/udin、赫哲语 tikətin/tikəti、女真语 aga/aha（朝克，2014a：8—9）；满语 aga（Lee，1958：119）；满语口语 ahā、满语书面语 aGa、女真语 ah-ga；Evenki 语 tigde（雨）/tik-（下落）、Even 语 tīd（雨）/tik-（下落）、Negidal 语 tigde（雨）/tik-（下落）、满语书面语 tuxe-（下落）、女真语 tu-ho-（下落）、Ulcha 语 tugde（雨）/tū-（下落）、Orok 语 tugde/tugǯe（雨）/tū-（下落）、Nanai 语 tugde（雨）/tū-（下落）、Oroch 语 tigde（雨）/tī-（下落）、Udighe 语 tigde（雨、下落）、Solon 语 tiki-（下落）/tegde-（下雨）；Evenki 语 ńōkta（暴风雨云，大雨）/ńekte/ńokta（雹暴）、Even 语 ńonto（大雨）、Negidal 语 ńekte（大雨）（Starostin，Altaic etymology）。

现代朝鲜语：pi（Jones & Rhie，1991：273）；pi（宣德五、金祥元、赵习，1985：139）；bi（Ju-haeng Lee & Gyu-hang Lee，1998：366）。

无。

## 77. 石

通古斯语：满语 dəli wəhə、锡伯语 dəl vəhə、鄂温克语 ʉhʉr dʒolo、鄂伦春语 ʉkʉr dʒolo、赫哲语 ihan dʒolo（朝克，2014a：18—19）；Evenki 语 tur、Even 语 tōr、Negidal 语 tūj、Nanai 语 tur-qa（Starostin，Altaic etymology）。

现代朝鲜语：tol（Jones & Rhie，1991：331）；tor（宣德五、金祥元、

赵习，1985：156）；dol（Ju-haeng Lee & Gyu-hang Lee，1998：224）。

有。

## 78. 沙

通古斯语：满语 joŋgan、锡伯语 joŋgan/nioŋun、鄂温克语 iŋa/iŋal、鄂伦春语 iŋa/iŋaʧʧi/ʃirgi、赫哲语 iŋa/iŋal/ʃorun（朝克，2014a：18—19）；Evenki 语 iŋā、Even 语 iŋa、Negidal 语 iŋā、满语口语 ńuńan/ńohun、满语书面语 joŋgan、Oroch 语 iŋo、Udighe 语 iŋo、Solon 语 iŋā（Starostin, Altaic etymology）。

现代朝鲜语：mo-rae（Jones & Rhie，1991：296）；morae（Ju-haeng Lee & Gyu-hang Lee，1998：277）。

无。

## 79. 地

通古斯语：满语 na/nai sirən、锡伯语 na/naji ʂirən/ba、鄂温克语 bog/na、鄂伦春语 tur/na/buga、赫哲语 na/buga（朝克，2014a：12—13）；Negidal 语 nā、满语口语 nā、满语书面语 na、女真语 na、Ulcha 语 nā、Orok 语 nā、Nanai 语 nā、Oroch 语 nā、Udighe 语 nā（Starostin, Altaic etymology）。

现代朝鲜语：tae-ji（地）（Jones & Rhie，1991：104）；ttaŋ（土地）（宣德五、金祥元、赵习，1985：140）；naraŋ/nara（大地，国土）（力提甫·托乎提，2004：342）。

无。

## 80. 云

通古斯语：满语 tugi、锡伯语 tuhsu、鄂温克语 tʉgsʉ、鄂伦春语 tʉgsʉ、赫哲语 tuhsu、女真语 tugi（朝克，2014a：8—9）；Evenki 语

tūksu/tūkse、Even 语 öyečin、Negidal 语 tokso、满语口语 tukusu/tuxi、满语书面语 tugi、Ulcha 语 tewekse、Orok 语 teweske、Nanai 语 tukse、Oroch 语 tokso、Udighe 语 tokö、Solon 语 tukču（Starostin，Altaic etymology）。

现代朝鲜语：ku-rǔm（Jones & Rhie，1991：63）；kurɯum（宣德五、金祥元、赵习，1985：139）。

无。

## 81. 烟

通古斯语：满语 ṣaŋgijan、锡伯语 ṣaŋan、鄂温克语 saŋaŋ、鄂伦春语 saŋŋan、赫哲语 saŋan、女真语 saŋgian（朝克，2014a：30—31）；Evenki 语 saŋńan、Even 语 hāń、Negidal 语 saŋńan、满语口语 šiaŋən、满语书面语 šaŋgan、女真语 ĉaŋ-gian、Ulcha 语 saŋńa(n)、Orok 语 saŋŋa(n)、Nanai 语 saŋńa(n)、Oroch 语 saŋńa(n)、Udighe 语 saŋńa(n)、Solon 语 saŋa（Starostin，Altaic etymology）。

现代朝鲜语: yǒn-gi( Jones & Rhie，1991：316 )；jənki（宣德五、金祥元、赵习，1985：140）。

无。

## 82. 火

通古斯语：满语 tuwa、锡伯语 tua、鄂温克语 tuga/tog、鄂伦春语 togo/too、赫哲语 tuwa/too、女真语 towo（朝克，2014a：30—31）；Evenki 语 toyo、Even 语 toy、Negidal 语 toyo、满语口语 tuā、满语书面语 tuwa、女真语 towi、Ulcha 语 tawa、Orok 语 tawa、Nanai 语 tao、Oroch 语 tō、Udighe 语 tō、Solon 语 togo（Starostin，Altaic etymology）。

现代朝鲜语: pur（宣德五、金祥元、赵习，1985：139）；pǔr（Beckwith，2004：74）；pul（Jones & Rhie，1991：124）；bul（Ju-haeng Lee & Gyu-hang Lee，1998：360）。

无。

### 83. 灰

通古斯语：满语 fuləŋgi、锡伯语 fulən、鄂温克语 ʉləttəŋ、鄂伦春语 ʉləbtən、赫哲语 huləbtən、女真语 furəgi（朝克，2014a：30—31）；Evenki 语 hulēptēn、Even 语 hultēn、Negidal 语 xulēptēn、满语口语 filiŋi、满语书面语 fuleŋgi、女真语 fule-ŋi、Ulcha 语 puneqte、Orok 语 punekte、Nanai 语 puńektẽ/xulefte、Oroch 语 xulepte、Udighe 语 xulepte(n)、Solon 语 uluktẽ（Starostin，Altaic etymology）。

现代朝鲜语：chae（Jones & Rhie，1991：22）；ʧɛ（宣德五、金祥元、赵习，1985：156）。

无。

### 84. 烧

通古斯语：满语  şolo-、锡伯语 şolo-、鄂温克语 ʃira-、鄂伦春语 ʃila-、赫哲语 ʃela-/fuke-（朝克，2014a：436—437）；满语 šolo（Lee，1958：117）；Evenki 语 silawun、Even 语 hịlụn、Negidal 语 silawun、满语书面语 šolon、Ulcha 语 sịlopụ(n)、Orok 语 sịlopụ(n)、Nanai 语 sịlpõ、Oroch 语 silō(n)、Udighe 语 silou(n)、Solon 语 šila-（Starostin，Altaic etymology）。

现代朝鲜语：sŏk-soe（炉箅）（Jones & Rhie，1991：146）。

有。

### 85. 径

通古斯语：满语 dzunta、锡伯语 dzinta、鄂温克语 dʒurga、鄂伦春语 dʒurgu、赫哲语 dʒurga（朝克，2014a：214—215）；Evenki 语 ǯēlge、Nanai 语 ǯelgẽ（Starostin，Altaic etymology）。

现代朝鲜语：kir/po-do（Jones & Rhie，1991：245）；chil-lo（Jones & Rhie，1991：291）；kir（宣德五、金祥元、赵习，1985：157）。

无。

## 86. 山

通古斯语：满语 alin、锡伯语 alin、鄂温克语 ʉr、鄂伦春语 ʉrə、赫哲语 urə、女真语 alin（朝克，2014a：18—19）；Evenki 语 ure、Even 语 urekčen、Negidal 语 ujē、满语口语 vexē（石，岩石）、满语书面语 wexe（石）、女真语 h(i)ur-xe（石）、Ulcha 语 xure(n)、Orok 语 xure、Nanai 语 xure(n)、Oroch 语 uwe/ue、Udighe 语 wē/we/ue、Solon 语 ure（Starostin，Altaic etymology）。

现代朝鲜语：pong-u-ri（山峰）（Jones & Rhie，1991：246）；poŋuri/poŋwuri（山峰）（宣德五、金祥元、赵习，1985：140）。

无。

## 87. 红

通古斯语：满语 fulgijan、锡伯语 fəlgian、鄂温克语 uliriŋ、鄂伦春语 ularin、赫哲语 fulgian、女真语 fulagen（朝克，2014a：356—357）；满语 fulgiyan（Lee，1958：110）；满语 fulgiyan（红）、fulaxʊn（粉红，浅红，赤身裸体）、赫哲语 fulgian（红）、鄂温克语 uliriŋ（力提甫·托乎提，2004：467）；Evenki 语 xula-ma/-rin、Even 语 hụlańā、Negidal 语 xolajin、满语口语 fələǵan/fulǵan、满语书面语 fulǵan、女真语 fula-gian、Nanai 语 folg̃ā(n)、Udighe 语 xulaligi、Solon 语 ụlã̄（Starostin，Altaic etymology）。

现代朝鲜语：ppal-gan（红）（Jones & Rhie，1991：279）；purkta/pukta（宣德五、金祥元、赵习，1985：164）；ppalgata/buktta（Ju-haeng Lee & Gyu-hang Lee，1998：373，365）。

有。

## 88. 绿

通古斯语：满语 niowaŋijaŋ、锡伯语 nyŋnian、鄂温克语 ʧʉʉtʉriŋ、鄂伦春语 ʧʉtʉrin、赫哲语 nyŋgian（朝克，2014a：358—359）；Evenki 语

lugdume（暗）、Even 语 nuɣde/ńeɣčeńe/ńevčeńe（暗）、满语口语 ńuńan/niŋəńan、满语书面语 ńowaŋgan、女真语 nioŋ-gian、Ulcha 语 ńogžo(n)、Orok 语 ńōgdo、Nanai 语 noŋɡã(n)（Starostin，Altaic etymology）。

现代朝鲜语：ch'o-rok-saek-ŭn（Jones & Rhie，1991：145）；p'uruta（宣德五、金祥元、赵习，1985：164）。

无。

## 89. 黄

通古斯语：满语 suwajan、锡伯语 sujan、鄂温克语 sujaŋ、鄂伦春语 sujan、赫哲语 sujan、女真语 sogian（朝克，2014a：358—359）；Evenki 语 siŋama/siŋarīn、Even 语 hiŋańa、Negidal 语 siŋajin、Solon 语 šiŋarĩ（Starostin，Altaic etymology）。

现代朝鲜语：no-ran（Jones & Rhie，1991：384）；nuruuta（宣德五、金祥元、赵习，1985：164）。

无。

## 90. 白

通古斯语：满语 ṣanjan、锡伯语 ṣaŋən、鄂温克语 bagdariŋ/giltariŋ、鄂伦春语 bagdarin、赫哲语 ʃaŋgin、女真语 ʃaŋgen（朝克，2014a：356—357）；鄂伦春语 paxtarin（韩有峰、孟淑贤，1993：278）；赫哲语 ɕaŋkin（尤志贤、傅万金，1987：142）；鄂温克语 čarki：-（变白）、čalban（桦树）、那乃语 čagjan（白的，白）（力提甫·托乎提，2004：334）；满语 bolgo/gəŋgijən、锡伯语 bolgon/gəŋɕiən、鄂温克语 tuŋga/nəəriŋ、鄂伦春语 tuŋga/nəərin、赫哲语 bolgon（朝克，2014a：380—381）；Evenki 语 bagda-ma/-rin（白）/baɣurin（清澈的天）、Even 语 bāwun/bāi（清澈的天）、Negidal 语 bagdajīn（白）、Solon 语 bagdarin/bogdarin（白）；Evenki 语 beli（苍白）、Negidal 语 belki-（弄白）、Oroch 语 bēli（苍白）（Starostin，

Altaic etymology）。

现代朝鲜语：pal-ge（清楚）（Jones & Rhie，1991：62）；hɯita（宣德五、金祥元、赵习，1985：164）。

有。

## 91. 黑

通古斯语：鄂温克语 honnoriŋ、鄂伦春语 koŋnorin（朝克，2014a：356—357）；Evenki 语 koŋno-mo/-rin、Even 语 qōŋъ-、Negidal 语 koŋnojīn、Solon 语 xoŋnori（Starostin，Altaic etymology）。

现代朝鲜语：kŏm-ŭn（Jones & Rhie，1991：37）；kəmta（宣德五、金祥元、赵习，1985：164）。

有。

## 92. 夜

通古斯语：满语 dobori、锡伯语 doviri、鄂温克语 dolob、鄂伦春语 dolbo、赫哲语 dolbo、女真语 dolowo（朝克，2014a：332—333）；Evenki 语 dolbonī、Even 语 dolbъ、Negidal 语 dolbon、满语口语 dovərə、满语书面语 dobori、女真语 dol-wo、Ulcha 语 dolbo、Orok 语 dolboni、Nanai 语 dolbo、Oroch 语 dobbo、Udighe 语 dogbo、Solon 语 dolbo（Starostin，Altaic etymology）。

现代朝鲜语：pam（Jones & Rhie，1991：227）；pam（宣德五、金祥元、赵习，1985：141）。

无。

## 93. 热

通古斯语：满语 halhon、锡伯语 halhun、鄂温克语 əhɯddi、鄂伦春语 əkɯgdi、赫哲语 əhugdi、女真语 halun（朝克，2014a：374—375）；Evenki

语 uldi（暖）、满语口语 venǯexun/venǯəxun（暖）、满语书面语 wenǯe-（加热）、Ulcha 语 xuldu（暖）/xuldū-（加热）、Orok 语 xuldu（暖）、Nanai 语 xul'd'i（暖）、Udighe 语 ugdi-（暖）（Starostin，Altaic etymology）。

现代朝鲜语: to-un（Jones & Rhie，1991：153）；təpta（宣德五、金祥元、赵习，1985：166）。

无。

## 94. 冷

通古斯语：满语 ṣahʊrun、锡伯语 sahurun、鄂温克语 inigi、鄂伦春语 iniŋi、赫哲语 inigi、女真语 ʃinun（朝克，2014a：374—375）；Evenki 语 gildi、Even 语 gịlrъ、Negidal 语 giḷigdị、Ulcha 语 Gịṭuḷị/Gịṭịsị、Orok 语 Gịčuḷị、Nanai 语 Gịčịsị、Oroch 语 giči-si、Udighe 语 gilihi（Starostin，Altaic etymology）。

现代朝鲜语: ch'an（Jones & Rhie，1991：65）；ʧʰupta（宣德五、金祥元、赵习，1985：165）。

有。

## 95. 满

通古斯语：满语 dʒalun、锡伯语 dʐalun、鄂温克语 ʤaluŋ、鄂伦春语 ʤalun、赫哲语 ʤalun、女真语 ʤalun（朝克，2014a：380—381）；Evenki 语 ǯalum、Even 语 ǯalu-、Negidal 语 ǯalum、满语口语 ǯalū、满语书面语 ǯalu-、女真语 ǯaw-lu-xa、Ulcha 语 ǯaḷụ(n)、Orok 语 dalụmǯị、Nanai 语 ʒalo、Oroch 语 ǯalu-、Solon 语 ǯalũ̌（Starostin，Altaic etymology）。

现代朝鲜语：ka-dŭk-chan（Jones & Rhie，1991：135）。

无。

## 96. 新

通古斯语：满语 itʂə、锡伯语 itʂə、鄂温克语 ikkiŋ、鄂伦春语 irkin/irkəkin、赫哲语 irkin、女真语 itʃə（朝克，2014a：362—363）；Evenki 语 irkekīn、Even 语 irče-、Negidal 语 iskekin、满语口语 ičē、满语书面语 iče、女真语 hi(i)če、Ulcha 语 sičeu(n)、Orok 语 sitče-、Nanai 语 śiku(n)、Oroch 语 ikken（Starostin，Altaic etymology）。

现代朝鲜语：sae-ro-un/sin-si-ǔi（Jones & Rhie，1991：227）；sɛropta（宣德五、金祥元、赵习，1985：166）；saeropda（Ju-haeng Lee & Gyu-hang Lee，1998：402）；sɛ（力提甫·托乎提，2004：339）。

无。

## 97. 好

通古斯语：满语 sain、锡伯语 ʂain、鄂温克语 aja、鄂伦春语 aja、赫哲语 aji、女真语 sain（朝克，2014a：360—361）；Evenki 语 aja（好）/aj(ū)-（拯救/帮助）、Even 语 aj（好）/aj(i)-（拯救/帮助）、Negidal 语 aja（好）、Ulcha 语 aja（好）、Orok 语 aja（好）、Nanai 语 ai/ajā（好）、Oroch 语 aja（好）、Udighe 语 aja（好）、Solon 语 ai/aja（好）（Starostin，Altaic etymology）。

现代朝鲜语：cho-ǔn（Jones & Rhie，1991：143）；ʧohta（宣德五、金祥元、赵习，1985：166）。

无。

## 98. 圆

通古斯语：满语 muhəlijən、锡伯语 muhulin、鄂温克语 moholiŋ/murliŋ、鄂伦春语 mokolin/toŋgorin、赫哲语 muhalin（朝克，2014a：368—369）；满语 moo hunio（木桶）、锡伯语 mo huni（木桶）、鄂温克语 hoŋge（木桶）、

鄂伦春语 kuŋge（木桶）、赫哲语 kuntʃu（木桶）（朝克，2014a：226—227）；Evenki 语 toŋollo（圆形物）、Even 语 toŋɪlrъ（圆形物）、Negidal 语 toŋulikin（圆）、Orok 语 toŋGolto（环）、Nanai 语 toŋgokpiã（圆）、Oroch 语 tuŋepke（圈）（Starostin，Altaic etymology）。

现代朝鲜语：tung-gǔn（Jones & Rhie，1991：293）；tuŋkɯrta/tuŋkurta（宣德五、金祥元、赵习，1985：164）；dunggeulda（Ju-haeng Lee & Gyu-hang Lee，1998：236）。

有。

## 99. 干燥

通古斯语：满语 olhon、锡伯语 olhun、鄂温克语 olgoŋ、鄂伦春语 olgon、赫哲语 olgon（朝克，2014a：370—371）。

现代朝鲜语：ma-rǔn（Jones & Rhie，1991：102）。

无。

## 100. 名字

通古斯语：满语 gəbu、锡伯语 gəv、鄂温克语 gəbbi、鄂伦春语 gərbi、赫哲语 gərbi、女真语 gəbu（朝克，2014a：300—301）；Evenki 语 gerbī、Even 语 gerbъ、Negidal 语 gelbi、满语口语 gevə、满语书面语 gebu、女真语 ger-bu、Ulcha 语 gelbu、Orok 语 gelbu、Nanai 语 gerb'i、Oroch 语 gebbi、Udighe 语 gegbi、Solon 语 gerbī（Starostin，Altaic etymology）。

现代朝鲜语：i- rǔm（Jones & Rhie，1991：223）。

无。

# 第二节　100个基础词统计及讨论

前面讨论了100个基础词的对应情况，本节对这些词的对应情况进行统计，旨在以量化的观测结论来说明斯瓦迪观点的一些不足之处。

表3-1　斯瓦迪100个基础词词表及统计结果

| 序号 | 英语 | 汉语 | 同源关系 | 序号 | 英语 | 汉语 | 同源关系 |
|------|------|------|----------|------|------|------|----------|
| 1 | I | 我 | 无 | 51 | Breasts | 乳房 | 无 |
| 2 | you | 你 | 无 | 52 | Heart | 心 | 有 |
| 3 | We | 我们 | 无 | 53 | Liver | 肝 | 无 |
| 4 | This | 这 | 无 | 54 | Drink | 喝 | 无 |
| 5 | That | 那 | 无 | 55 | Eat | 吃 | 无 |
| 6 | Who | 谁 | 无 | 56 | Bite | 咬 | 无 |
| 7 | What | 什么 | 无 | 57 | See | 看 | 无 |
| 8 | Not | 不 | 有 | 58 | Hear | 听 | 有 |
| 9 | All | 所有 | 无 | 59 | Know | 知 | 无 |
| 10 | Many | 许多 | 无 | 60 | Sleep | 睡 | 无 |
| 11 | One | 一 | 无 | 61 | Die | 死 | 无 |
| 12 | Two | 二 | 无 | 62 | Kill | 杀 | 无 |
| 13 | Big | 大 | 无 | 63 | Swim | 游泳 | 无 |
| 14 | Long | 长 | 有 | 64 | Fly | 飞 | 无 |
| 15 | Small | 小 | 无 | 65 | Walk | 走 | 有 |
| 16 | Woman | 女人 | 无 | 66 | Come | 来 | 无 |
| 17 | Man | 男人 | 无 | 67 | Lie | 躺 | 无 |
| 18 | Person | 人 | 无 | 68 | Sit | 坐 | 有 |
| 19 | Fish | 鱼 | 无 | 69 | Stand | 站（立） | 无 |
| 20 | Bird | 鸟 | 有 | 70 | Give | 给 | 无 |
| 21 | Dog | 狗 | 无 | 71 | Say | 说 | 无 |
| 22 | Louse | 虱子 | 无 | 72 | Sun | 太阳 | 无 |
| 23 | Tree | 树 | 有 | 73 | Moon | 月亮 | 有 |
| 24 | Seed | 种子 | 有 | 74 | Star | 星 | 无 |
| 25 | Leaf | （树）叶 | 无 | 75 | Water | 水 | 有 |
| 26 | Root | 根 | 有 | 76 | Rain | 雨 | 无 |
| 27 | Bark | （树）皮 | 无 | 77 | Stone | 石 | 有 |

续表

| 序号 | 英语 | 汉语 | 同源关系 | 序号 | 英语 | 汉语 | 同源关系 |
|---|---|---|---|---|---|---|---|
| 28 | Skin | 皮肤 | 无 | 78 | Sand | 沙 | 无 |
| 29 | Flesh | （人）肉 | 无 | 79 | Earth | 地 | 无 |
| 30 | Blood | 血 | 无 | 80 | Cloud | 云 | 无 |
| 31 | Bone | 骨 | 无 | 81 | Smoke | 烟 | 无 |
| 32 | Grease | 油脂 | 无 | 82 | Fire | 火 | 无 |
| 33 | Egg | 卵 | 无 | 83 | Ash | 灰 | 无 |
| 34 | Horn | （动物）角 | 无 | 84 | Burn | 烧 | 有 |
| 35 | Tail | 尾 | 无 | 85 | Path | 径 | 无 |
| 36 | Feather | 羽 | 无 | 86 | Mountain | 山 | 无 |
| 37 | Hair | 毛（发） | 无 | 87 | Red | 红 | 有 |
| 38 | Head | 头 | 无 | 88 | Green | 绿 | 无 |
| 39 | Ear | 耳 | 无 | 89 | Yellow | 黄 | 无 |
| 40 | Eye | 眼 | 无 | 90 | White | 白 | 有 |
| 41 | Nose | 鼻 | 有 | 91 | Black | 黑 | 有 |
| 42 | Mouth | 嘴 | 无 | 92 | Night | 夜 | 无 |
| 43 | Tooth | 牙 | 有 | 93 | Hot | 热 | 无 |
| 44 | Tongue | 舌 | 有 | 94 | Cold | 冷 | 有 |
| 45 | Claw | 爪 | 有 | 95 | Full | 满 | 无 |
| 46 | Foot | 脚 | 有 | 96 | New | 新 | 无 |
| 47 | Knee | 膝 | 无 | 97 | Good | 好 | 无 |
| 48 | Hand | 手 | 无 | 98 | Round | 圆 | 有 |
| 49 | Belly | 肚子 | 无 | 99 | Dry | 干燥 | 无 |
| 50 | Neck | 脖子 | 有 | 100 | Name | 名字 | 无 |

从比较的结果来看，在100个词中，具有同源特征的词占总词量的25%，这个统计结果与Blažek（Blažek，2006：5）的统计结果基本相同。

然而，这个量化结论仅仅是100个基础词的词表内同源词数量的表象，如果从词较早的形态去考查，那么上面的统计并不准确。

第一，通过比较早期形态而被证明具有同源关系的一些词在这个词表中却显示出没有同源关系，如"这""二""那""羽""头""眼""舌""肚""胸（乳房）""站""太阳""雨""沙""地""径""新"这16个词已经被证明具有同源关系。

第二，如果将这16个词也算作统计结果，那么朝鲜语与通古斯语在

同源词方面的比例将达到41%。

41%的量化结果更加充分地佐证了《朝鲜语与通古斯语关系研究》（尹铁超，2018）一书中的结论：朝鲜语与通古斯语为同源语言。一般来说，如果能够在对照斯瓦迪100个词的基础上找到20%的同源词，那么就能够比较充分地证明两种或多种语言具有同源关系。

这个量化结论也表明斯瓦迪的基础词表有一定的道理，但不考虑词汇的历史形态是其不足之处。

当然，由于没有参照标准，本书无法将已对照的词进行统计。如果对朝鲜语与通古斯语的发展过程进行更加深入的研究，获得的同源词会更多。

# 第三节　同源词研究结果与语言年代学

斯瓦迪等人认为，在所有语言中，某些词具有一定的"惰性"，即意义和语音形态不易发生变化。他们提出了100个能够检测这些不易变的词的共项词，以期在所有语言中进行对比，并利用某些具有同源关系的语言中的词项的比较结果来说明同源语言之间的分化年代（Crystal，2002：333）。但同时，克里斯特尔（Crystal）明确指出斯瓦迪的基础词表在同源词研究方面的不足之处。该词表存在很大的争议，这主要体现在以下五个方面。

第一，该词表没有考虑到不同文化对某些词的内涵和意义的影响，如"太阳""云"在某些文化中具有一定的宗教含义。

第二，并非所有语言中词汇的变化速度都一致。

第三，目前尚有很多语言没有得到描写。

第四，年代测算不准确。例如，经过7个世纪的变化，来自同源语言的词汇或许只有12%的相似度，如果某个词分析失误，就会出现300年的时间误差。

第五，来自不同语言的词很难在意义和语音形态方面都保持相似（Crystal，2002：333）。

因此，这种方法存在颇多争议（Crystal，2002：159）。Haas 也对该词表提出质疑：这种方式仅仅使一种变化得到了记录，即通过词汇替代来计算丢失的词，而事实可能是这些丢失的词仅仅因为简单地替换而发生了意义改变或读音改变，而这导致人们在重新认识它们时忽视了它们（Haas，1969：73）。

本书认为，斯瓦迪的观点还存在另一个问题，他没有提出共时或历时的年代要求，即在同源语言或不同源语言中存在于不同历史时段的词是否能够进行对比。如果没有此限制，那么语言的变化情况就会被忽视，即使进行对比，也无法真正反映出某些词的同源特征。例如，最能反映出自我存在意识的人称代词"我"在源自同一母语的不同语言中并没有呈现出同源特征，因此我们无法进行原始形态拟构。但这可以被视为例外。在很多情况下，某个语言系统中如果存在少量例外，那么这些例外就不会影响整个语言系统的语法体系、词汇体系、语音体系。

然而，上述这个例外却可能直接影响语言年代学的测算结论，因此必须得到重视。

例如，根据李兹构建的语言分离模型，我们应该采用更加细致的定量性测算方法，即时间深度[①]，来测算语言分化的年代。其目的在于测算语言相互分离的时间，具体公式为：

$$t = \frac{\log c}{2 \log r}$$

其中，t 代表时间，c 代表两种语言中同源词所占的百分比。这种方法虽然仅仅得到少数人的赞同，但也是一种测算方法。

我国学者胡增益采用这种方法对通古斯语内部诸语言进行了分离时间的测算。在分析了斯瓦迪的基础词表中词汇的对应情况后，又通过计算误差得出了结论：鄂伦春语与鄂温克语分化的时间为 358 ± 81 年，赫哲语与鄂伦春语分化的时间为 1021±142 年，满语与鄂伦春语分化的时间为 1505 ± 214 年（胡增益，2001：18—20）。但该研究并未涉及朝鲜语。相比之下，Blažek 则对朝鲜语是否归属于阿尔泰语系这一问题做出了比较肯定的

---

① 时间深度是指在语言年代学中用以确定两种具有亲缘关系的语言分开了多长时间的方法。

回答。

Blažek 对 Sergei Starostin、Anna Dybo、Oleg Mudrak、Ilya Gruntov、Vladimir Glumov 等人有关阿尔泰语系诸语言的同源结论进行对比后，得出了以下有关百分比及语言之间分离时间假设的结论（见表 3-2）。

表 3-2

| | 蒙古语 | 通古斯语 | 朝鲜语 | 日本语 |
|---|---|---|---|---|
| 突厥语 | 25% | 25% | 17% | 19% |
| 蒙古语 | | 29% | 18% | 22% |
| 通古斯语 | | | 23% | 22% |
| 朝鲜语 | | | | 33% |

（Blažek，2006：5）

他认为，20% 的平均相似程度暗示着这些语言的分离时间大约开始于公元前 6 世纪。其分化出的子代语言均比较年轻，通古斯语约在公元前 4 世纪分离，突厥语大约在公元元年分离，日本语大约在公元 5 世纪分离，蒙古语大约在 10 世纪分离，朝鲜语大约在 11 世纪分离（Blažek，2006：5）。

如果按照本书对 100 个基础词的统计结果，那么上面的两种测算方式都应该进行重新考虑。关于这一点，戴维·克里斯特尔的观点值得重视。他提出，如果经过 7 个世纪的变化，来自同源语言的词汇或许只有 12% 的相似度，如果某个词分析失误，就会出现 300 年的时间误差（Crystal，2002：333）。根据这个观点，我们可以做出如下推论：朝鲜语与通古斯语分离的时间要比他们测算的时间短了将近一半，因此，朝鲜语与通古斯语分离的时间大约为公元 10 世纪至 15 世纪。

然而，这个结论也有待进行仔细考证。

结　语

本书所讨论的词来自古代文献所记载的人名、地名、修饰语（如形容词、副词）等。[①] 本书参考了一些有关中世朝鲜语的研究成果，并根据他们的拟构，采取对比的方法进行研究，给出了比较的结果，并重新拟构了可能的原始音。

李基文等人认为，朝鲜半岛的所有语言都应该称为朝鲜语，其方言可以细分，但并不能认为百济语、新罗语等不属于同一语族（Lee & Ramsey，2011）。Iksop 等人（Iksop Lee & Ramsey，2000）也持有相同的观点。孙穆在记载当时的朝鲜语的过程中以新罗词汇作为音转对象。从他给出的词汇和本书拟构的原始形态可以看出，新罗语可以通过通古斯语进行解读。

通过对比，本书得出的同源词结论表明新罗语、百济语等都可以与通古斯语呈现出同源特征。

新罗统一朝鲜半岛后，对行政地区进行重新划分和重新命名。我们从这些名称中能够看到通古斯语的痕迹。我们通过分析三韩语言的同源性问题，可以看出三韩语言与通古斯语的同源性。例如，"水"在新罗语、百济语等语言中可以拟构为"勿"、măr、mey、mur 或 mu（Beckwith，2004：71）。

---

① 例如《三国史记》、《三国遗事》（中英文版）、《鸡林类事》等。

现有的研究成果为本书讨论朝鲜语与通古斯语的同源词问题提供了参考线索。通过对比，我们可以判定朝鲜语与通古斯语的同源性。如果将朝鲜语视为一个统一体，可以更好地解释朝鲜语与通古斯语的同源关系，因为古代朝鲜语、中世朝鲜语和现代朝鲜语都是由多种方言融合而成。

以下四个方面值得注意。

第一，李基文和兰司铁记载的朝鲜语与现代朝鲜语存在差异，这只能说明他们所记载的朝鲜语为19世纪的朝鲜语，而语音和语义的变化必然导致不完全对应。孙穆的记载和音转更加清楚地说明利用现代朝鲜语和现代通古斯语去解释跨度超过数百年的朝鲜语具有一定的难度。

第二，李基文、兰司铁等人注重对满语和朝鲜语进行对比，这或许是因为满人的先人——女真人在14至15世纪与朝鲜人有着频繁的接触（赵德贵，2015：19），有关满语与朝鲜语对比研究的文献资料较为丰富。然而，满语只是通古斯语族中的一种语言，仅仅讨论满语的情况，不能获得通古斯语与朝鲜语同源词的全部信息。这也是本书坚持依照他们的研究成果对通古斯语与朝鲜语进行整体比较的原因。

第三，在探究通古斯语与朝鲜语同源词的过程中，本书参阅了斯瓦迪的100个基础词词表，发现了该词表的不足之处，并加以说明。

第四，在进行同源词比较的过程中，不同的研究者在转写通古斯语和朝鲜语时给出了不同的音标，但由于不了解这些研究者的初衷，本书没有提供不同研究者的音标对应列表。

语音和语义（包括语义场）同为参数，语音和语义仅有一项相似，便不能作为同源词判断的标准。但是，在表面上似乎难以确定具有同源关系的很多词却有着厚重的发展历史。因此，这些历史就成为判断同源特征的主要依据。例如，通古斯语中的f是外来音，它在朝鲜语中表现为p。再如，元音a可以在同一种语言和不同的语言中演变为e或o。然而，即便如此，很多语言的不规则变化仍然难以得到有效的解释。有些同源词并不是沿着有规律的方向演进，而是会发生变化。这种变化的结果给笔者和其他研究者带来了一定的困难。对于很多同源词来说，并不是所有的语音和音节结构都能够对应工整，但由于某些音节具有相似的特征，且语义相同或相近（同在一个语义场内），这些词也可以被判定为同源词。很多音变无法得到解释这种现象只能说明朝鲜语与通古斯语在分离后发生了独立的演变。除此之外，不同的研究者对同一个中世朝鲜语词项、通古斯语词项的拟构也不尽相同，这些拟构还有很多争议。这也是本书在拟构原始形态时必须面对的难题。

然而，本书认为，即使难题已经摆在面前，仍然能够搜寻到并证实三百多个同源词，这在历史比较语言学研究中实属不易。而通过分析这些词可以得到一个定性的结论，即通古斯语与朝鲜语同源。在历史比较语言学研究中，同源词研究是判断亲属语言关系的重要途径。

当然，有些词的同源证据还需要认真讨论。例如，有些词可能来源于阿尔泰语系中的其他语言，但由于目前所能掌握的文献资料有限，笔者自身的精力有限，无法过多地涉及其他语言。从这个观点出发，我们可以接受从一个更为广阔的视角得出的结论：人类具有共同的祖先，我们在很久以前使用同一种语言，这些语言的分化导致现在所能看到的语群、语系等现象出现。例如，Menges 的研究（通古斯语同源词研究）说明通古斯语在远古时代与突厥语、印欧语等诸多语言有着同源关系（Menges，1985：131—139）。笔者以往的研究也在一定程度上证明了白令海峡两端的因纽特语与通古斯语族中的鄂伦春语具有同源特征。因此，就相对有限范围的比较来说，通古斯语与朝鲜语均属于相对狭小地域的语言，这种比较具有可操作性，并且比较的结果可以对人类所有语言的同源性研究做出一定的贡献。

本书还有很多不足之处，这主要体现在以下三个方面。

第一，古代文献的考查还远远不够，今后应该进一步扩大考查范围。

第二，本书的视角存在不足之处。只有将阿尔泰语进行整体比较，才能更加明确地显示出通古斯语的范围。例如，如果将突厥语族、蒙古语族的词汇也纳入同源词研究中，那么本书可以对现有的同源词研究的某些方面做出调整。

第三，有些语言变化很大，但本书目前尚不能给出合理的或比较合理的解释。因此，对于本书提出的拟构形态是否都能真实地反映出通古斯语的原始形态，我们还需要进一步验证。

参考文献

［1］安双成.满汉大辞典 [M].沈阳：辽宁民族出版社，1993.

［2］R.R.K.哈特曼，F.C.斯托克.语言与语言学词典 [M].黄长著等，译.上海：上海辞书出版社，1981.

［3］敖拉·毕力格，乌兰托亚.满蒙汉词典 [M].北京：民族出版社，2013.

［4］朝克.满通古斯语族语言词汇比较 [M].北京：中国社会科学出版社，2014.

［5］朝克.满通古斯语族语言词源研究 [M].北京：中国社会科学出版社，2014.

［6］朝克.关于女真语研究 [J].民族语文，2001（1）.

［7］戴维·克里斯特尔.现代语言学词典 [M].沈家煊，译.北京：商务印书馆，2000.

［8］G.E.R.劳埃德.古代世界的现代思考——透视希腊、中国的科学与文化 [M].钮卫星，译.上海：上海科技教育出版社，2008.

［9］哈斯巴特尔.阿尔泰语系语言文化比较研究 [M].北京：民族出版社，2006.

［10］韩有峰，孟淑贤.鄂伦春语汉语对照读本 [M].北京：中央民族

学院出版社，1993.

［11］何学娟．濒危的赫哲语 [M]. 哈尔滨：黑龙江教育出版社，2005.

［12］黄锡惠．满语地名研究 [M]. 哈尔滨：黑龙江人民出版社，1998.

［13］胡增益．鄂伦春语研究 [M]. 北京：民族出版社，2001.

［14］胡增益．鄂伦春语简志 [M]. 北京：民族出版社，1986.

［15］胡增益．新满汉大词典 [M]. 乌鲁木齐：新疆人民出版社，1994.

［16］金启孮．女真文辞典 [M]. 北京：文物出版社，1984.

［17］李翊燮，李相亿，蔡琬．韩国语概论 [M]. 张光军，江波，译．北京：世界图书出版公司北京公司，2008.

［18］李树兰，仲谦．锡伯语简志 [M]. 北京：民族出版社，1986.

［19］力提甫·托乎提．阿尔泰语言学导论 [M]. 太原：山西教育出版社，2004.

［20］刘厚生，李乐营．汉满词典 [M]. 北京：民族出版社，2005.

［21］刘厚生，关克笑，沈微，牛建强．简明满汉辞典 [M]. 开封：河南大学出版社，1988.

［22］米歇尔·福柯．知识考古学 [M]. 谢强，马月，译．北京：生活·读书·新知三联书店，2007.

［23］莫里斯·哈布瓦赫．论集体记忆 [M]. 毕然，等，译，上海：上海人民出版社，2002.

［24］皮埃尔·诺拉．记忆之场：法国国民意识的文化社会史 [M]. 黄艳红，等，译．南京：南京大学出版社，2015.

［25］戚雨村，董达武，许以理，等．语言学百科词典 [M]. 上海：上海辞书出版社，1993.

［26］萨希荣．简明汉语鄂伦春语对照读本 [M]. 北京：民族出版社，1981.

［27］孙穆．鸡林类事 [M]. 首尔大学图书馆．

［28］三国史记 [M]. 首尔大学图书馆．

［29］三国遗事 [M].首尔大学图书馆.

［30］王今铮，王钢，孙延璋，等.简明语言学词典 [M].呼和浩特：内蒙古人民出版社，1985.

［31］宣德五，金祥元，赵习.朝鲜语简志 [M].北京：民族出版社，1985.

［32］杨虎嫩，高桦武.关于韩语和通古斯语的关系 [J].唐均，译.满语研究，2006（2）.

［33］尹铁超."马"一词在阿尔泰语群扩散研究 [J].黑龙江民族丛刊，2015（1）.

［34］尤志贤，傅万金.简明赫哲语汉语对照读本 [M].哈尔滨：黑龙江省民族研究所，1987.

［35］徐通锵.历史语言学 [M].北京：商务印书馆，1996.

［36］羽田 亨.满和辞典 [M].东京：国书出版社，1972.

［37］赵德贵.赵德贵清史文集 [C].长春：东北师范大学出版社，2015.

［38］张全海.世系谱牒与族群认同 [M].上海：上海世界图书出版公司，2010.

［39］张彦昌，李兵，张晰.鄂伦春语 [M].长春：吉林大学出版社，1989.

［40］周有光.女真语文学的丰硕成果——介绍金光平、金启孮《女真语言文字研究》[J].内蒙古大学学报，1980（4）.

［41］Beckwith, Christopher I. Koguryo, the Language of Japan's Continental Relatives: an Introduction to the Historical-Comparative Study of the Japanese-Koguryoic Languages With a Preliminary Description of Archaic Northeastern Middle Chinese[M]. Leiden·Boston: Brill, 2004.

［42］Václav Blažek. Current Progress in Altaic Etymology [J/OL]. Linguistica Online. [2016-01-30] http://www.phil.muni.cz/linguistica/art/blazek/bla-004.pdf.

［43］Václav Blažek. Schwarz, Michal. Numeral in Mongolic and Tunguis Languages with Notes to Code-switching [J]. Altai Hapko, 2016, 26.

［44］YenKyu Chung. The New Horizon to Ancient Korean History-Buyeo, Three Kingdoms, Balhae, Goryeo, Joseon Colonies in Japan, The Mental Culture of Ancient Korea [M]. Seoul: Jimoondang, 2009.

［45］Terry Crowley. An Introduction to Historical Linguistics [M]. Auckland: Oxford University Press, 1997.

［46］Crystal, David. The Cambridge Encyclopedia of Language [M]. 北京：外语教学与研究出版社，2002.

［47］Ha, Tae-Hung, Grafton K.Mintz. Introduction for the Readers [M]. Samguk Yusa-Legends and History of the Three Kingdoms of Ancient Korea. Ilyon. Seoul: Yonsei University Press, 2007.

［48］Haas Mary R. The Prehistory of Languages [M]. The Hague: Mouton & Co. N.V., Publishers, 1969.

［49］Iksop Lee, Ramsey S. Robert. The Korean Language [M]. Albany: State University of New York Press, 2000.

［50］Ilyon. Samguk Yusa-Legends and History of the Three Kingdoms of Ancient Korea [M]. trans. by Ha Tae-Hung, Grafton K. Mintz. Seoul: Yonsei University Press, 2007.

［51］B.J.Jones, Gene S. Rhie. Standard English-Korean korean-English Dictionary for Foreigners [M]. Seoul: Hollym Corp., Publishers, 1991.

［52］Lattimore Owen. The Gold Tribe "Fishskin Tatars" of the Lower Sungari [J]. Memoirs of the American Anthropological Association, 1933,40.

［53］Ju-haeng Lee, Gyu-hang lee. Korean Prouncing Dictionary [M]. Gim Sang-jun/JI-GU Pubishing Co., 1998.

［54］Ki-Moon Lee, S. Robert Ramsey. A History of the Korean Language [M]. Cambridge: Cambridge University Press, 2011.

［55］Ki-Moon Lee. A Comparative study of Manchu and Korean [J].

Ural-Altaische Jahrbücher. [2014-01-14] http://altaica.ruLIBRARYlee-man_kor_alt.pdf.

［56］Winfred P. Lehmann. Historical Linguistics: An Introduction[M]. 北京：外语教学与研究出版社，2002.

［57］Karl H. Menges. Some Tungus Etymologies [J]. Bulletin of the Institute for the Study of North Eurasian Cultures, 1985, 17.

［58］G. J. Ramstedt. Two Word of Korean-Japanese [J]. 1926.[2015-06-24] http://altaci.ruLIBRARYramstedt_korean_japanese_alt.pdf.

［59］Ho-Min Sohn. The Korean Language[M]. Cambridge: Cambridge University Press, 1999.

［60］Starostin Sergei. Altaic etymology. [2014-07-29] http://starling.rinet.ru/cgi-bin/response.cgi?root=config&morpho=0&basename=%5Cdata%5Calt%5Ctunget&first=1&off=.

［61］Swadesh M. The Origin and Diversification of Language[M]. London: Routledge & Kegan Paul, 1972.

［62］R.L.Trask. Historical Linguistics [M]. 北京：外语教学与研究出版社，2000.

［63］Alexander Vovin. Borrowing of Verbal Roots Across Language Family Boundaries in the 'Altaic' Word [J]. Altai Hopko, 2014, No. 24.

附录

# 李基文等人提出的仅与满语同源的朝鲜语词项

下面的词项为李基文等人提出的仅与满语同源的朝鲜语词项。李基文等人认为，由于这样的同源词数量很多，有人认为朝鲜语与通古斯语先一起从阿尔泰语中分离出来，然后才各自分离；也有人认为这些同源词能够表明满语（或其他南部通古斯语）与朝鲜语在分离后一直保持着比较紧密的联系（Lee & Ramsey，2011：26）。本书认为，第二个观点比较符合事实。例如，赵德贵认为，建州女真人不断迁徙，以便"求索口粮、鱼、盐、布物"，因此，仅在14世纪末至15世纪中叶的50年间，建州女真就有三次大迁徙（赵德贵，2015：19）。这种长期的交往必然导致部分女真人和朝鲜半岛居民在语言的各个方面（如语音、词汇、语法）相互影响。这些影响又直接导致满语、朝鲜语在后来的发展过程中遵循着语言规律而发生变化。

### 汉语意义：酒后吃的食品（压酒食物）（盖帽）

中世朝鲜语：*ancyu（Lee，1958：106）。

满语：anju（荤菜）（羽田 亨，1972：25）[1]。

---

[1] 这些词项在其他的满语词典中也能找到，但本书仅以羽田 亨的《满和辞典》（1972 年）为例。

### 汉语意义：抹

中世朝鲜语：*psuch-（用手抹）（Lee，1958：106）。

满语：bišu-（Lee，1958：106）；bišu -/bixun（平面）（羽田 亨，1972：45）。

### 汉语意义：坡

中世朝鲜语：*pithar（山坡）（Lee，1958：106）。

满语：bita（河，江底下的坡）（Lee，1958：106）；bita（河边浅水处）（羽田 亨，1972：45）。

### 汉语意义：麻疹

中世朝鲜语：*pstiri<*ptiri<*pitiri（Lee，1958：107）。

满语：buturi（Lee，1958：107）；buturi（出麻疹）（羽田 亨，1972：58）。

### 汉语意义：累死

中世朝鲜语：*cuk-（死）（Lee，1958：107）。

满语：cuku-（极为疲劳）（Lee，1958：107）；cuku-（疲惫）（羽田 亨，1972：73）。

### 汉语意义：撒

中世朝鲜语：*tatarai（到达）（Lee，1958：107）。

满语：dadara-（撒向四处）（Lee，1958：107）；dadara-（嘴张大，开口大）（羽田 亨，1972：77）。

## 汉语意义：芦苇

中世朝鲜语：*tar（Lee，1958：107）。

满语：darhūwa（Lee，1958：107）；darhūwa（荻草）（羽田亨，1972：83）。

## 汉语意义：未满

当代朝鲜语：*tir/tęr、tęr-（不足，减少）（Lee，1958：108）。

满语：dulga（Lee，1958：108）；dulga（未盛满）（羽田亨，1972：99）。

## 汉语意义：沙沙响，哗啦响

朝鲜语：*pasak/pasirak（Lee，1958：109）。

满语：fasak/fosok（Lee，1958：109）；fasak（兽猛起声，兽猛然从密林跳出）（羽田亨，1972：127）。

## 汉语意义：纺织机的一个部分

中世朝鲜语：*pạtại（Lee，1958：109）。

满语：fatan（Lee，1958：109）；fatan（竹蔻）（羽田亨，1972：127）。

## 汉语意义：[脸]转向[前]

中世朝鲜语：*pạra-（向前看、期待）（Lee，1958：110）。

满语：foro-（Lee，1958：110）；foro-（[脸]转回）（羽田亨，1972：141）。

### 汉语意义：闪光

中世朝鲜语：\*paẓaj-（闪）（Lee，1958：110）。

满语：foso-（闪光）/foson（阳光）（Lee，1958：110）；foso-（日照，辉，阳光）（羽田亨，1972：141）。

### 汉语意义：泡沫

朝鲜语：pẹgum/pẹkhum（Lee，1958：110）。

满语：fuka（Lee，1958：110）；fuka（起泡，水泡）（羽田亨，1972：143）。

### 汉语意义：挤出酒中的渣子

中世朝鲜语：koco（压榨用木块）（Lee，1958：111）。

满语：goci-（Lee，1958：111）；goci-（榨，拔出）（羽田亨，1972：173）。

### 汉语意义：直，垂直

中世朝鲜语：kot-（弄直）（Lee，1958：111）。

满语：godo-hon（Lee，1958：111）；godohon（身材高直）（羽田亨，1972：174）。

### 汉语意义：懒

中世朝鲜语：\*kẹigiri-/kẹgiri-（懒惰）（Lee，1958：112）。

满语：heolen（Lee，1958：112）；heolen（怠）（羽田亨，1972：201）。

### 汉语意义：泡，泡沫

中世朝鲜语：*kęphim（Lee，1958：112）。

满语：hofun（Lee，1958：112）；hofun（泡沫）（羽田 亨，1972：208）。

### 汉语意义：稍稍，倾向于

当代朝鲜语：cachis/cachi（Lee，1958：113）。

满语：irun（Lee，1958：113）；irun（垄沟，炕洞）、iru-（沉）（羽田 亨，1972：233）。

### 汉语意义：竹勺

中世朝鲜语：cyoraı̧（Lee，1958：113）。

满语：joli（Lee，1958：113）；joli（笊篱）（羽田 亨，1972：252）。

解释：
中世朝鲜语、满语均为汉语"笊篱"的借词。

### 汉语意义：特别遥远

中世朝鲜语：męr-（很远）（Lee，1958：114）。

满语：malhǔn（Lee，1958：114）；malhǔn（路远）（羽田 亨，1972：298）。

### 汉语意义：薄

中世朝鲜语：*nar（刃）（Lee，1958：115）。

满语：nar-hūn（Lee，1958：115）；narhūn（细）（羽田 亨，1972：324）。

## 汉语意义：增加

中世朝鲜语：\*nẹm-/nam-（滚过，远远超过）（Lee，1958：115）。

满语：neme-（Lee，1958：115）；neme（加）（羽田 亨，1972：326）。

## 汉语意义：解开，打开

中世朝鲜语：\*nẹr-（展开）（Lee，1958：115）。

满语：nerki-（Lee，1958：115）；nerki-（展开）（羽田 亨，1972：327）。

Starostin 注：\*ner-（\*niar-），nerki-（仅在满语书面语中发现，没有在朝鲜语或日语中找到同源证据）。

## 汉语意义：读

中世朝鲜语：\*nirk-（Lee，1958：116）。

满语：niyele-（Lee，1958：116）；niyele-（念）（羽田 亨，1972：338）。

现代朝鲜语：irkta/ikta（读，念）（宣德五、金祥元、赵习，1985：167）。

解释：

现代朝鲜语脱落 n 音，这符合朝鲜语的演变规律，而满语则保留该音。

## 汉语意义：留下

中世朝鲜语：\*ha（Lee，1958：116）。

满语：se-（Lee，1958：116）；hethe（家产）（羽田 亨，1972：203）。

解释：

在满语中，词根 se 表示"说话的口气"，而 se 作为具有独立意义的词则为汉语译音 sui（岁），表示年龄。笔者认为李基文提出的 se- 有误。

在满语中，表示"留下"意义的词 hethe 含有音节 he，这显然与中世朝鲜语 *ha 极为接近，朝鲜语中的 a 在满语中变为 e。

### 汉语意义：间隔

中世朝鲜语：*sęri（Lee，1958：117）。

满语：šolo（Lee，1958：117）；šolo（缝隙，间空）（羽田 亨，1972：402）。

### 汉语意义：车，转动

中世朝鲜语：sur-ui（车）（Lee，1958：118）。

满语：šurde-（转动）（Lee，1958：118）；šurde-（旋转，绕）（羽田 亨，1972：407）。

### 汉语意义：放到盘子里

中世朝鲜语：tam-（Lee，1958：118）。

满语：tama-（Lee，1958：118）；tama-（盛着 [ 饭 ]，收）（羽田 亨，1972：414）。

### 汉语意义：不加水做熟食品

中世朝鲜语：task-（Lee，1958：118）。

满语：tasga-（Lee，1958：118）；tasga-（干炒）（羽田 亨，1972：417）。

### 汉语意义：一圈一圈（转）（拟声词）

中世朝鲜语：torho-（转圈）（Lee，1958：118）。

满语：tor-（Lee，1958：118）；tor seme（物旋转的样子，水旋转的样子）（羽田 亨，1972：429）。

### 汉语意义：渡河用皮袋

中世朝鲜语：turumaki（Lee，1958：118）。

满语：tulum（Lee，1958：118）；tulum（渡河用牛皮、羊皮做成的浮袋）（羽田 亨，1972：434）。

### 汉语意义：无道理的

中世朝鲜语：or-ha（Lee，1958：118）。

满语：uru（Lee，1958：118）；uru waka（是非）（羽田 亨，1972：454）。

### 汉语意义：硬，强壮

中世朝鲜语：cirki（Lee，1958：119）。

满语：cira（Lee，1958：119）；cira（强壮，硬）（羽田 亨，1972：68）。

### 汉语意义：浓缩

中世朝鲜语：cori-（Lee，1958：119）。

满语：cola-（Lee，1958：119）；cola-（煎，炒）（羽田 亨，1972：70）。

### 汉语意义：草垫

中世朝鲜语：tosk<*tork（Lee，1958：119）。

满语：derhi（Lee，1958：119）；derhi（芦席）（羽田 亨，1972：90）。

### 汉语意义：迅速离开

中世朝鲜语：kai-（Lee，1958：119）。

满语：gere-（Lee，1958：119）；gere-（即将黎明）（羽田 亨，1972：163）。

### 汉语意义：同样，相同

中世朝鲜语：kat-ha-（Lee，1958：119）。

满语：gese（Lee，1958：119）；gese（相似，相同，同样）（羽田 亨，1972：164）。

### 汉语意义：打开

中世朝鲜语：yer-（Lee，1958：119）。

满语：juwa-（Lee，1958：119）；juwa-（开口）（羽田 亨，1972：260）。

### 汉语意义：倾向

中世朝鲜语：kiur（Lee，1958：119）。

满语：kelfi-（Lee，1958：119）；kelfi-（倾斜）（羽田 亨，1972：269）。

索 引

## 第二章　词项检索

* 宠爱 *tas- 98

* 出生 *t'alhae 30

* 传播 *siŋsi 53

* 船 *mancaŋi 242

* 船 *pä < *pai 220

* 窗 *paradi 108

* 吹 *pir- 121

* 聪明 *sir-kẹp 191

* 聪明，多智略，开创者 *alji 25

* 搓手 *manci- 164

* 打 *thi- 203

* 打鼾 *kor- 157

* 大米 233

* 带（腰带） 234

* （用肩）担 *mẹi- 161

* 胆 *psirkẹi 184

* 弹奏（乐器）*ptha- 114

* 凳子 *moru 167

* 低地 *t'ēŋà 46

* 底 *pataŋ 109

* 地 *nara 170

* 地区 *pa 82

* 掉 *ti- 201

* （头）顶 *puri 117

* 动物 *úsu 46

* 洞，穴 *tsitsi 55

* 渡（口）*vɪy 57

* 堆 *nuri- 175

* 堆起，囤 *sah- 176

* 钝 *mutui- 162

* 儿子 *atol 40

* 饵，米饭 *pap 83

* 二 *tul~*jö:r 41

* 二 *turi 154

* 繁殖 *psi- 124

* 蜂，蝇 *pəj 246

* 缝 *nupi- 145

* 斧 ü 62

* 父 230

* 改 *kar- 135

* 高 *tẹk 94

* 工匠 230

* （树）根 *purhui 120

* 狗尾巴草，稗草 *karas 135

* 古，老，昔日的 *sǒk 23

* 谷物 *al 238

* 鼓 *tawŋ 65

* 刮 *kirk- 152

* 棺材 *kor 139

* 罐 *tanti 249

* 龟 *kuho 28

* 锅台 *pizẹp 126

* 孩提时代，幼儿 *kǔŋi 43

* 孩子 *alji 26

* 海，涉水渡过 *bètà 42

* 海鸥 *kiryẹki 156

* （口中）含（水）*mẹk- 167

* 喊 *sori 219

* 河坝，堤 *tʊ 57

* 河床 *karam 130

* 河滩 *tan 64

* 河蟹 229

* 鹿，犴 *kolani 241
* 露，霜 *sęri 183
* 乱扔 *sot 190
* 轮辋 *hahoi 212
* 妈，母亲 *ęmi 102
* 麻 *sam 177
* 马 *mar 165
* 马槽 *kuzi 143
* 马掌 *takar 197
* 门 *dol 51
* 门 *orai 204
* 米，大米（稻米） *pori 84
* 面颊，脸蛋 *por 119
* 明亮 *kŏsŏgan 22
* 母 231
* 拿 *kaci- 127
* 那 *tyę 199
* 男性生殖器 *coc 90
* 脑 *paki 111
* 泥土 *sik 69
* 年龄 *sęr 182
* 年轻人 *azg 81
* 鸟 *cyępi 89
* 尿，粪 *məl 244
* 捏 *cip 149
* 女阴 *poci 110
* 呕吐 *tori- 216
* 爬犁 *pal-gu 106
* 爬犁 *sęrmęi 195
* 狍，鹿 *korani 132
* 喷 *pis- 126

* 屁 *paŋkui 122
* 平息 *kan 67
* 泼水，撒，洒 *spiri- 86
* 葡萄 *męrui 217
* 七 *nanir 59
* 祈祷 *pir- 113
* 荠菜 *aok 79
* 强壮 *cirki 211
* 抢，献 34
* 荞麦 *mir 162
* 切 *pari- 123
* 亲属 *sadon 178
* 蚯蚓 *Chirŏng-i 18
* 泉 *ir 59
* 雀 229
* 入 *i 72
* 弱，累 *ivir- 100
* 萨满 *haimosu 21
* （雨）伞 *syurup 180
* 森林 *molo 243
* （装饰用）穗 *sur 189
* 沙 *na(i)r 61
* 傻，愚蠢 *tur-ha- 98
* 山，小山 *kkoktuki 132
* 山顶险处 *tar 64
* 山峰 *şurni 60
* 山谷 *kor 141
* 山脊 *tutęn 149
* 山梁 * mara 168
* 扇 235
* 扇 *puch- 125

* 虾 *savi  179

* 下雪 *pora  88

* 苋菜 *pirim  115

* 享受 *cirkẹp-  150

* 小径 *tśir  77

* 小米，小黄米 *psar  113

* 小鹰 *kami  78

* 斜 *ẹs  105

* 鞋楦 *kor-  158

* 心 *nyẹm-thoŋ  172

* 新 *sa  48

* 兄弟，胞（兄，弟，姐，妹）*ənni  239

* 胸 *cẹc  89

* 胸，乳房 *cəc  239

* 熊 *köma  52

* 修理 *dasi-  93

* 雪 *nwen thri  223

* 血亲 *kjələj  241

* 牙  232

* 牙床 *ẹm  204

* 烟囱 *kur  144

* 岩石 *pyẹro  86

* 眼 *yẹs  207

* 杨树 *kü  54

* 腰 *hẹri  182

* 腰带上的环扣 *korhoi  130

* 野葱 *meyr  76

* 野外 *kuərʔiy  58

* 野猪 *tot  96

* 一个度量单位 *toi  200

* 一种树 *boli  44

* 衣服 *uthij  250

* 姻亲 *kẹyari  134

* 赢 *ẹt-  106

* 影子 *kirimẹi  137

* 硬 *kut-  155

* 硬火，旺火 *jialu/yialu  52

* 又，再次 *kiru  129

* 鼬 *sark  187

* 愚 *mẹŋthẹŋ-i  161

* 羽毛 *ükey  75

* 雨 *para  208

* 玉 *kusir  131

* 圆 *tóŋké  45

* 月 *təl  250

* 杂色 *kar  179

* 凿，刻 *ssusi-  197

* 早晨，黎明 *iri-  104

* 灶（台）*tumark  151

* 柞树 *makir  71

* 柞树 *miŋkir  53

* 栅栏 *śeŋ  73

* 摘 *pta-  109

* 粘液 *kalaj  240

* 站，起来 *nir-  145

* 獐（狍子）*kʊsi  56

* 樟松 *suŋtsunor  55

* 长子 *azi  80

* 照看 *top-  202

* 这 *i  99

* 真 *oẹŋ  215

* 只，仅，不过（是）*taman tamain  91

## 第三章　词项检索

## 2. 词项音标索引

检索说明

音标以英语字母顺序排列。如果是并列词项，仅检索第一词。